HARALD
FISCHER
VERLAG

Tierrechte – Menschenpflichten, Bd. 5

Peter Singer

Henry Spira
und die Tierrechtsbewegung

aus dem Englischen von Hermann Vetter
und Claudia Schorcht

HARALD FISCHER VERLAG

Die Originalausgabe erschien unter dem Titel
»Ethics into action« in erster Auflage 1998
im Verlag Rowman & Littlefield Publishers, Inc.
Lanham · Boulder · New York · Oxford

1. Auflage 2001
Copyright © 2001 by Harald Fischer Verlag GmbH, Erlangen
»Ethics into action« Copyright © 1998 Rowman & Littlefield Publishers, Inc.
Lanham · Boulder · New York · Oxford
Alle deutschen Rechte vorbehalten
Druck- und Bindearbeiten: WB-Druck, Rieden/Allgäu
Umschlagentwurf: Zembsch' Werkstatt, München
Gedruckt auf säurefreiem, alterungsbeständigem Papier
Printed in Germany

Die Deutsche Bibliothek – CIP-Einheitsaufnahme

Singer, Peter:
Henry Spira und die Tierrechtsbewegung / Peter Singer.
Aus dem Engl. von Hermann Vetter und Claudia Schorcht
1. Aufl. - Erlangen : Fischer, 2001
(Tierrechte – Menschenpflichten ; Bd. 5)
Einheitssacht.: Ethics into action <dt.>
ISBN 3-89131-404-3

»Wenn man merkt, daß etwas nicht in Ordnung ist,
muß man etwas dagegen unternehmen.«
Henry Spira

Inhalt

Vorwort	7
Vorwort zur deutschen Ausgabe	11
Danksagungen	13
1 Die Anfänge	15
2 Tierbefreiung	59
3 Der Traum von der Schönheit und der Alptraum der Kaninchen	89
4 Konflikte und Fortschritte	127
5 Das vergessene Tierproblem	155
6 Den Kieselstein ein Stückchen weiterrollen	195
Anmerkungen	213
Über den Autor	225

Vorwort

Am 15. April 1980 erschien in der *New York Times* eine aufsehenerregende ganzseitige Anzeige. In der Mitte war ein weißes Kaninchen abgebildet, dem beide Augen zugebunden waren, daneben zwei Laborgefäße aus Glas. Oben auf der Seite stand in dreizeiligem Großdruck eine einzige Frage: »Wieviele Kaninchen blendet Revlon um der Schönheit willen?« Unter der Abbildung stand folgender Text:

> Stellen Sie sich vor, jemand spannt Ihren Kopf in ein Gestell ein. Sie starren hilflos vor sich hin, können sich nicht wehren; Ihr Kopf wird nach hinten gezogen. Ihr unteres Augenlid wird weggezogen. Dann werden Chemikalien in Ihr Auge geträufelt. Sie fühlen Schmerzen. Sie schreien und winden sich verzweifelt. Es gibt kein Entkommen. Das ist der Draize-Test. Der Test, der die Gefährlichkeit chemischer Substanzen anhand der Schädigungen bestimmt, die sie an den ungeschützten Augen unbetäubter Kaninchen hervorrufen. Das ist der Test, den Revlon und andere Kosmetikfirmen an Tausenden von Kaninchen durchführen, um ihre Produkte zu prüfen.

In der Anzeige wurden genaue Angaben über die Zahl der von Revlon verwendeten Kaninchen gemacht. Es wurden Wissenschaftler zitiert, die den Test für unzuverlässig und die Entwicklung anderer Verfahren, die keine Tiere verwenden, für möglich erklärten. Schließlich wurden die Leser und Leserinnen aufgefordert, an den Chef von Revlon zu schreiben und ihm mitzuteilen, sie würden so lange keine Erzeugnisse der Firma verwenden, bis diese ein Sofortprogramm zur Entwicklung von tierfreien Prüfverfahren für die Augenverträglichkeit einrichten und finanzieren würde.

Roger Shelley war am Erscheinungstag der Anzeige bei Revlon als Vizepräsident für die Beziehungen zu den Investoren zuständig. Später äußerte er:

> Ich wußte, daß die Aktien an diesem Tag fielen, aber ich wußte noch etwas Wichtigeres, nämlich daß die Firma ein ganz erhebliches Problem hatte, das sich nicht nur auf den Tageskurs der Aktien auswirken, sondern die Firma in ihrem Innersten treffen konnte. Ja, wenn man damit nicht wirklich gut fertig wurde, konnte es sich verheerend auswirken und – theoretisch – Revlon von den Ladentischen der Drogerien und Warenhäuser wegfegen.

Shelley erhielt alsbald die undankbare Aufgabe, mit dem Problem fertig zu werden. Und schon bald sah sich dieser tadellos gepflegte, elegant gekleidete, mit gedämpfter Stimme sprechende Vertreter einer Firma, die sich auf ihr vornehmes Image etwas zugute hielt, einem New Yorker High-School-Lehrer namens Henry Spira gegenüber, dessen ausgeprägter Dialekt aus seinen Jahren als Seemann in der Handelsmarine und als Fließbandarbeiter bei General Motors in New Jersey stammte. Shelley sah, daß Henrys Kleider zerknittert waren, daß er selten eine Krawatte trug und daß er, wenn es doch einmal vorkam, offenbar nicht in der Lage war, sie richtig zu binden. Aber Shelley bemerkte noch mehr: »Er trug nicht das geringste tierische Produkt an seinem Körper, und das galt auch für seinen Gürtel, seine Schuhe, es galt für alles ... Er war ein Mann, der in die Tat umsetzte, wovon er sprach.« Trägt es dazu bei, einen Kampf gegen eine milliardenschwere Großfirma zu gewinnen, wenn man gemäß den eigenen Überzeugungen lebt? Konnte es einen ungleicheren Kampf geben als diesen zwischen einem High-School-Lehrer, der von seiner Wohnung aus operierte, und dem Spitzenunternehmen der Kosmetikindustrie? Nun, wer sich mit Henrys Lebensgeschichte befaßt hatte, unterschätzte seine Erfolgsaussichten nicht. Henry hatte sich bereits mit J. Edgar Hoover, dem Leiter des FBI angelegt, mit korrupten Gewerkschaftsführern, die sich mit gedungenen Schlägern umgaben, mit dem erhabenen Amerikanischen Museum für Naturgeschichte in New York und dem Parlament des Staates New York. Er hatte nicht alles erreicht, was er wollte, aber seine Erfolge nahmen zu. Und so kam es auch in diesem Fall. Noch vor Jahresende bewilligte Revlon die Zahlung von 750 000 Dollar an die Rockefeller University für ein dreijähriges Forschungsprojekt zur Entwicklung tierfreier Alternativen zu Kosmetiktests an Kaninchenaugen. Das war der erste Schritt auf dem Weg zur Aufschrift »tierversuchsfrei« auf Kosmetikprodukten.

Schon mehr als ein Jahrhundert lang hatten sich antivivisektionistische Vereine gegen Tierversuche gewandt – ohne den geringsten Erfolg. Sie wurden einfach als Spinner abgetan. Während sie ihre wortgewaltigen Flugblätter gegen Tierversuche verbreiteten, stieg die jährliche Zahl der Tierversuche von ein paar hundert auf schätzungsweise 20 Millionen. Henry hingegen stoppte schon in seiner allerersten Kampagne eine Versuchsreihe über das Sexualverhalten verstümmelter Katzen. Danach legte er sich mit Firmen wie Revlon, Avon, Bristol-Myers und Procter & Gamble an, und auch mit der Behörde für Nahrungs- und Arzneimittel. Als er sich schließlich dem noch viel schwierigeren Problem des Leidens der zur Nahrungsmittelgewinnung dienenden Tiere zuwandte, stellte er sich gegen den Hühnerproduzenten Frank Perdue, mehrere große Schlachtbetriebe, McDonald's und das US-Landwirtschaftsministerium. In zwanzig

Jahren haben seine außergewöhnlichen Methoden der Durchführung von Kampagnen mehr zur Verringerung des Leidens von Tieren beigetragen als alle Bemühungen sehr viel größerer Organisationen, die Millionen ausgeben konnten, in den vorhergehenden fünfzig Jahren.

Bei diesen Vorgängen spielte ich selbst indirekt eine Rolle. Mein Artikel »Animal Liberation«, der 1973 in der *New York Review of Books* erschien, brachte Henry dazu, Tiere ernsthaft für eine Gruppe zu halten, für die sich jemand einsetzen müsse. Wirksamer als sonst irgend jemand hat er meine Ideen aufgegriffen und zu einer Waffe gegen Schmerzen und Leiden, die Tiere ertragen müssen, gemacht. Ich habe das vorliegende Buch geschrieben, um zu zeigen, wie er das gemacht hat. Eine Darstellung von Henrys kämpferischem Leben kann nicht nur für die Tierrechtsbewegung als Handbuch dienen, sondern auch für viele andere ethische Anliegen. Doch das ist nicht der einzige Grund, aus dem ich Henrys Lebensgeschichte erzählenswert finde. Sie ist ein Gegenbeispiel zu zwei verbreiteten deprimierenden Vorstellungen darüber, was wir aus unserem Leben machen können.

Die erste besagt, die Gesellschaft sei zu groß und komplex geworden, als daß der einzelne Mensch etwas bewirken könne – es sei denn, er wäre ungewöhnlich reich oder hätte das Glück, an die Spitze einer Großorganisation aufzusteigen. Schließlich bestehen unsere Gesellschaften ja aus vielen zehn oder gar vielen hundert Millionen Menschen. Unsere Regierungen sind durch die Bürokratie gefesselt und scheuen sich vor allem, was sie Wählerstimmen kosten könnte. Internationale Firmen, deren Jahresgewinne in die Milliarden gehen, und die über entsprechende Werbe-Etats verfügen, üben eine solche Macht auf die öffentliche Meinung aus, daß die größten Verbraucherorganisationen gegen sie keine Chance haben. Wie soll dann ein einzelner eine nennenswerte Veränderung bewirken können?

Henrys Sieg über Revlon erforderte weder Reichtum noch eine Position in einer Großorganisation. Er erwuchs aus der Anwendung von Erkenntnissen aus mehr als vier Jahrzehnten Arbeit für die Schwachen und Ausgebeuteten, in denen er von anderen lernte, welche Strategien erfolgversprechend waren und sie ausprobierte. Solche Erkenntnisse lassen Fähigkeiten wachsen, und sie lassen sich weitergeben an andere, die sie in gleicher Weise einsetzen, sie weiterentwickeln und an die jeweiligen Verhältnisse anpassen.

Die zweite verbreitete deprimierende Vorstellung, zu der Henrys Lebensgeschichte ein Gegenbeispiel ist, besagt, unser Leben sei im Grunde sinnlos. Da der religiöse Glaube weithin als irrelevant angesehen wird, scheint es, also könnten wir unsere Werte nur aus der herrschenden Kultur beziehen. Da unsere eigene Kultur auf der Verfolgung der endlosen Möglichkeiten des wachsenden Konsums und des Geldausgebens beruht, nehmen wir an, daß die Verfolgung der eigenen Interessen für jeden und jede einzelne das einzige vernünftige Ziel sei, und dabei verstehen wir das Eigeninteresse im engen materialistischen Sinn. Bei diesem Streben nach materiellem Reichtum haben die einen Erfolg und die anderen nicht. Jene, die keinen Erfolg haben und meinen, daß ihrem Leben die Erfüllung fehle, nehmen dann an (naheliegenderweise), sie seien unglücklich, weil sie nicht reich sind; doch es ist bemerkenswert, daß diejenigen, die beim Streben nach Reichtum erfolgreich sind, oft die gleiche Leere empfinden.

Henry war nicht religiös, und ihm fehlten viele der materiellen Besitztümer, die die meisten von uns für selbstverständlich halten, doch das Leben fand er erfüllend und schön. In den Jahren, in denen ich ihn in seiner New Yorker Mietwohnung besuchte, fand ich ihn nie gelangweilt, niedergedrückt oder unbeschäftigt. Anders als viele mir bekannte New Yorker war er nie bei einem Psychoanalytiker oder einem anderen Psychotherapeuten. Wie bemerkenswert das war, erkannte ich erst, als ich bei den Vorarbeiten zu diesem Buch erfuhr, daß seine Mutter einen großen Teil ihres Lebens psychisch krank war, und daß drei seiner fünf engsten Angehörigen Suizidversuche unternommen hatten, zwei von ihnen erfolgreich.

Henrys Leben kann deshalb als ein Beispiel dafür dienen, wie man seinem Leben Sinn verleihen kann, indem man in Einklang mit seinen Wertvorstellungen lebt. In einer Zeit, in der die allgemeine Bewunderung Stars aus Film, Mode und Sport und Multimillionären gilt, brauchen wir einige andere Vorbilder. Henry ist eines.

Doch das ist nicht alles. Henrys Arbeit kann uns lehren, wie wir aus unseren ethischen Auffassungen mehr machen können als Worte – wie wir sie in die Tat umsetzen können, so daß sie die Welt verändern. Es dürfte schwierig sein, sich etwas Wichtigeres vorzustellen.

Vorwort zur deutschen Ausgabe

Ich bin sehr froh, daß durch diese Ausgabe deutsche Leser und Leserinnen erfahren können, wie es einem Menschen gelungen ist, große Veränderungen für das Leben von Millionen von Tieren herbeizuführen. Ich hoffe, daß einige der Leser und Leserinnen dadurch inspiriert werden, dem Beispiel Henry Spiras zu folgen und seine Methoden anzuwenden, um diese Sache voranzubringen und unnötiges Leiden – sei es das von Tieren oder von Menschen – zu verringern. Selbstverständlich sind diese Methoden nicht exakt auf unterschiedliche Länder mit unterschiedlichen kulturellen Gegebenheiten übertragbar. Um nur ein Beispiel zu geben: Henrys Auffassung, daß auf den üblichen politischen Wegen kaum etwas zu erreichen sei, könnte in Europa, wo die parlamentarische Demokratie etwas weniger unter dem Einfluß der Interessen von Wirtschaft und Landwirtschaft zu stehen scheint – und damit vielleicht etwas offener für die Sorgen der Öffentlichkeit ist als der US-Kongreß – möglicherweise unangemessen zynisch erscheinen. Schließlich hat die Europäische Union Maßnahmen gegen einige der schlimmsten Formen der Agrarindustrie zugestimmt, die weit über alles in den Vereinigten Staaten Erreichte hinausgehen. Deutsche Leser und Leserinnen sollten an dieses Buch also ohne Vorurteile, aber dennoch kritisch herangehen und sich immer fragen, welche von Henrys Methoden auf ihre Situation passen und welche nicht.

Trotz meiner Freude darüber, daß die Gedanken dieses Buches ein neues Publikum erreichen, gibt es einen Aspekt an der Veröffentlichung dieser Ausgabe, der mich traurig macht. Henry erlebt sie nicht mehr.

Im letzten Kapitel des Buches sage ich, daß Henry bereits schwer an Krebs erkrankt war, als ich begann, das Buch zu schreiben. Nur weil Henry viel länger lebte als seine Ärzte vorausgesagt hatten, erlebte er noch, wie die englische Ausgabe erschien. Doch sein Zustand verschlechterte sich immer mehr, und im September 1998, kurz nachdem das Buch erschienen war, beschloß er, daß es reichte, und starb ohne Bedauern und zu einem selbstgewählten Zeitpunkt. Seinem Wunsch gemäß wurde sein Leichnam verbrannt und seine Freunde verstreuten seine Asche auf See, wo er die Jahre seines Lebens verbracht hatte, die ihn am meisten geformt hatten. Noch immer Henrys Anweisungen folgend, gingen sie danach in ein New Yorker Restaurant, aßen gut miteinander und gaben der Bedienung ein fürstliches Trinkgeld.

Bevor er starb, ernannte mich Henry mich zum Mitglied des Vorstands von Animal Rights International, der Organisation, die ihm die Rahmenbedingungen für seine Aktivitäten lieferte. Kurz nach seinem Tod wurde ich auf eine Professur an der Princeton University berufen, und die anderen Vorstandsmitglieder luden mich ein, den Vorsitz zu übernehmen. Ich nahm an, obwohl ich weiß, daß Henry unersetzlich ist. Dennoch tun wir gemeinsam mit anderen, die ebenfalls mit Henry zusammengearbeitet haben, was wir können. Es ist nur ein Teil in einem größeren Ganzen, das sich aus all jenen zusammensetzt, die Henry kannten und von ihm inspiriert wurden, und das jetzt auch viele Leser und Leserinnen dieses Buches einschließt, die mir geschrieben haben, daß sie sein Beispiel ermutigt hat und sie ihm auf ihre Art folgen wollen.

Danksagungen

Ohne die begeisterte Mitwirkung der Hauptperson wäre dieses Buch nie geschrieben worden. Darum danke, Henry, für die vielen Tage, die wir damit verbracht haben, über dein Leben zu sprechen, über die Planung und Ausführung deiner Kampagnen und über deine Sicht der Welt – auch für den Zugang zu dem außergewöhnlichen Archiv mit deiner Korrespondenz und anderen Materialien zu jedem Problem, das du aufgegriffen hast. Auch die persönlicheren Dinge, die du mir gezeigt hast, sollte ich nicht vergessen, so den langen Brief, den dir deine Mutter 1954 schrieb und in dem sie ihre Sicht deines Charakters und der Umstände ausspricht, unter denen du mit 16 Jahren von zu Hause weggingst. Dank auch für den Kontakt zu deiner Schwester Renée und vielen anderen Menschen, die dich zu verschiedenen Zeiten deines Lebens gekannt haben.

Den folgenden Personen danke ich für ihre Bereitschaft zu einem – manchmal auch mehreren – persönlichen oder telefonischen Gespräch: Renée Bloch, Berta Green Langston, Gaston Firmin-Guyon, Mary Wilbert, Dolores McCullough, Renée Landau, Nicholas Wade, Susan Fowler, Elinor Molbegott, Barnaby Feder, Mark Graham, Myron Mehlman, Andrew Rowan, Helaine Lerner, Barbara Clapp, Roger Shelley und Temple Grandin. Einige dieser Unterredungen wurden von Julie Akeret oder John Swindells auf Video aufgenommen und von Susan Wein aufgeschrieben. Ich danke ihnen für ihre Hilfe. Dank gebührt auch Chaiya Amir, John Black, Sue Leary, Nachum Meyers, Jerry Silverman und Robin Walker für briefliche Auskünfte über Henry.

Mark Graham, Elinor Molbegott, Andrew Rowan und Renata Singer lasen das Manuskript und lieferten mir nützliche Bemerkungen. Henry Spira sah es ebenfalls durch und war stets mit weiteren Dokumenten zur Hand, um noch verbliebene Lücken in meinem Bericht zu füllen. Katherine Stitzel von Procter & Gamble gab mir ausführliche Informationen über die Strategie und die Aktivitäten dieser Firma hinsichtlich tierversuchsfreier Forschungsmethoden und Testverfahren.

Auf einer Tagung über Umweltethik führte mich ein zufälliges Zusammentreffen mit James Sterba zum Verlag Rowman & Littlefield, für den er eine Reihe herausgibt. Für diese glückliche Anregung bin ich besonders dankbar. Der Enthusiasmus von Maureen MacGrogan als Redakteurin und Robin Adler als Redaktionsassistent war wunderbar, und Dorothy Bradley in der Produktionsaufsicht und Cindy B. Nixon als Lektorin leisteten solide Arbeit.

Ich danke Helga Kuhse, Leiterin des Centre for Human Bioethics, und Marian Quartly, Dekanin der Geisteswissenschaften an der Monash University, für die Unterstützung meines Gesuchs, auf eine Teilzeitstelle zu wechseln, ohne die ich noch immer versuchen würde, die Zeit zu finden, um dieses Buch zu schreiben.

1 Die Anfänge

Es ist wie die Materialsammlung zu einem großen Werk. Doch dieses Werk muß folgen, sonst ist die vorbereitende Erfahrung verloren. Bis jetzt war es ein reiches Leben, aber es war wie der erste Akt eines Theaterstücks, in dem sich die Dinge erst anbahnen.
Margit Spira, Brief an Henry Spira, 1954

Europäische Wurzeln

Henry Spira wurde im Juni 1927 im belgischen Antwerpen als erstes Kind von Maurice und Margit Spira geboren. Die Familie war jüdisch, und Henrys beide Großväter waren Rabbiner. Neben seinem französischen Vornamen Henri erhielt er nach einem Urgroßvater den hebräischen Namen Noah. Seine Eltern bekamen später noch zwei Töchter: Renée, fünf Jahre jünger als Henry, und die vierzehn Jahre jüngere Susan.

Maurice Spira wurde in Belgien als Kind von Eltern geboren, die gegen Ende des 19. Jahrhunderts eingewandert waren. Sein Vater stammte aus Polen und seine Mutter aus Ungarn. Als ältestes von zehn Kindern arbeitete Maurice bei seinem Vater im Diamantenhandel. Henry beschrieb die Auffassungen seines Vaters als »zynisch, leicht nihilistisch«. Seine Mutter sagte später, was Henrys Vater seinem Sohn beigebracht habe, sei: »Nichts ist etwas wert und niemand ist gut. Das einzig Positive sind Erfolg und Geld.«[1] Henry sieht seinen Vater etwas anders: als einen Freigeist, den die Verhältnisse und Traditionen so niederdrückten, daß ihm wenig Lebensfreude blieb.

Henrys Mutter wurde in Ungarn geboren. Als sie noch ein kleines Kind war, zog die Familie nach Deutschland, wo ihr Vater Samuel Spitzer Erster Rabbi von Hamburg wurde. Sie trat eine Ausbildung als Lehrerin an und unterrichtete als Studentin ein wenig, doch mit zwanzig heiratete sie Maurice Spira, zog mit ihm nach Belgien und war fortan nicht mehr berufstätig. Die Ehe kam nach herkömmlicher jüdischer Praxis durch einen Vermittler zustande. Margits Sicht der Welt war eine andere als die von Maurice. In einem langen Brief, den sie 1954 an Henry schrieb, sagte sie: »Ich glaube immer noch an das Gute in den Menschen. Vielleicht ist das naiv, wie Vater mir sagt; vielleicht ist er realistischer.« In dem Brief äußert sie dann die Auffassung, Henry habe seinen Glauben, daß sich Menschen zum Besseren ändern könnten, von ihr. Henry war jedoch alles andere als naiv. Die Auffassung, zu der er gelangen sollte, ist eine erstaunlich tragfähige Mischung aus dem Zynismus seines Vaters und dem Glauben seiner Mutter an das verborgene Gute in den Menschen, das unter geeigneten Bedingungen zutage gefördert werden kann.

Der Familie ging es zunächst finanziell gut. Henry hatte ein Kindermädchen und besuchte ein französischsprachiges Gymnasium. Die Sommerferien verbrachte man an der belgischen Küste. Aus dieser Zeit erinnert sich Henry mehr an sein Kindermädchen als an seine Mutter. Für Margit war er ein leicht zu erziehendes Kind. In ihrem Brief von 1954 äußerte sie sich verwundert über den »Autoritätshaß«, den sie im Blick ihres erwachsenen Sohnes auf die Vergangenheit wahrnahm:

> Als Du klein warst, hatte ich mit Dir niemals Schwierigkeiten, was Autorität oder Gesetz betrifft … [Probleme lösten wir] nicht gewaltsam, sondern in gegenseitigem Vertrauen. Ich staunte oft, wie wenig Konflikte es gab. Du kamst bis dahin ausgezeichnet mit allen Deinen Lehrern und Gruppenleitern aus …, mit Onkel Eli, Onkel Alex, mit mir und Vater. Nie gab es ein Gehorsamsproblem. Erinnerst Du Dich, jemals bestraft oder gescholten oder auch nur ernstlich getadelt worden zu sein?

Es mag sein, daß Henry mit allen gut auskam, doch in der Familie gab es keine wirkliche Nähe. Er erinnert sich: »Es gab nie eine Umarmung oder so etwas … das gehörte einfach nicht dazu.« Margit schrieb, »ich habe stets die Befürchtung gehabt, mich zu sehr an meine Kinder zu binden«, deshalb »muß ich wohl alle äußeren Liebesbeweise gegenüber Dir und Renée unterdrückt haben«.

Margit verbrachte wegen schwerer Depressionen und geistiger Störungen lange Zeitabschnitte in Anstalten. Wenn sie bei klarem Verstand war, litt sie schwer unter dem Bewußtsein, daß das zeitweise nicht so war. Sie unternahm mehrere Suizidversuche. Während eines ihrer Anstaltsaufenthalte, im Jahr 1937, wurde Henry für ein Jahr zu seinem Onkel Eli, einem Rabbi, und seiner Tante nach London geschickt. Während er dort war, verließ sein Vater plötzlich Belgien und ging nach Mittelamerika. Die Gründe dafür sind unklar. Es heißt, er habe Schwierigkeiten entweder mit einer Bank oder mit dem Gesetz gehabt. Nach einer Version soll er Opfer eines Betrügers geworden und in finanzielle Schwierigkeiten geraten sein. Henry meint, möglicherweise habe er auch einfach sein Glück in der Neuen Welt machen wollen.[2] Wie auch immer, 1937 bis 1938, während Maurice in Mittelamerika die Ankunft seiner Familie vorbereitete, ging Margit mit Henrys Schwester Renée, damals etwa fünf Jahre alt, nach Hamburg, wo ihre Familie noch wohnte, und ließ Henry dorthin kommen. In Hamburg warteten Margit und die Kinder auf Maurices Nachricht, in die Neue Welt nachzukommen. Das nationalsozialistische Deutschland war für Juden kein besonders angenehmer Aufenthaltsort, doch sie versuchten, ein normales jüdisches Leben zu führen. Henry begann Hebräisch zu lernen, schloß sich einer jüdischen Jugendgruppe an und erlernte das Zimmerhandwerk, das er nie mehr verlernte. Am 9. November 1938, in der »Reichskristallnacht«, als die Synagogen angezündet, an jüdischen Geschäften und Wohnungen die Scheiben eingeschlagen und viele Juden verprügelt, zusammengetrieben und in Konzentrationslager verschleppt wurden, befand sich die Familie noch in Hamburg.

Kurz danach schrieb Maurice, seine Familie solle nach Panama kommen. Margit und ihre beiden Kinder buchten eine Schiffspassage und fanden Maurice mit einem Kleinhandel vor. Henry, der zu Hause Französisch und Deutsch gesprochen und in London Englisch gelernt hatte, kam in eine katholische Schule, die von Nonnen geleitet wurde, und lernte nun noch Spanisch. Das mag nach einer schwierigen Kindheit aussehen, doch Henry hat andere Erinnerungen:

> Ich kam mit den verschiedenen Verhältnissen gut zurecht. Ich hatte meine eigenen Gedanken, und ich fragte nicht nach dem Wieso und Warum, sondern sagte mir einfach, jetzt bin ich hier und muß das Beste daraus machen, und ich glaube, das tat ich auch. Ich war darauf angewiesen, meine eigenen Wertvorstellungen zu entwickeln, denn was mir in dieser Hinsicht beggnete – hier übertriebene Religiosität, da Atheismus –, vertrug sich überhaupt nicht miteinander.

Panama

Maurice hatte in Panama einen Laden, wo er billige Kleidung und Ringe an die Seeleute verkaufte, die durch den Panamakanal kamen. Henry half im Geschäft und verdiente durch den Verkauf von Briefmarken, die er vorher in mehreren Jahren gesammelt hatte, noch ein bißchen dazu. Die Geschäfte gingen bald besser, bald schlechter. In einer der schlechten Phasen zog die Familie in einen Raum im Untergeschoß eines großen Hauses, in dem auch der mit Maurice bekannte reiche Hausbesitzer wohnte. Damals kam es zu einem Vorfall, der auf den zwölfjährigen Henry einen unauslöschlichen Eindruck machte:

> Ich kam mit Leuten aus dem Haus ins Gespräch, und einmal lud mich ein Mann ein mitzugehen, wenn er die Mieten kassierte. Wir wohnten

also einerseits in diesem riesigen Haus, das einen ganzen Häuserblock bildete, und andererseits wohnten die Leute in jämmerlichen Behausungen, und nun kamen diese zwei Kerle mit Pistolen und kassierten die Miete. Und das war im Grunde die Art, wie sich der Besitzer bereicherte, und ich hatte irgendwie das Gefühl, daß das nicht richtig war, daß die Dinge so nicht laufen sollten. Natürlich konnte ich praktisch nichts machen. Aber ich glaube, das war ein Wendepunkt in meinem Leben. Ich identifizierte mich mit denen, die herumgestoßen wurden.

Henrys Schwester meint aber, ihr eigenes Familienleben habe ihn dazu gebracht, sich auf der Seite der Herumgestoßenen zu sehen. Renée, Henry und Margit waren lange von Maurice getrennt gewesen. Und jetzt erschien er Reneé als unerträglicher Tyrann: »Mein Vater war groß, stark und laut, und das nahm kein Ende. Meine Mutter war mitleiderregend und konnte sich nicht gegen ihn verteidigen. Es war wie eine schlechte Komödie ... eigentlich ein Alptraum.« Renée blickte zu Henry als ihrem Beschützer auf, sie erinnert sich an ihn als einen wunderbaren großen Bruder. Sie haßte die katholische Schule, die sie beide besuchten, doch dieses Problem erledigte sich, als Maurices Geschäft einmal schlecht ging und er das Schulgeld nicht mehr bezahlen konnte. Fast ein Jahr lang gingen die Kinder nicht zur Schule. Statt dessen arbeitete Henry im Geschäft seines Vaters und verbrachte die Zeit damit, mit den Seeleuten zu sprechen, die es besuchten.

Die Vereinigten Staaten

Als Henry dreizehn war, gelang es Maurice, ein US-Visum zu bekommen, und im Dezember 1940 fuhr die Familie auf dem Dampfer »Copiapo« über Havanna nach New York. Später beschrieb Margit ihre Gefühle:

> Als wir mit dem Schiff ankamen, waren die ganzen Flüchtlinge aus Havanna, obwohl zumeist jünger als ich, sehr niedergeschlagen. Sie fürchteten sich davor, ohne Geld ein neues Leben anfangen zu müssen. Die Zukunft schien nur wenig oder gar keine Hoffnung zu bergen. Ich staunte, daß ich so hoffnungsvoll war. Nun, was hatte ich zu fürchten? Ich hatte meinen Mann und meine Kinder. Ich war gewohnt, mit dem Allernotwendigsten auszukommen. Natürlich hätte ich gern ein bißchen mehr gehabt. Vielleicht hatten wir eine Chance, wieder so gut wie früher zu leben. Welches Glück, in Amerika zu sein, wo man alle Möglichkeiten hat.

Die Familie zog in eine Wohnung, West 104th Street, und Henry besuchte die dortige staatliche Schule. In den ersten Wochen nach der Ankunft schienen sich Margits Hoffnungen zu bewahrheiten:

> Vater verdiente etwas. Samstags gingen wir mit dem ganzen Geld, das er verdient hatte, einkaufen – die ganze Familie. Wir kauften Möbel, ein Klavier, eine Nähmaschine, einen Schreibtisch für Dich [Henry]. Welcher Luxus! Es machte Spaß, sich in New York umzusehen, am Broadway, Times Square, bei Versteigerungen, auf den Fähren, alte Freunde zu besuchen, denen ich stolz meine Kinder zeigen konnte.

In diesem Jahr hatte Henry seine Bar-Mizwa und war nun nach jüdischem Gesetz ein Mann. In Deutschland hatte er Hebräisch gelernt und seine Studien in Panama weitergeführt, wozu er sich selbst einen Lehrer gesucht hatte. In den Vereinigten Staaten lernte er weiter Hebräisch, befolgte das jüdische Gesetz und trug die Kippah. Sein Vater war dagegen, er fürchtete, wie Margit später Henry erklärte, »du würdest zu religiös und würdest den Respekt vor ihm verlieren«. Dennoch besuchte Henry weiterhin Hebräischkurse und bezahlte sie mit dem Geld, das er in den Sommerferien verdient hatte.

Maurice stieg in das industrielle Diamantengeschäft ein und hatte hier den geschäftlichen Erfolg, der ihm so lange versagt geblieben war. Doch der Erfolg veränderte ihn auch. Margit schrieb später:

> Als er ein Geschäft aufbauen und ziemlich viel verdienen konnte, wurde er ein anderer Mensch. Er mußte sich darauf konzentrieren, manchmal 24 Stunden am Tag. Als ich fragte, ob es das wert sei, ob wir nicht mit etwas weniger glücklicher wären, machte ihn das unglücklich, er fühlte sich nicht anerkannt ... Ihm bedeutete Geld mehr als anderen Menschen. Es sprach ihn, wie er meinte, in den Augen der anderen von seinen früheren Mißerfolgen frei.

Das führte zu weiteren Konflikten in der Familie. Maurice wollte, daß Henry seinen Lebensstil übernahm – er sollte Jackett und Krawatte tragen und Freunde aus den Kreisen haben, in die er hineinkommen wollte. Henry hatte ganz andere Vorstellungen. Gegen Ende des Jahres 1943, als er die Stuyvesant High School besuchte, schloß er sich einer linksorientierten jüdischen Jugendbewegung namens Haschomer Hazair an, »HH«, unter welchem Namen die Bewegung bekannt war, war zionistisch, aber nicht religiös. Sie vertrat eine Art humanistischen Sozialismus, der sich an den Kibbuzim orientierte, den Gemeinschaftssiedlungen, die in Palästina entstanden. Die Bewegung sah ihre Aufgabe darin, junge Juden auf ein

Leben vorzubereiten, das unter den schwierigen Bedingungen Palästinas dem Aufbau einer sozialistischen Gemeinschaft gewidmet sein sollte. Von ihren Mitgliedern forderte sie Hingabe und Idealismus. Sie mußten ihre bürgerlichen Gewohnheiten aufgeben und sich auf ein naturnahes Leben vorbereiten, bei dem alle gleich waren und sich die körperliche Arbeit teilten, die nötig war, um sich selbst mit allem Notwendigen versorgen zu können. Die Frauen schminkten sich nicht, und die Männer trugen keine Anzüge und Krawatten. Die HH-Gruppen gingen auf dem Land wandern und besuchten Sommerlager, in denen sie die Landwirtschaft erlernten. Sie waren stark antimaterialistisch und freisinnig eingestellt, bis fast – aber eben doch nicht ganz – hin zur Anarchie. Henry übernahm den Zionismus der HH nicht ganz und faßte für sich die Auswanderung nach Palästina niemals ins Auge, doch der Antimaterialismus und die geistige Unabhängigkeit, die HH in ihm gefördert hatte, blieben ihm sein ganzes Leben.

Angesichts dessen war es kein Wunder, daß Henry den Geschmack seines Vaters bezüglich Kleidung und Freunden nicht teilte. Als Henry versuchte, seine neuen Überzeugungen mit ihm zu besprechen, nannte ihn Maurice einen Kommunisten und weigerte sich, weiter mit ihm darüber zu reden. Von da an erinnert sich Renée an »eine heftige Szene nach der anderen« zwischen Henry und seinem Vater. Margit meinte, Henry habe sich große Mühe gegeben, das Problem zu lösen:

> Du und Renée, ihr befolgtet alle meine Beschwichtigungsvorschläge und versuchtet wieder und wieder, Vater von euren Ansichten zu überzeugen. Doch unglücklicherweise hattet ihr keine gemeinsame Basis, von der ihr hättet ausgehen können, und nur zu oft endeten diese Versuche in Streitgesprächen, die Vater als Angriff auf seine Autorität auffaßte ... Sie machten die Dinge nicht besser, sondern verstärkten nur die Spannungen.

Henry war seiner Mutter gegenüber offen und sprach sich mit ihr aus, aber das war wieder ein Problem, denn Maurice warf ihr dann vor, sie lasse Henry machen, was er wolle, um die Freundschaft mit ihm nicht zu gefährden. Margit hatte geglaubt, Eltern müßten zum Besten der Kinder »zusammenhalten«, doch jetzt fand sie, daß die Entschuldigung von Maurices Fehlern bedeutete, ihren Sohn zu verurteilen, wenn er es ihrer Meinung nach nicht verdiente. Sie stellte sich auf Henrys Seite:

> Ich sah nichts Falsches darin, wie Du Dir Deine Freunde aussuchtest, und es war gleichgültig, ob sie in einem besseren oder einem schlechteren Viertel wohnten. Ob Du eine Krawatte oder sogar ein Jackett

trugst, schien keinen Streit wert zu sein ... Ich meinte, wenn man Dich in Ruhe ließ, würdest Du schon vernünftig werden und selbst darauf kommen, daß es eine Dummheit ist zu frieren, wenn man einen warmen Mantel im Schrank hängen hat.

Doch Maurice genügte das nicht. Die Meinungsverschiedenheiten entfalteten sich vor dem Hintergrund sich verändernder Einstellungen gegenüber der Autorität des Vaters. In Henrys Worten war Maurice »ein autokratischer Patriarch aus der Alten Welt«, während Henry zu moderneren Denkweisen übergegangen war. Margit schrieb:

> Er verlangte hundertprozentige Unterordnung. Das betrachtete er im Austausch dafür, ein so erfolgreicher Ernährer zu sein, als sein Recht. Du schlugst eine wöchentliche Familiensitzung zur Behandlung von Beschwerden vor. So etwas hattest Du in der Elternzeitschrift *Parent's Magazine* gelesen. Doch er hätte überhaupt nicht verstanden, was das soll, selbst wenn er sich darauf eingelassen hätte. Dabei wäre von ihm erwartet worden, die Kinder als Gleiche zu behandeln, und das konnte er einfach nicht akzeptieren.

Rückblickend zeichnete Henry von seinem Vater ein sympathischeres Bild: »Er war ein Mann, der die uneingeschränkte Verantwortung für das übernahm, was er als das Wohl seiner Familie ansah. Er arbeitete sehr hart, er gab viel von seiner Freiheit auf ... Seine geistige Unabhängigkeit wurde weitgehend von den Umständen und Traditionen unterdrückt.«

Doch mit sechzehn sah Henry die Dinge nicht so. Um die ständigen Streitigkeiten in den Griff zu bekommen, schlug Margit vor, eine professionelle jüdische Familienberatung in Anspruch zu nehmen. Henry war bereit mitzumachen, doch Maurice wies den Vorschlag zurück, er sagte: »Wer sind diese Leute? Machen sie es wegen des Geldes?« Margit begann sich wegen ihrer Schwäche zu hassen: »Einwände konnte ich nur in demütigem Ton vorbringen.« Sie dachte daran, mit ihren drei Kindern fortzugehen. Henry bot an zu arbeiten, um den Rest der Familie zu ernähren, wenn sie gehen würde, ein Angebot, das Margit, wie sie sagte, »nur zu gern angenommen hätte, wenn das so einfach gewesen wäre, wie Du es dir vorstelltest mit Deinem guten Willen und Deiner jugendlichen Begeisterung«. Doch sie konnte es nicht:

> Es gab Frauen, die ihren Lebensunterhalt verdienen konnten, die für ihre Kinder sorgen konnten, wenn es nötig war, und die, was vielleicht am wichtigsten ist, auch emotional dazu in der Lage waren. Vielleicht ist es eine Ausrede, wenn ich sage, ich war in einer fremden Stadt, ei-

nem fremden Land, hatte ein kleines Kind [Susan war 1941 geboren worden], und ich hatte zwar Grund, Vater zu grollen, aber gefühlsmäßig war ich mit ihm keineswegs fertig.

Da Margit also nicht fortgehen wollte, sagte Henry ihr, er denke daran, es allein zu tun. Obwohl er noch in der High School war, versuchte sie nicht, es ihm auszureden. Zehn Jahre später sagte sie ihm, was sie damals empfunden hatte:

> Konnte es sein, daß kein Zuhause vielleicht besser war als dieses? Ich war mir nicht sicher. Ich mußte etwas wagen. Ich mußte Dir ganz allein einen Rat geben. Ich wußte, daß ich Dich vermissen würde. Du warst mir eine große moralische Stütze, ob Du es wußtest oder nicht. Vater hatte recht damit, daß meine Kinder meine besten und meine einzigen Freunde waren. Ich meine, ich traf eine uneigennützige Entscheidung, als ich damit einverstanden war, daß Du von daheim weggehst … Aber ich sah keinen anderen Ausweg. Ich betete nur, daß die guten Einflüsse und Erfahrungen, die Dein früheres, glücklicheres Leben prägten, Deinen Charakter so geformt und gestärkt haben möchten, daß Du den schlechten Einflüssen widerstehen würdest. Daß Du nicht das Opfer von Kriminalität, Alkohol, Drogen und all dem werden würdest, was eine feindliche Welt einem Jungen zu bieten hatte, der noch nicht einmal siebzehn war.

Henry zog in eine Pension und fand eine Nachmittagsbeschäftigung in einer Werkstatt. Vormittags besuchte er die Stuyvesant High School, wo es möglich war, zwischen Vor- und Nachmittagsunterricht zu wählen. Maurice drohte, ihn von der Polizei zurückbringen zu lassen, doch Henry war schon sechzehn, so daß das nicht mehr möglich war.

Von da an sah Henry seine Eltern nur noch, wenn er sie von sich aus besuchte, und das geschah nicht gerade häufig. Renée entsinnt sich, daß sie ihn daran erinnerte, am Geburtstag ihrer Mutter anzurufen. Sie verstand aber, daß er sich von seinem Vater trennen mußte. Dann zog die Familie ohne Henry aus New York weg in die reicheren Viertel von Mount Vernon und später nach Bronxville.

Unabhängigkeit

Die umfassenden Bestrebungen des Sozialismus sind mit dem Zionismus nicht leicht zu vereinbaren. Einige von Henrys Freunden bei Haschomer

Hazair begannen sich für andere Formen des Sozialismus zu interessieren. Das stark autoritäre Wesen der kommunistischen Partei zog jene, die die sehr viel freiere Atmosphäre von HH gewohnt waren, zwar nicht an, doch die Ideen Leo Trotzkis, der damals der stärkste kommunistische Kritiker Stalins war, erschienen ihnen schon attraktiver. Henry besuchte mit seinen Freunden trotzkistische Sozialismuskurse. Er begann Trotzki und Lenin zu lesen, auch den frühen russischen Marxisten G. W. Plechanow. Er brachte das, was er las, mit seinen Erfahrungen aus Panama zusammen und begann, Ungerechtigkeit nicht als Frage der Habsucht oder des Sadismus einzelner zu verstehen, sondern als etwas Systematischeres. Wenn man etwas dagegen unternehmen wollte, mußte man das System verändern. Er wurde Sozialist und übernahm die Auffassung Trotzkis, daß Stalin die Idee einer wirklich sozialistischen Revolution habe entgleisen lassen. Zu seinen veränderten Ansichten gehörte auch, daß er sich von der Befolgung der jüdischen religiösen Vorschriften löste und keine Kippah mehr trug.

Bei HH nannten sich die Leute bei ihrem hebräischen Namen, Henry war also als Noah bekannt. Nachum Meyers, ein Kamerad aus der West-Bronx-Gruppe von HH, hat den Siebzehnjährigen so in Erinnerung:

> Noah war schwierig ... Der Umgang mit ihm war etwa so, als würde man ein stabiles Gummiband statt eines Kaugummis kauen; es war eine Anstrengung, die nur wenig Befriedigung brachte ... Ich erinnere mich an die große Heftigkeit, mit der er seine Ansichten zu irgendeinem gerade aktuellen Punkt verteidigte ... Die Bewegung brachte ihn, vielleicht zum ersten Mal in seinem jungen Leben, mit scharfsinnigen doktrinären Denkern und Polemikern in Berührung, die seines Eifers würdig waren. Hier fand er Gegner, die talmudistisch die Vorzüge des Stalinschen Sozialismus gegen Noahs glänzende und unerbittliche trotzkistische Analysen verteidigten. Doch wenn es um die intellektuelle Auseinandersetzung ging, brachte Noah seine übrigen Waffen ins Spiel. Seine Argumente waren Flutwellen aus hoher Intelligenz, etwas Wissen, sehr viel Verachtung und häufig brillantem Wortgefecht ... Noah brachte die zähesten Verteidiger Stalins mit vollendetem Sarkasmus zur Strecke – natürlich waren sie nach wie vor unüberzeugt, doch sie keuchten vor Wut und Erschöpfung. Und dann grinste er, leckte sich die Lippen und hielt nach Mädchen Ausschau.[3]

Eine Zeitlang wohnte Henry zusammen mit Meyers und einem weiteren Freund namens Mordy Sprinsock in einer Wohnung im Nordwesten von Manhattan. Meyers entsinnt sich, wie sie – oft vergeblich – versuchten,

Henry zur Zahlung seines Mietanteils zu bewegen. Die drei trennten sich 1944, als Henry ein Anhänger der Sozialistischen Arbeiterpartei (Socialist Workers Party, SWP) wurde, der führenden trotzkistischen politischen Organisation. Dort traf er John Black, der in Deutschland aufgewachsen war und dort einer trotzkistischen Organisation angehört hatte. Als die Nationalsozialisten die Macht ergriffen, floh er nach England und ging 1940 in die Vereinigten Staaten, wo er sich bevorzugt anderen jungen linksorientierten Einwanderern aus Europa anschloß. Henry gehörte zu dieser Art von Leuten, und die beiden fanden sich auf der Stelle. Henry zog in ein möbliertes Zimmer neben dem von Black, 26 West 18th Street in Manhattan. Black stellte fest, daß Henry zu harter Arbeit bereit war, und so zogen sie zusammen los, um in den New Yorker High Schools Mitglieder für die SWP zu werben. Das Ergebnis war, wie sich Black erinnert, »erstaunlich«. Sie veranstalteten gut besuchte wöchentliche Zusammenkünfte junger linksorientierter Leute. Einige von ihnen waren später viele Jahre in der SWP aktiv. Diese Arbeit fand Anfang 1945 ihr Ende, als Henry Seemann in der Handelsmarine wurde.

Bei der Handelsmarine

Die amerikanische Handelsmarine war ein Zentrum militanter Gewerkschaftstätigkeit, und in der Gewerkschaft waren viele Trotzkisten – für einen begeisterten jungen Trotzkisten war sie damit der richtige Ort. »Damals glaubten wir alle, die Gewerkschaftsbewegung würde zur Schaffung einer neuen Gesellschaft beitragen«, sagte Henry später. Doch es stellte sich als gar nicht einfach heraus, andere für den Kampf für eine neue Gesellschaft zu gewinnen. Meyers erinnert sich an Henry, nachdem er in die Handelsmarine eingetreten war:

> Immer wieder traf ich Noah in seinem Kolani, wie er nach den Mädchen von HH Ausschau hielt und erzählte, wie er von Matrosen verprügelt worden sei, deren Los er zu verbessern versuchte, deren Patriotismus in Kriegszeiten sie jedoch zu der Ansicht brachte, die Gewerkschaften untergrüben die Kriegsanstrengungen.[4]

Henry hält letzteres mit Sicherheit für eine Übertreibung: Zwar hätten nicht alle Matrosen seine Ansichten geteilt, aber verprügelt hätten sie ihn nicht.

Die Handelsmarine bot andere Vorteile: weite Reisen und Freistellung vom Militärdienst. Es war nicht so, daß Henry der Gefahr damit ganz auswich. Bei der Atlantiküberquerung wurden viele Handelsschiffe von deutschen U-Booten versenkt. Doch Henry hatte Glück. Als er zur See ging, war das nationalsozialistische Deutschland kurz vor dem Ende. Er geriet nicht in Kämpfe, und die Geleitzüge, auf denen er fuhr, verloren kein einziges Schiff.

Als der Krieg vorüber war, arbeitete Henry meist auf Schiffen, die ganz Amerika anliefen, doch er kam auch nach Europa und Afrika. Er verdiente verhältnismäßig viel, und da er Kost und Logis an Bord hatte, blieb ihm so viel Geld, wie er nur brauchte. Er ging gern in den Hafenstädten spazieren, doch es gefiel ihm auch auf hoher See. Er stand früh auf und betrachtete den Sonnenaufgang oder ging auf Deck herum. Er genoß die Kameradschaft, doch wurde auch seine Privatsphäre geachtet. Wenn er lieber allein an Land ging als mit einer Gruppe, die sich betrinken wollte, ließ man ihn in Ruhe. »Es war ein bißchen wie bei der Fremdenlegion. Jeder kümmert sich um seine eigenen Angelegenheiten und fragt nicht zuviel.« In diesen Verhältnissen fühlte sich Henry wohl und im Einklang mit der Welt. Er hatte reichlich Zeit, um zu lesen, und lernte damals das Werk des russischen Anarchisten Peter Kropotkin kennen, ebenso das amerikanischer Linker wie Lincoln Steffens und John Reed. Auch beteiligte er sich aktiv an Gewerkschaftsversammlungen an Bord.[5]

Außer seiner Lektüre bewegte die Enthüllung des Genozids der Nationalsozialisten Henrys Denken am stärksten. Seine näheren Angehörigen, einschließlich seiner Hamburger Verwandten, hatten alle Europa verlassen, bevor der Krieg ausbrach. Das Ganze betraf ihn also nicht persönlich, allerdings politisch und ethisch. Ihn beunruhigte der Gedanke, daß so viele Menschen dabeigestanden und nichts dagegen unternommen hatten, daß unschuldige Menschen ermordet wurden; seine Religiosität hatte er schon vor dem Ende des Krieges abgelegt, doch nach dem Holocaust meinte er, daß Juden an Gott glauben, »verstößt einfach gegen den gesunden Menschenverstand«.

1948 blieb Henry so lange an Land, daß er an der Washington Irving Evening High School seine Schulausbildung abschließen konnte. Zwei Jahre später begann er ein geisteswissenschaftliches Studium am Brooklyn College, unterbrach dieses aber mehrfach und machte seinen Studienabschluß erst 1958. Wenn er nicht auf See war, wohnte er in einem Seemannsheim, 550 West 20th Street. Da er Abstand von seinen Eltern halten wollte, ließ er seine Sachen nicht bei ihnen, sondern lagerte sie in ein paar Säcken im Seemannsheim. So lebte er bis 1958, als er eine Wohnung im Südosten von Manhattan (188 Avenue B) bezog. Die Tatsache, daß Henry dreizehn Jahre lang keine feste Bleibe hatte, bewirkte, daß er nie damit begann, Besitztümer anzusammeln. Als er dann eine eigene Wohnung hatte, diente alles darin einem bestimmten Zweck. Auch die größere Dreizimmerwohnung im Nordwesten von Manhattan, in der er seit 1970 lebte, war völlig funktional eingerichtet. Es gab Betten, ein Sofa, das als Zusatzbett dienen konnte, einen Küchentisch mit zwei Plätzen (weitere Eßplätze gab es nicht; Henry gab keine Einladungen) und einen großen dürren Kletterast für seine Katze. Es gab ein paar graue Archivschränke aus Metall, doch der größte Teil seines umfassenden Archivs befand sich auf Regalen aus einfachen Holzbrettern, die vom Boden bis zur Decke die Wände fast aller Räume bedeckten.

Die meisten Seeleute in der Handelsmarine gehörten der National Maritime Union, NMU [»Nationale Seeleutegewerkschaft«] an. Während des Krieges war sie von stalintreuen Kommunisten beherrscht, die jede Wendung der sowjetischen Außenpolitik mitmachten. Henry gehörte zu der Minderheit von Gewerkschaftsmitgliedern, die der Sozialistischen Arbeiterpartei angehörten. Nach Beginn des Kalten Krieges und der antikommunistischen Kampagne von Senator Joseph McCarthy wurden die Kommunisten aus der Führung der Seeleutegewerkschaft hinausgedrängt, und eine rechte Gruppe kam an die Macht. Sie verbündete sich mit der US-Regierung, um alle, denen radikale oder linke Tendenzen zugeschrieben wurden, auf eine schwarze Liste zu setzen. Vor dem Auslaufen eines Schiffes kam routinemäßig ein Beamter der Küstenwache an Bord, prüfte die Papiere der Mannschaft und bestätigte die Anmusterung. Im März 1952, als Henry auf ein anderes Schiff gewechselt hatte, gab er wie gewöhnlich dem Beamten seine Papiere, doch zurück erhielt er an ihrer Stelle nur eine schriftliche Mitteilung, daß die Fortsetzung seiner Tätigkeit auf einem amerikanischen Handelsschiff »den Sicherheitsinteressen der US-Regierung schädlich« sei. Er konnte nicht mehr auf einem Schiff arbeiten. Viele derart Betroffene kam das schwer an, doch Henry betrachtete es philosophisch: »Ich dachte mir nur, das gehört zu den Spielregeln: Bekämpfe das System, und du bekommst die Quittung.«

Durch eine seltsame bürokratische Wendung führte die Tatsache, daß Henry nicht weiter auf Handelsschiffen arbeiten konnte, dazu, daß er nun wehrpflichtig wurde. Er versuchte den zuständigen Leuten klarzumachen, daß er, wenn schon seine Tätigkeit auf einem Handelsschiff die Sicherheitsinteressen der Vereinigten Staaten verletze, bei einer Tätigkeit im Militär doch ein noch viel größeres Sicherheitsrisiko darstelle. Man sagte ihm, die verschiedenen staatlichen Dienststellen hätten eben verschiedene Maßstäbe, und er wurde eingezogen.

Beim Militär

Henry wurde im Oktober 1952 Soldat der US-Armee. Bald stimmte für ihn die Welt nicht mehr. Marschieren und Drill erschienen ihm sinnlos, und er machte es nie ganz richtig. Das könnte Absicht gewesen sein, denn er sah ganz klar, wozu der Drill dienen sollte:

> Wir wurden auf ›Gewehr links über‹ und ›Gewehr rechts über‹ gedrillt. Wir marschierten vor und zurück: ›Links um marsch!‹ Ziel war die automatische, augenblickliche Befolgung von Befehlen. ›Ihr habt nicht zu fragen, warum, sondern zu gehorchen und zu sterben.‹ Das Militär machte keinen Versuch, uns irgendwie zu begeistern, sondern gab sich alle Mühe, uns zu menschlichen Robotern zu machen … Ein Rekrut bekam eine Zahnbürste, mit der er einen sauberen Raum säubern sollte. Jeder wußte, daß das völlig sinnlos war, aber es diente dazu, dem Neuling klarzumachen, daß er zu tun hatte, was ihm befohlen wurde … Es gab zahllose Inspektionen. Alles mußte in Reih und Glied und genau am Platz sein. Selbst die Stiefelsohlen mußten poliert werden. Wie ein Trottel durfte der Soldat nicht nachdenken und nichts aus freiem Antrieb tun.[6]

Henry hat vielleicht nicht im Gleichschritt marschieren gelernt, aber er erkannte, welche Macht eine Organisation hat, Menschen zu verändern:

> Die Rekruten staunten alle über den Sadismus der Ausbilder. Allen lag die Frage auf der Zunge: ›Wo in aller Welt konnte das Militär bloß solche Schweinehunde finden?‹ Nach der Grundausbildung wußten sie es. Das Militär suchte sich ein paar von ihnen heraus und steckte sie in eine Führungsausbildung; man zeigte ihnen eine große Faust, die aus einem Stern herausfuhr, auf der stand: ›Wir führen, andere folgen‹, und nach wenigen Wochen machten dieselben Leute, die zuvor nicht hatten begreifen können, wie jemand so sadistisch wie ihre Ausbilder sein konnte, genau das Gleiche mit den neuen Rekruten.

Nach der Grundausbildung wurde Henry einem Intelligenztest unterzogen, bei dem er gut abschnitt. Deshalb wurde er nach Berlin geschickt und der Truppeninformation und Bildung zugeteilt. Im Grunde sollte er die Soldaten indoktrinieren. Er sagte, eine solche Tätigkeit liege ihm nicht unbedingt, aber man erklärte ihm, das habe er zu machen, ob es ihm nun liege oder nicht. Es war dann der bequemste Posten, den er je hatte. Eine Stunde wöchentlich sprach er vor etwa zweihundert Soldaten über Neuigkeiten und aktuelle Fragen und diskutierte sie mit ihnen. In der übrigen

Zeit, so erklärte er seinen Vorgesetzten, könne er nicht exerzieren, weil er sich auf die nächste Stunde vorbereiten müsse.

In Berlin hatte Henry durch seinen Sold eine Menge Geld in der Tasche. Die Stadt war zwar zwischen den ehemaligen Alliierten aufgeteilt, doch es war noch vor dem Bau der Mauer, und in seiner Freizeit konnte er den französischen, den britischen und auch den sowjetischen Sektor besuchen. Da er fließend Englisch, Französisch und Deutsch sprach, konnte er überall mit den Leuten reden. Die Unterschiede zwischen den Sektoren waren gewaltig. Er traf ein paar Monate nach dem ostdeutschen Aufstand vom Juni 1953 ein, bei dem die Arbeiter in Ostberlin ihr Werkzeug niedergelegt und auf die Straße gegangen waren, aber wenige Tage später von sowjetischen Panzern niedergewalzt wurden. Die Demonstranten hatten freie Wahlen und die Wiedervereinigung Deutschlands verlangt, doch auch die Knappheit an Lebensmitteln und Verbrauchsgütern hatte zu dem Aufstand beigetragen. Nach Westberlin ergoß sich ein Strom von Flüchtlingen aus Ostdeutschland, und Henry sprach mit ihnen im Lager Tempelhof, wo sie auf ihre Anhörung und die Zusprechung des Flüchtlingsstatus warteten. Ostberliner Arbeiter sagten ihm, Nazis und Kommunisten seien von einem Schlag – man müsse mitmachen, um keine Schwierigkeiten zu bekommen –, und stets hätten die Funktionäre profitiert und nicht die kleinen Leute, die gar nicht recht wußten, was das Ganze sollte.

Im Oktober 1954 wurde Henry nach zwei weitgehend angenehmen Dienstjahren wegen »subversiver und illoyaler Betätigung«, nämlich der Unterstützung linker Organisationen, unehrenhaft entlassen. Er erhob Einspruch, das Militär habe von Anfang an gewußt, daß er ein Sicherheitsrisiko sei. Mit Hilfe der Workers Defense League [»Bund zur Verteidigung der Arbeiterinteressen«] erreichte er schließlich, daß die Entlassung in eine ehrenhafte umgewandelt wurde. Doch er verließ das Militär so, wie er dort angefangen hatte: als einfacher Soldat.

Am Fließband

Zurück vom Militär und noch immer als Seemann nicht zugelassen, mußte sich Henry überlegen, was er nun tun sollte. Seine Mutter schrieb ihm gegen Ende seiner Militärdienstzeit, sein bisheriges Leben mit seinen verschiedenartigen Erfahrungen und Kontakten mit Menschen aus allen Schichten gleiche einer »Materialsammlung zu einem großen Werk, doch dieses Werk muß folgen, sonst ist die vorbereitende Erfahrung verloren«.

Sie meinte, nach dem Militärdienst solle er einen qualifizierten Beruf wählen, und nannte einige, die ihrer Meinung nach seinen Fähigkeiten entsprachen. Aufgrund seiner Sprachgewandtheit und seiner Vorliebe für »sensationelle Vorfälle« könne er einen guten Reporter abgeben. Auch als Arbeitervertreter sei er geeignet wegen seines »ausgeprägten Sinnes für Gerechtigkeit und Fairneß« und seiner Fähigkeit, »mit allen Leuten, gleich welcher gesellschaftlichen oder wirtschaftlichen Stellung, gut auszukommen«. Margit sprach auch von einer besseren Position auf einem Schiff, etwa als Elektroingenieur, und vom Lehrerberuf. Weniger einleuchtend war vielleicht, daß sie sich Henry wegen seines Führungstalents und »psychologischen Einfühlungsvermögens« als Gefängnisdirektor vorstellen konnte. Richtige Sorgen machte ihr aber das Gefühl, daß Henry keinerlei Ziel hatte und es in keinem Beruf zu etwas bringen wollte. Das führte sie auf den Bruch mit seinem Vater zurück:

> Es geht nicht um die theoretische Frage, ob das Leben einen Sinn hat. Es geht um die praktische Frage, welchen Sinn wir dem Leben geben. Es ist verständlich, daß das Leben für Dich in jenem Augenblick seinen Sinn verloren hat. Das Bild, das Du Dir im Laufe der Jahre von Deinem Vater gemacht hattest, war zusammengebrochen. Deine Familie konnte Dir nicht viel bedeuten. Du mußtest einen Ersatz finden – Greenwich Village, nachdem Du [Ha]schomer Hazair verlassen hattest, die Handelsmarine, auch das Militär, obwohl Du Dir das nicht selbst ausgesucht hattest.

Es gelang Margit nicht, Henry zu einer der ihr vorschwebenden Karrieren zu bewegen; doch ziellos, wie sie meinte, war er bei seiner Suche nach einem Betätigungsfeld nicht. Er suchte einen neuen Bereich, in dem er mit politisch aktiven Arbeitern in Berührung kommen konnte. Der Arbeitsplatz, der wie kein anderer für das moderne Industriezeitalter stand, war das Fließband in einer Autofabrik. So nahm Henry eine Arbeit am Fließband bei General Motors in Linden (New Jersey) auf dem New York gegenüberliegenden Flußufer an, und er fand, daß sie nicht hinter ihrem Ruf zurückblieb:

> Ich arbeitete an einem Fließband, wo die hintere Stoßstange, die Halterungen für die Gurte, die Kabel und Muttern an der Lichtmaschine montiert wurden. Alle 75 Sekunden kam ein neues Auto an. Auf den Gewerkschaftsversammlungen gab es heftige Forderungen, etwas gegen die Beschleunigung der Produktion zu unternehmen, denn wir hatten nicht einmal Zeit, um an dem Wasserspender in drei Metern Entfer-

nung einen Schluck Wasser zu trinken. Die Leute reichten Beschwerden wegen Arbeitsüberlastung ein, und als Antwort bekamen sie Verweise wegen ›mangelhaften Einsatzes‹.[7]

In dieser Situation war die Gewerkschaft nicht sehr hilfreich. Henry lernte, daß es Möglichkeiten gab, Mißstände abzustellen, ohne die etablierten Institutionen einzubeziehen:

> Da gab es den ungarischen Kollegen, der weiter unten an den Armaturenbrettern arbeitete. Er war ein hervorragender Arbeiter, er verstand wirklich etwas von Autos, es gab keine Arbeit, die er nicht machen konnte, und er war in der Lage, ganz allein den Betrieb in der ganzen Fabrik stillzulegen. Wenn es einen Grund zur Klage gab, brachte er die Arbeit in seinem kleinen Bereich zum Erliegen, und das ließ die ganze Anlage stillstehen. Dieser Mann ging nicht einmal zu den Gewerkschaftsversammlungen. Er meinte, Gewerkschaften seien etwas Ungreifbares, und wenn [die Arbeiter] sich beschweren wollten, würden sie die Sache selbst in die Hand nehmen und an Ort und Stelle klären. Das brachte mich auf den Gedanken, daß man manchmal Macht haben kann, ohne zu einer Organisation zu gehören.

Henry arbeitete am Fließband von Anfang 1955 bis Mitte 1956. Er fand, daß ihn diese Arbeit auslaugte, doch er wurde immer noch besser damit fertig als die meisten seiner Kollegen. Ohne ein Haus abzahlen und eine Familie ernähren zu müssen, brauchte er gar nicht so viel Geld, wie er verdiente. Er machte die Fließbandarbeit hauptsächlich wegen der Erfahrungen und der Persönlichkeitsbildung, die sie ihm vermittelte, und wenn er wirklich einmal ausspannen oder etwas anderes machen wollte, besorgte er sich ein ärztliches Attest und blieb ohne Bezahlung zu Hause. Doch nach etwa anderthalb Jahren bei General Motors kam er zu dem Schluß, daß ihm ein Hochschulabschluß etwas mehr Flexibilität bei der Suche nach Arbeit geben würde. Er kehrte an das Brooklyn College zurück und schloß den 1950 begonnenen Studiengang ab. Doch er machte nicht gleich Gebrauch davon. Eine Zeitlang arbeitete er nachts im Bellevue Hospital als Assistent in einem Forschungsprojekt über frühgeborene Kinder, und 1959 wechselte er auf eine Stelle beim Sozialamt von New York. Um diese Zeit gewannen Bürgerrechtsgruppen Prozesse gegen das Arbeitsverbot für Handelsschiffseeleute, und er ging wieder zur See.

Die Bürgerrechtsbewegung

Während dieser ganzen Zeit hatte Henry die Verbindung mit der Sozialistischen Arbeiterpartei aufrechterhalten; die Gruppensitzungen fand er aber ziemlich sinnlos und mied sie. Seine wichtigste Betätigung bestand darin, für die Wochenzeitung der Partei, *The Militant*, zu schreiben. Im Oktober 1955, während einer der Unterbrechungen seiner Arbeit am Fließband bei General Motors, ging er nach New Castle (Indiana), um über einen Streik zu berichten, aus dessen Anlaß der Gouverneur von Indiana die Nationalgarde herbeirief und den Ausnahmezustand verkündete. Der *Militant* brachte den Bericht als Leitartikel auf der ersten Seite mit der Verfasserangabe Henry Gitano – »Gitano« ist das spanische Wort für »Zigeuner« –, weil es Henry für klüger hielt, nicht allgemein als Mitglied der SWP bekannt zu sein.[8]

Im Dezember 1955 weigerte sich Rosa Parks, eine afroamerikanische Näherin mittleren Alters aus Montgomery (Alabama), auf Aufforderung des Busfahrers ihren Sitzplatz zu räumen und in dem für Farbige reservierten hinteren Teil des Wagens Platz zu nehmen. Als sie deswegen angeklagt wurde, boykottierten die Schwarzen in Montgomery die Busse. Fünf Monate später geschah dasselbe in Tallahassee (Florida), nachdem zwei junge schwarze Frauen festgenommen worden waren, weil sie ihr Fahrgeld zurückverlangt hatten, statt ihren Sitzplatz gemäß den Rassentrennungsgesetzen für Weiße zu räumen.

Im Juni 1956 begab sich Henry nach Montgomery und Tallahassee, um sich selbst ein Bild davon zu machen, was dort im Gange war. In Tallahassee kam er ein paar Tage nach dem Beginn des Boykotts an und nahm an einer Massenversammlung teil. Er sah und spürte, wie mehr als tausend Menschen mit ihrem donnernden Beifall für den Grundsatz »Wenn du deinen Fahrpreis bezahlst, dann kannst du sitzen, wo du willst« die Halle erbeben ließen. Auf einer ähnlichen Versammlung in Montgomery war er dabei, als der Vorsitzende der Montgomery Improvement Association [»Vereinigung für die Verbesserung der Lebensverhältnisse« der Farbigen], ein junger Geistlicher namens Dr. Martin Luther King Jr., seinen begeisterten Zuhörern sagte: »Wir haben einen sehr, sehr langen Weg vor uns, um Bürger erster Klasse zu werden. Und nichts wird uns dabei aufhalten.« Tausend Stimmen antworteten: »Nichts, o Herr, nichts.«[9] King sagte zu Henry: »Der Gedanke der Montgomery Improvement Association wird sich ausbreiten, denn der Neger (the Negro) hat bewiesen, daß er zur Vereinigung und Organisation fähig ist, um seine Selbstachtung zu erlangen.«

Als Henry nach der Berichterstattung über den Streik von New Castle wieder in New York war, fragte ihn jemand vom *Militant*: »Was sagten die Leute denn?«. Das machte ihm klar, daß die Aufgabe eines guten Journalisten nicht einfach darin besteht, die offiziellen Verlautbarungen beider Seiten wiederzugeben, sondern daß er auch den an der Sache beteiligten Menschen zuhören sollte, um herauszufinden, welche Motive sie für ihr Handeln haben und was sie dabei empfinden. Das setzte Henry nun in die Tat um. In Tallahassee sprach er mit Reverend C. K. Steele, dem Vorsitzenden des Inter-Civic Council, der zur Koordination des Protests gegründet worden war. Steele sagte ihm, daß einige der Schwarzen, die von den Weißen als die Führer des Protests angesehen wurden, tatsächlich gezögert hätten, die Aufhebung der Rassentrennung in den Bussen zu fordern, doch in den Massenversammlungen sei darauf bestanden worden, die Forderung nicht abzuschwächen. Henry wollte diese Menschen dazu bringen, in ihren eigenen Worten zu beschreiben, wie sie sich bei diesen Ereignissen und ihrem Umgang mit ihnen fühlten. Im Dezember 1956, als der Busboykott der Schwarzen in Tallahassee sieben Monate gedauert hatte, zitierte er in einem Artikel ein Dienstmädchen, das nach Feierabend für seinen Heimweg zu Fuß zwei Stunden brauchte: »Ich laufe einfach zu. Am schwersten fällt mir der Anstieg nach dem Depot. Ich habe ein kleines Lied in meinem Herzen und laufe einfach immer weiter.«

Eine andere, ziemlich schwergewichtige Frau sagte: »Am ersten Tag, als ich zur Arbeit kam, waren meine Füße furchtbar geschwollen, und ich war hundemüde. Seit ich angefangen habe, zu Fuß zu gehen, sind meine Knöchel ständig geschwollen. Ich gehe weiter zu Fuß, bis die Dinge besser werden … Ich laufe jetzt ganz gut. Seit dem 28. Mai bin ich mit keinem Bus mehr gefahren.«[10]

Henry war berührt von einem neuen Geist, der Menschen erfaßte, die ihr Leben lang ganz unten gewesen waren. Menschen, die noch nie öffentlich gesprochen hatten, meldeten sich in Kirchenversammlungen zu Wort, erzählten den anderen ihre Geschichten und fühlten sich gestärkt, einfach weil die anderen ihnen zuhörten. Afroamerikanerische Männer und Frauen jeden Alters kamen in Literaturkurse, begierig auf neue Möglichkeiten. Früher war ihnen nie der Gedanke gekommen, daß ihnen irgend etwas, das sie lernten, weiterhelfen könnte. Jetzt hatten sie eine gewaltige Hoffnung, daß sich etwas ändern könnte.

Der Busboykott von Montgomery fand überall in den Vereinigten Staaten Beachtung und wurde von Gegnern der Rassentrennung aus dem ganzen Land finanziell unterstützt; der Boykott von Tallahassee war keine solche Sensation mehr, und seine Organisatoren hatten wenig Geld.

Die Anfänge 33

Henry kehrte nach New York zurück, um zu sehen, was er tun konnte. Er brachte einen Brief von Reverend Steele mit, daß er »ein Freund des Inter-Civic Council« sei und »befugt, Ihnen und Ihrer Organisation über die Bemühungen der Negerbevölkerung (Negro people) von Tallahassee zu berichten, im städtischen Busverkehr Gleichberechtigung zu erreichen«. Durch den Brief erhielt Henry außerdem die Vollmacht, sich um finanzielle Unterstützung für den Council zu bemühen, die jedoch direkt nach Florida geschickt werden sollte. Anknüpfend an diesen Brief sprach Henry im Mai 1957 beim Freedom Fund Dinner des Labor and Industry Committee der Brooklyner Zweigstelle der National Association for the Advancement of Colored People, NAACP [»Nationale Vereinigung zur Förderung der Farbigen«], dessen Zweck es war, eine engere Verbindung zwischen NAACP und der Gewerkschaftsbewegung zu knüpfen. Zu diesem Zeitpunkt war der Kampf gegen die Rassentrennung in öffentlichen Verkehrsmitteln bereits gewonnen: ein Bundesgericht hatte sie untersagt. Doch der Busboykott war nur der Zündfunke zu einem umfassenderen Kampf um die Gleichberechtigung der Afroamerikaner in allen Bereichen des täglichen Lebens gewesen, und Henry berichtete darüber als Vertreter des Tallahassee Inter-Civic Council. Neben ihm auf dem Podium saßen führende Leute der United Auto Workers [»Vereinigte Automobilarbeiter«] und anderer großer Gewerkschaften. Henry brachte die Gewerkschafter und Bürgerrechtsorganisationen dazu, etwas Geld nach Tallahassee zu schicken, und bemühte sich, die Gewerkschaftsbewegung zu einer breiteren Unterstützung der Bewegung gegen die Rassentrennung zu ermutigen. Die meisten seiner Artikel über den Boykott von Tallahassee endeten mit einem Spendenaufruf.

In den Südstaaten schaute die Polizei zu, wenn weiße Rassisten Schwarze terrorisierten, die sich für ihre Rechte einsetzten. Die führenden Bürgerrechtler appellierten an die Bundesregierung, einzuschreiten und dem Gesetz Geltung zu verschaffen. Als die Regierung Eisenhower nichts unternahm, entschied sich die Bürgerrechtsbewegung zu einer »Gebets-Pilgerfahrt« nach Washington. Durch Artikel in *The Militant* half Henry, Gewerkschafter zur Unterstützung dieser ersten Massendemonstration in Washington gegen den Rassismus des Südens zu sammeln. Am 17. Mai 1957 versammelten sich schätzungsweise 27 000 Menschen aus allen Teilen der Vereinigten Staaten, und zu ihnen sprachen Martin Luther King, A. Philip Randolph, der Vorsitzende der Gewerkschaft der Schlafwagenschaffner, und Roy Wilkins, der kampferprobte NAACP-Führer. Henry reiste aus New York in einem »Freiheits-Eisenbahnzug« an, den verschiedene Gewerkschaften gemietet hatten.

> Es herrschte eine freudige Stimmung. Lieder, vom Spiritual über Calypso zum mexikanischen Liebeslied, waren in allen Wagen zu hören. Ich sprach ein Mitglied von Distrikt 65 [eine New Yorker Zweigstelle der Groß- und Einzelhandels-Gewerkschaft] auf die großartige Stimmung an und erhielt zur Antwort: ›Alle sind glücklich bei dem, was sie hier tun. Sie tun es von Herzen. Das hätte schon lange geschehen müssen. Es ist der gleiche Kampf überall in den Vereinigten Staaten.‹[11]

Während der folgenden Jahre unternahm Henry viele andere Dinge, blieb aber mit der Bürgerrechtsbewegung in Verbindung. 1963 ging er nach Mississippi, um über die Bewegung zur Aufnahme der Afroamerikaner ins Wählerregister zu berichten. Inzwischen hatten sich die Verhältnisse geändert. Die örtlichen afroamerikanischen Aktivisten standen nicht mehr allein. Es gab dieses Etwas, das nur noch »die Bewegung« hieß. Zu ihr gehörten junge Aktivisten, weiße und schwarze, aus Gruppen wie dem Congress of Racial Equality [»Kongreß für Rassengleichheit«] oder dem Student Non-Violent Coordinating Committee, SNCC [»Studentischer gewaltloser Koordinierungsausschuß«], die sich überall einsetzten, wo sie gebraucht wurden. In Canton (Mississippi) sprach Henry mit einer Aktivistin in einem Wählerregistrierungsbüro:

> Eine junge Frau, Miss Barbara Tompkins, deren Augen vor Entschlossenheit und Mut blitzten, sagte: ›Ich sage Ihnen, wie Sie Ihre Geschichte anfangen können: Das hier war einmal eine Billardhalle. Solange die Neger (Negroes) hier nur spielten, passierte nichts. Als wir ein Wählerregistrierungsbüro daraus machten, wurde es prompt demoliert.‹
> Im Bezirk Madison County leben 9267 Weiße und 29 630 Neger, von denen aber nur etwa 300 als Wähler eingetragen sind. Die Polizei verteidigt heftig das, was sie als das kostbarste verfassungsmäßige Recht des Südens betrachtet – die Erniedrigung und Terrorisierung der Neger (Negroes), die 76 Prozent der Bevölkerung ausmachen.[12]

In einem anderen Artikel dokumentiert Henry das Terrorregime Weißer im Bezirk Leflore County (Mississippi). Er beschreibt, wie das Verprügeln Schwarzer durch Weiße von der örtlichen Polizei ignoriert wurde, und das Verprügeln Schwarzer durch die örtliche Polizei von FBI-Mitarbeitern. Er führt einen Kleinpächter an, der mit seinen vierzehn Kindern von dem Land vertrieben wurde, das er dreizehn Jahre lang bearbeitet hatte, weil er sich weigerte, seine Registrierung als Wähler rückgängig zu machen. Und er beschreibt, wie er selbst auf dem Weg in das schwarze Viertel der Stadt von der Polizei angehalten wurde:

Die Polizei wollte wissen, wer ich bin. Wann und wie ich in die Stadt gekommen sei? Ob ich was mit Snick [d. h. SNCC] ... oder NAACP zu tun hätte?
Ich erklärte ihnen, ich sei Reporter. Ob ich für ein weißes oder ein Neger(Negro)-Organ schriebe? Wo ich in der Stadt wohne? Und dann: in welchem Zimmer? Ich dachte, da kann doch etwas nicht stimmen, und fragte naiv zurück: ›In welchem Zimmer?‹ Der Polizist antwortete lakonisch: ›Allerdings – es könnte Ihnen ja was passieren.‹[13]

Dieser Artikel schließt mit der Beschreibung eines Kurses für Jugendliche, bei dem einige Teilnehmer sagten, sie hätten in einer Woche mehr gelernt als in Jahren auf der öffentlichen Schule:

In den Diskussionen bieten die jungen Leute ihre ganzen geistigen Fähigkeiten auf, und wenn sie singen, kommt es von Herzen. Die Kursteilnehmer sangen ein altes Negro Spiritual ›O, o, Freiheit, O, o, Freiheit komm über mich, Und eh ich Sklave werd, will ich begraben sein, Und zu meinem Herrn heimkehren und frei sein.‹ Dann klatschten wir unseren Nachbarn in die Hände und das Treffen schloß mit: ›O, tief in meinem Herzen glaube ich fest, Eines Tages werden wir alles überwinden (We shall overcome some day)‹.[14]

Im Sommer 1964 ging Henry nach St. Augustine, einem Seebad in Florida, wo die Afroamerikaner in den Gasthäusern, Motels und an den Stränden die Integration durchsetzen wollten. Sie litten unter einem Terrorregime des Ku Klux Klan, mit dem die Polizei stillschweigend paktierte. Henrys erste Erfahrung in St. Augustine war nicht gerade ermutigend:

Als ich aus dem Bus stieg, fragte ich einen freundlich aussehenden weißen Jugendlichen, wo es zum Stadtzentrum gehe. Er erkannte mich also als Fremden, blickte mich finster an und sagte unheilverkündend: ›Was wollt ihr eigentlich alle hier? Du bist Jude, oder etwa nicht? Wenn du einer bist, dann schaffst du es vielleicht gar nicht bis zur Plaza.‹[15]

Henry sprach mit Afroamerikanern, die sich an direkten Aktionen beteiligten, und mit weißen Freiheitskämpfern, die zu ihrer Unterstützung aus allen Teilen der Vereinigten Staaten gekommen waren. Er sprach auch mit einem der weißen Verfechter des status quo, dem Chef eines Motels mit Rassentrennung, der alle Schwierigkeiten »Agitatoren von draußen« anlastete, die die bisherigen »harmonischen Beziehungen« zwischen den Rassen gestört hätten. Dann beobachtete Henry, wie Bürgerrechtsdemonstranten mit Rufen begrüßt wurden wie »Schlagt die schwarzen Affen tot« und die Polizei nichts tat, als sie angegriffen wurden:

> Einem 14jährigen Negermädchen wurde Säure ins Gesicht geschüttet, und mehrere Demonstranten wurden verprügelt ... Ein Rassist versuchte, einen weißen Demonstranten aus der Kolonne herauszureißen, was ein schwarzer Ordner verhinderte, indem er sich selbst dazwischen warf. Der Neger (Negro) wurde festgenommen.[16]

Das FBI

In den 50er Jahren erschien die Bundeskriminalpolizei (FBI) als eine unerschütterliche Säule der amerikanischen Gesellschaft. Wer sie und insbesondere ihren Direktor J. Edgar Hoover kritisierte, lenkte sofort Zweifel an seiner eigenen Loyalität auf sich, und zwar in einem solchen Maße, daß sich die *New York Post* dazu bewogen sah, in einem Leitartikel festzustellen: »Es geht darum, ob öffentliche Kritik an FBI-Direktor Hoover als Beweis für Landesverrat zu gelten hat.«[17]

Das FBI spann seine Fäden überall. Es infiltrierte alle linken Gruppen; in der Sozialistischen Arbeiterpartei kursierte der Witz: »Woran erkennt man den FBI-Agenten auf der Parteiversammlung?« »Er ist der einzige, der nicht einschläft.« Da nun das FBI alle Leute überprüfte, beschloß Henry, ein wenig Hoover und das FBI zu überprüfen – und darüber eine Artikelserie für *The Militant* zu schreiben. Mit einer Gründlichkeit, die zu einem seiner Markenzeichen werden sollte, sammelte er zunächst, bevor er zu schreiben anfing, sechs Monate lang Material. Er las eine Menge und sprach mit jedem, den er finden konnte, der negative Erfahrungen mit dem FBI gemacht hatte. Er besuchte führende Leute schwarzer Bürgerrechtsorganisationen, die Material darüber gesammelt hatten, wie das FBI die Rassisten bei der Verweigerung von Rechten für die Schwarzen unterstützt hatte.

The Militant begann die FBI-Serie am 8. Dezember 1958 mit einem Artikel, der überschrieben war: »J. Edgar Hoover, der Chef der Gedankenpolizei«. Im ersten Absatz wird das Thema der Artikelserie dargelegt:

> Die Zerschlagung krimineller Organisationen durch das FBI, die so groß herausgestellt wird, dient als Fassade für seine Hauptfunktion als politische Polizei, die mit Hilfe von Spitzeln, Meineidigen, Intrigen und Dossiers, die in die Millionen gehen, alle Gedanken überwacht, die einer krisengeschüttelten Gesellschaftsordnung gefährlich

werden könnten. Die wahre Rolle des FBI ist die Organisation der Hexenjagd.

Der Artikel stützt dann diese Behauptung durch die Analyse von Hoovers eigenen Schriften und die Zurückverfolgung seiner Laufbahn bis 1919, als er Chef der neugebildeten General Intelligence Division [»Allgemeine Ermittlungsabteilung«] wurde, die auf Radikale angesetzt wurde.

Die Serie umfaßte schließlich zwölf Artikel und endete im Juni 1959. Der zweite Artikel beschreibt das riesige System von Dossiers über Amerikaner, die nie etwas mit einer strafbaren Handlung zu tun hatten. Der dritte zeigt, daß Informanten des FBI selbst im Weißen Haus zu finden sind, und verweist auf die Absurdität einiger ihrer Darstellungen (so behauptete einer, für die Sonntagsausgabe der *New York Times* arbeiteten 126 Kommunisten, obwohl diese Abteilung nur 90 Mitarbeiter hatte). Der vierte Artikel dokumentiert die Verunglimpfung der wenigen Leute, die die Kühnheit besaßen, das FBI zu kritisieren – ein Risiko, das Henry, wie ihm durchaus bewußt war, nun selbst traf.

Der fünfte Artikel der Serie beruhte auf einer neuen Ermittlungsmethode: Im Januar 1959 nahm Henry an einer Führung durch die FBI-Zentrale teil. Man zeigte ihm und den anderen in der Besuchergruppe verschiedene »Erinnerungsstücke«, so die Zigarre, die John Dillinger in der Nacht rauchte, als er in Chicago von FBI-Agenten gestellt und erschossen wurde. Die Führung schloß auch die Laboratorien zur Untersuchung von Blutspuren und das sechsstöckige, einen ganzen Block einnehmende Identifikations-Gebäude ein, in dem damals 150 965 472 Karten mit Fingerabdrücken gespeichert waren. Die Besucher erhielten eine Broschüre mit dem Titel »Die Geschichte des FBI«, die das Heldentum der Agenten herausstellte:

> Ein Agent, der in einer Schießerei mit einem bekannten Verbrecher tödlich verletzt worden war ... erlangte auf dem Operationstisch nochmals das Bewußtsein ... Als er hörte, daß der Verbrecher sofort tot gewesen sei, murmelte er mit seinem letzten Atemzug: ›Möge Gott seiner Seele gnädig sein.‹

Als dann Fragen gestellt werden konnten, interessierte sich Henry aber mehr für das, was er vom FBI in den Südstaaten gesehen hatte, als für den Heldenmut seiner Agenten. Es gibt zwei Darstellungen seiner Fragen. Die erste, knappere stammt aus seinem nachfolgenden Artikel in *The Militant*:

Ich beschloß, unseren Führer nach der Tätigkeit des FBI im Süden zu fragen, wo Verbrechen gegen Neger (Negroes) überhandnehmen: ›Wie kommt es, daß das FBI die Entführer, Brandstifter und Bombenleger in den Südstaaten nicht dingfest machen kann?‹

Der Führer schien auf solche Fragen vorbereitet. ›Vielleicht sind es keine Fälle für die Bundesjustiz.‹

Ich hielt ihm entgegen: ›Die verfassungsmäßigen Freiheitsrechte eines Menschen sind Bundessache, und die werden doch ernsthaft verletzt, oder etwa nicht, wenn er ermordet wird, weil er zur Wahl geht oder seine Menschenwürde verteidigt?‹

Jetzt wurde der FBI-Sprecher nervös. ›Vielleicht‹, antwortete er, ›bearbeitet es das FBI, aber läßt nichts darüber verlauten.‹

(Die Wahrheit ist natürlich, daß das FBI im Hinblick auf den jahrelangen Terror im Süden entweder völlig unfähig ist oder sich einen Dreck darum schert. Oder seine eigentliche Aufgabe besteht, wie immer mehr Menschen zu erkennen beginnen, darin, der amerikanischen Großindustrie als politische Polizei zu dienen.)[18]

Die zweite Version steht in Henrys FBI-Akte, in die er später aufgrund des Informationsfreiheits-Gesetzes Einblick erhielt. Der vierseitige Bericht entstand am Tage seines Besuchs und gibt das Frage- und Antwortspiel zwischen Henry und einem Spezialagenten wieder, dessen Name gelöscht war. Laut diesem Bericht fragte Henry zunächst, warum das FBI keine Untersuchungen der Bombenanschläge und Entführungen im Süden anstelle. Der Spezialagent fragte Henry, wer er sei, und »[Spira] sagte, er nehme eine vertrauliche Aufgabe als Helfer für jemand anderen wahr«. Der Agent wollte mehr wissen, doch Henry »wollte nicht angeben, für wen er arbeitete, und wurde deshalb sehr behutsam behandelt«. Henry sagte aber doch etwas, das das FBI interessierte:

> Als [Name gelöscht] Spira in die Verbrechensarchiv-Abteilung begleitete, sagte Spira dem Sinne nach: ›Ich habe einen Hinweis für Hoover. Seine Leute kommen in den Kaffeeraum unten und in das Restaurant gegenüber, das ›Hi-Boy‹, und reden über ihre Sachen.‹ Spira sagte [Name gelöscht], er sei heute morgen im ›Hi-Boy‹ gewesen.

Hier steht in dem Bericht eine handschriftliche Notiz: »Das sollten wir unauffällig überprüfen«, und darunter in anderer Handschrift: »Ja. H.« Eine spätere Notiz bestätigt, daß das Ja von Hoover stammt. Der Bericht schließt mit einer kurzen Zusammenfassung von Informationen über Henry, die zeigt, daß er als Mitglied der Sozialistischen Arbeiterpartei bereits der Sicherheitsüberprüfung unterlag und mit seinem Pseudonym Henry Gitano als Verfasser der Artikelserie über das FBI bekannt war. Am Ende des Berichts steht eine weitere handschriftliche Bemerkung:

> Ich halte es für Zeitverschwendung und dem Ansehen des FBI abträglich, derartige und derart vorgetragene Fragen zu beantworten, wenngleich wir über die Person sonst nichts wissen. Es hätte genügt, ihn ganz knapp auf ›Die Geschichte des FBI‹ zu verweisen und ihm damit klarzumachen, daß wir keine Zeit haben, uns so ein Gewäsch anzuhören. H.[19]

The Militant hatte nicht gerade viele Leser – nach einer internen FBI-Notiz hatte er 785 Abonnenten[20] –, doch daß er es wagte, Hoover und das FBI anzugreifen, rief Walter Winchell auf den Plan, einen landesweit tätigen Kommentator. Im Monatsmagazin *Columbia* der »Kolumbus-Ritter«, das sich in seinem Impressum stolz als »die größte katholische Zeitschrift der Welt« bezeichnete, fragte ein gewisser James Conniff: »Was steht hinter der Schmiererei über das FBI?« Er beschrieb die »G-Leute« und Hoover als »Eckpfeiler der Menschenwürde und einer gesunden Demokratie«, auf die man sich im letzten Jahr »mit noch nie dagewesener Niedertracht eingeschossen« habe. »Betäubt und verärgert fragt sich der durchschnittliche loyale Amerikaner nur eines: Warum? Und nun Vorsicht, denn da gibt es nur eine Antwort: Moskau will es so.«[21] Conniffs Artikel gelangte dank der Verlesung durch Senator Karl Mundt von North Dakota in das Protokoll des Kongresses.[22]

Ein Ergebnis des Aufsehens, das Henrys Artikelserie erregte, bestand darin, daß die *New York Post* vieles von dem vorgelegten Material aufgriff und zur Grundlage einer eigenen Artikelserie machte. Henry hatte nichts dagegen, daß ein anderer sich seine Arbeit zunutze machte – er war froh, daß er außerhalb des engen Kreises der Sozialistischen Arbeiterpartei und ihrer Anhänger ein Echo fand.

Eine weitere Auswirkung der Artikelserie war, daß Henrys FBI-Akte anwuchs. In einer der einschlägigen Notizen in der Akte mit dem Datum des 17. Dezember 1958 berichtet ein ungenannter Informant über das Erscheinen des zweiten Artikels, der sich mit den Dossiers des FBI beschäftigte. Ohne eine Spur von Ironie wird in der Notiz der erste Absatz des Artikels zitiert:

> Die schärfste Waffe des FBI und seine Haupttätigkeit betrifft die Sammlung und Ordnung von Informationen, zumeist verleumderischer und unbestätigter Art, über Personen, die keiner strafbaren Handlung angeklagt sind. Der Großteil der FBI-Arbeit wird von Spitzeln, anonymen

Briefschreibern und Aktenverwaltern erledigt. Geheimakten sind das Material zur Errichtung einer Gedankenüberwachung des amerikanischen Volkes mit Hilfe von Erpressung, Einschüchterung und Schikane.

Die Akte enthält auch Berichte wie den folgenden:

AKTENNOTIZ
Datum: 11. Februar 1959
An: Direktor des FBI
Von: SAC [›zuständiger Spezialagent‹], New York

Zur Ermittlung der Betätigung und Berufstätigkeit des Betreffenden wurden zu verschiedenen Tageszeiten physische Überwachungen seiner Wohnung durchgeführt am 16., 19., 20. und 31. Januar und 5. Februar 1959 durch SA [›Spezialagent‹] [Name gelöscht] und SA [Name gelöscht]. Am 16.1.59 gegen 12.15 Uhr wurde er von SA [Name gelöscht] in der unmittelbaren Umgebung seiner Wohnung beim Einkaufen beobachtet und betrat gegen 12.45 Uhr wieder seine Wohnung. An den anderen Überwachungstagen wurde er nicht gesichtet.

Am 6.2.59 gegen 8.35 morgens beobachteten SA [Name gelöscht] und SA [Name gelöscht] den Betreffenden, wie er mit großer Eile zu einem mehrere Stadtteile anfahrenden Bus Ecke 14th Street und Avenue B, New York City, lief und, wie anschließend auch die Agenten, einstieg. An der Haltestelle 14th Street, Union Square, New York City, stieg er aus und rannte zu der benachbarten U-Bahn-Station und begab sich zum Bahnsteig in Richtung Norden, wo er im Gedränge der aus den Zügen entgegenkommenden Menschenmassen außer Sicht geriet.

Obwohl das so klingt, als ob Henry die Agenten hätte abschütteln wollen, hatte er zu der betreffenden Zeit keine Ahnung, daß man ihm folgte, und die »große Eile« war bei ihm völlig normal.

Am 20. Februar 1959 bezeichnet eine Notiz aus dem New Yorker FBI-Büro Henrys Artikel über das FBI als »verleumderisch« und vermerkt: »Das [FBI] hat eine Intensivierung der Ermittlungen in diesem Fall verlangt.« Am 2. März berichtet das New Yorker Büro, man habe überlegt, ob »eine anonyme Quelle bei der Wohnung des Betreffenden, Avenuc B Nr. 188, New York City, plaziert« werden könne. (Der Begriff »anonyme Quelle« kann sowohl einen Beobachter als auch ein Abhörgerät meinen.) Das FBI entschied, daß »die Nachteile eines solchen Vorgehens größer seien als die zu erwartenden verwertbaren Informationen«.

Die Ermittlungen und Enthüllungen über das FBI lehrten Henry, daß sorgfältige Recherchen oft innere Widersprüche in den Verlautbarungen und Handlungen großer Organisationen aufdecken können. Aus dieser Lehre sollte er noch bei vielen Gelegenheiten Nutzen ziehen.

Kuba

1959 vertrieben Fidel Castro und seine Anhänger den korrupten kubanischen Diktator Fulgencio Batista. Zunächst sahen die meisten Beobachter in Castros Sieg nichts als die Ersetzung eines lateinamerikanischen Diktators durch einen anderen. Zu viele selbsternannte »Revolutionäre« hatten große Versprechungen bezüglich Landreform und Umverteilung des Reichtums gemacht – und nach der erfolgreichen Machtergreifung den Reichtum lediglich unter sich verteilt. Selbst die nordamerikanische Linke erkannte nur langsam, daß die Veränderungen, die Castro in Gang brachte, in eine wirkliche soziale Revolution mündeten. Berta Green, die damals der Sozialistischen Arbeiterpartei angehörte, erinnert sich, daß »viele in der Sozialistischen Arbeiterpartei dies nur für eine Art Abenteuer hielten, daß ein paar Akademiker zwar etwas machten, was aber auch nicht viel half«.[23]

Nach dem wenigen, das Henry in den ersten Monaten nach Castros Sieg über Kuba gehört hatte, meinte er, daß hier etwas Interessantes vor sich ging. Sobald er von seiner Seemannsheuer genug gespart hatte, um seinen Unterhalt für ein paar Wochen zu sichern, kaufte er sich ein Flugticket nach Havanna, wo er im November 1959 eintraf. Er ging in das Nationale Institut für Agrarreform und sagte, er würde gerne sehen, welche Landreform-Maßnahmen durchgeführt würden. Man war über den sympathisierenden Amerikaner, der Spanisch sprach, erfreut und ließ ihn einige englische Standardantworten auf Briefe aus dem Ausland abfassen. Man bot ihm an, ihn für die geleistete Arbeit zu bezahlen, doch er sagte, sie bräuchten ihm nur einen Empfehlungsbrief zu geben, der bestätige, daß er sich frei bewegen und die Landreform beobachten dürfe. Sie schrieben einen Brief, daß er eine vertrauenswürdige Person sei und gut empfangen werden solle, und versahen den Brief mit unzähligen Stempeln, damit er eindrucksvoller aussähe. Er konnte nun reisen, wohin er wollte, und in Gegenden ohne Hotels logierte er in Kasernen oder den örtlichen Büros des Instituts.

In den nächsten sieben Wochen fand sich Henry inmitten einer ungeheuren Welle von Hoffnungen und Energien wieder, die jahrzehntelang unterdrückt worden waren. Die Artikel, die er schrieb, spiegeln die begeisternden frühen Tage der Revolution wider, als die Feindschaft der USA

Castro noch nicht in die Arme der Sowjetunion und zur Unterdrückung der Opposition getrieben hatte. Im *Young Socialist* schrieb er unter der Überschrift »Ich habe ein Kuba gesehen, in dem das Volk am Ruder ist!« über Landarbeiter, Kleinbauern, Traktorfahrer und Regierungsfachleute, die zusammenarbeiteten, um Plantagen zu bewirtschaften, auf denen die Arbeiter früher ihre Anweisungen von ausländischen Chefs erhalten hatten. Er berichtete auch über Soldaten, die Straßen und Schulen bauten, und ein Militär, in dem nicht salutiert wurde, weil die Menschen keine Marionetten sein sollten, über Festungen, die zu Schulen umfunktioniert wurden, über Wohnungsbauprojekte, verbilligte Miet- und Strompreise und eine freie Presse, die unter der Kontrolle der Zeitungsmitarbeiter stand. Es gab nicht einmal einen Führerkult: »Im heutigen revolutionären Kuba sind Denkmäler für lebende Führer verboten, und in öffentlichen Gebäuden sind Photographien von ihnen nicht erlaubt.«[24]

In seinem Artikel »Das erste Jahr der kubanischen Revolution«, der in der *International Socialist Review* erschien, ging er schneidend mit der kubanischen kommunistischen Partei ins Gericht, die diskreditiert sei, weil sie das Batista-Regime unterstützt habe und jetzt für die Massenbewegungen der Arbeiter und Bauern keine Rolle spiele. Er zitierte Che Guevara, der gerade Präsident der Nationalbank geworden war (und noch so unbekannt, daß Henry es für nötig hielt, seinen Lesern mitzuteilen, daß Guevara »zur Führungsspitze gehört«), mit den Worten: »Die revolutionäre Regierung hat ihre kolonialen Verbindungen auf wirtschaftlichem und auf politischem Gebiet abgebrochen.« Der Artikel beschreibt den raschen Fortschritt der Landreform, die Verstaatlichung der Ölindustrie und andere revolutionäre Verfügungen, die »den amerikanischen Millionären das kalte Gruseln eingejagt haben«.[25]

Henrys Artikel trugen dazu bei, daß der nordamerikanischen Linken endlich klar wurde, daß vor ihrer Haustür eine wirkliche Revolution vor sich ging.[26] Doch nicht nur die Linke wurde sich dessen bewußt, daß Castro nicht irgendein lateinamerikanischer Diktator war. Der neugewählte US-Präsident John F. Kennedy wollte unbedingt zeigen, daß er dem Kommunismus entschlossen gegenübertrat, und dazu schien ihm der leicht zu bewerkstelligende Sturz des neuen kubanischen Regimes bestens geeignet. Angesichts der wachsenden Propagandaflut gegen die kubanische Regierung engagierte sich Henry im Komitee für Fairneß gegenüber Kuba, schrieb für dessen Mitteilungsblatt und half in dessen New Yorker Büro mit. Die Gründer waren Liberale und keine Linken gewesen, sie wollten den Amerikanern die Wahrheit über Kuba sagen und die liberale Öffentlichkeit davon überzeugen, daß eine US-Invasion unfair wäre und eine vom kubanischen Volk getragene Regierung vernichten würde. Das Komitee wuchs zunächst langsam, da es keine Verbindungen zu etablierten politischen Organisationen hatte. Die Sozialistische Arbeiterpartei zeigte Interesse an ihm, und Berta Green wurde Mitglied seiner New Yorker Leitung. Sie erwies sich als bessere Organisatorin als manches andere Mitglied und brachte schließlich mit dem Segen der Gründer die Sozialistische Arbeiterpartei dazu, das Fairneß-Komitee landesweit zu lancieren. Nach sechs Monaten zählte es 7000 Mitglieder, 27 »Hauptzweigstellen«, verteilt in sämtlichen Großstädten, und 40 angeschlossene Studentengruppen.

Henry wurde von kubanischen Sympathisanten der Revolution für eine leitende Position im Fairneß-Komitee vorgeschlagen, lehnte aber ab. Stattdessen machte er, wenn er an Land war, Gelegenheitsarbeiten für das Büro und schrieb für das Mitteilungsblatt. In einem Artikel »Plan eines Angriffs: Wie die CIA gegen Kuba intrigiert« berichtete er am 1. April 1961, daß Exilkubaner in Guatemala von der CIA ausgebildet, bewaffnet und bezahlt wurden, und daß eine Invasion mit Luftunterstützung stattfinden würde. Rebellentruppen sollten ein Stück des Landes besetzen, eine vorläufige Regierung ausrufen und andere Staaten zum Kampf gegen Castro gewinnen. Henry bemerkte aber auch, daß das Volk auf der Seite der Invasionstruppen stehen müsse, wenn eine solche Taktik Erfolg haben solle; doch die Popularität Castros und seines Stellvertreters Guevara mache jegliche Chance auf eine solche Unterstützung zunichte.

Etwas mehr als zwei Wochen später landeten von der CIA in Guatemala ausgebildete Rebellen in der Schweinebucht; ihre Luft- und Seeunterstützung hatte die US-Regierung organisiert und bezahlt. Henry schrieb sofort ein Flugblatt, das zum Protest gegen die Invasion und zur Unterstützung des Rechts des kubanischen Volkes auf eine selbstbestimmte Zukunft aufrief; doch die Notwendigkeit des Protests bestand nur für kurze Zeit. Die Invasoren wurden rasch von Castro-treuen Truppen gefangengenommen oder getötet.

In den nächsten ein oder zwei Jahren schrieb Henry weiterhin gegen die US-Außenpolitik gegenüber Kuba an,[27] doch als Castro sich auf den sowjetischen Weg begab und mehr und mehr zu einem autoritären Herrscher wurde, ließ Henrys Einsatz für die kubanische Revolution nach und nach und versiegte schließlich ganz.

Noch mehr Überwachung

Berta Green wurde stellvertretende Geschäftsführerin des nationalen Fairneß-Komitees und leitete zusätzlich das Büro in New York. In dieser Eigenschaft war sie für einen Vorfall verantwortlich, der erneut die Aufmerksamkeit des FBI auf Henry lenkte:

> Einmal, nach der Invasion in der Schweinebucht, rief jemand an und sagte, sie hätten 10 000 Dollar für eine ganzseitige Anzeige in der *New York Times*. Und tatsächlich tauchten die Leute im Büro auf und hatten 10 000 Dollar in einer Einkaufstasche. Ich sah mich im Büro um, und Henry war der einzige, den ich mit vollem Vertrauen damit zur Bank schicken konnte, und er ging auch hin.[28]

Die Bank meldete die ungewöhnlich hohe Bareinzahlung dem FBI. Damals war die Rede von »kubanischem Gold«, mit dem die Propaganda für Castro bezahlt werde, und das FBI hatte den Verdacht – ohne jeden Beweis –, daß das Geld von der kubanischen Regierung stamme. In diesem Fall wäre seine Annahme ein Verstoß gegen den Registration Act gewesen, ein Gesetz, das solche Spenden verbot. Am 19. Mai 1961 schrieb Hoover an den New Yorker SAC [»zuständigen Spezialagenten«] folgendes:

> Es ist zwar davon auszugehen, daß Spira, der sich seit 1946 aktiv für die SWP betätigt hat, nicht ohne weiteres mitmachen würde, doch das Büro ist der Auffassung, daß wir die Möglichkeit nicht übersehen sollten, daß er vielleicht nachteilige Eingeständnisse machen oder unter Androhung eines nachdrücklichen Verhörs verwertbare Informationen preisgeben könnte ... Ihre Abteilung kennt bereits die frühere Kritik des Betreffenden am Büro und dem Direktor etwa in den drei Artikeln für ›The Militant‹ vom Dezember 1958 ... Nehmen Sie des weiteren zur Kenntnis, daß der Betreffende am 2.1.59 an einer Führung durch die Einrichtungen des Büros teilnahm und dabei den Führer in eine Polemik über verschiedene Verfahrensweisen des FBI verwickelte und diesem gegenüber eine äußerst feindselige Einstellung zum Büro erkennen ließ. Anschließend schrieb er einen Artikel in der Ausgabe des ›Militant‹ vom 12.1.59, in dem er unsere Führungen lächerlich zu machen versuchte und zahlreiche irreführende und falsche Behauptungen aufstellte.
>
> Lassen Sie Spira von zwei erfahrenen Agenten vernehmen, die seine Verhältnisse genau kennen.

Kurz danach wurde Henry bei der Rückkehr zu seiner Wohnung von zwei FBI-Agenten erwartet, die ihn vernehmen wollten. Er weigerte sich, sie in die Wohnung zu lassen und sagte, sie sollten ihm ihr Anliegen schriftlich mitteilen. Im Treppenhaus versuchten sie, ihn mit der Mitteilung einzuschüchtern, sie wüßten, daß er gegen das Registrierungsgesetz verstoßen habe, doch Henry wußte, daß das ein Täuschungsmanöver war, und erklärte, er habe nichts zu sagen. Die Agenten gaben auf, und keine Beschuldigung wurde jemals aktenkundig.

Währenddessen überwachte der Untersuchungsdienst der Marine Henry auf See. Zwischen August 1962 und Mai 1964 schickte der Untersuchungsbeamte des Dritten Seebezirks vier Berichte an das FBI, in denen Henrys Fahrten als Handelsschiffmatrose beschrieben wurden. Der erste Bericht etwa stellt fest, daß er als Hilfselektriker auf der »Argentina« arbeitete, die New York am 18. Juli 1962 verließ, Reykjavik, Hammerfest, das Nordkap, Tromsö, Bergen, Oslo, Gdingen, Stockholm, Helsinki, Leningrad, Kopenhagen und Southampton anlief und am 21. August 1962 nach New York zurückkehrte. Zwei Informanten teilten mit, daß Henry in Reykjavik, Hammerfest, Nordkap und Tromsö das Schiff nicht verließ; bezüglich der anderen Häfen nennt der Bericht die Zeiten, zu denen er von Bord ging und auf das Schiff zurückkehrte, und vermerkt weitere Einzelheiten, wie etwa, daß »nicht beobachtet wurde, daß er etwas an Land oder auf das Schiff brachte« oder daß »nicht bekannt ist, daß er von jemandem begleitet wurde«. In dem Bericht wird Henrys Verhalten auf dem Schiff folgendermaßen beschrieben:

> Der Betreffende galt als ›Einzelgänger‹, der sich an niemanden auf dem Schiff anschloß, nicht einmal an seinen Kajütenkameraden. Er verbrachte sehr wenig Zeit in der Mannschaftsmesse, in der sich die meisten Besatzungsmitglieder in ihrer Freizeit einfinden. Er blieb lieber auf seiner Kajüte. Er war ein brauchbarer Seemann, der seine Arbeit gut und sehr selbständig machte. Ein Informant meint, er sei ziemlich aufgeweckt, denn er schien seine Aufgabe, die übrigens für ihn neu war, sehr rasch zu lernen. Dieser Informant war davon überzeugt, daß der Betreffende in der Lage sei, eine höhere Tätigkeit übertragen zu bekommen. Rauchen oder trinken sah man ihn nie. Bei der Rückkehr vom Landurlaub zeigte er keinerlei Anzeichen dafür, Alkohol getrunken zu haben.

Spätere Berichte beschreiben andere Fahrten Henrys und enthalten auch einige allgemeinere Beobachtungen:

Er war still, blieb für sich, hatte keine besonderen Freunde, war aber bei der Mannschaft allgemein beliebt, arbeitete ausgezeichnet und war seinen Elektrikerkollegen lieber als das Mitglied der Mannschaft, an dessen Stelle er getreten war. Der Informant hatte Gelegenheit, in die Kajüte des Betreffenden zu kommen und erinnerte sich an keine Bücher oder sonstige Lektüre. Er fand in der Elektrikerwerkstatt sowie im Versammlungsraum etwas russisches Propagandamaterial, das beim letzten Aufenthalt des Schiffes in Leningrad an Bord gebracht worden war. Der Informant zeigte zwei solche Bücher vor, ein gebundenes und ein Taschenbuch, die beide von N. S. Jruschov (Chruschtschow) stammten, aber in spanischer Sprache abgefaßt waren. Der Betreffende hat Zutritt zu beiden Räumen, aber es gibt keinen Hinweis darauf, daß er etwas mit diesen Büchern zu tun hätte.

Die anderen Berichte erbrachten ebensowenig Anhaltspunkte für eine subversive Betätigung.

Guinea

1965 hörte Henry von einer freien Stelle auf dem Lazarettschiff »Hope«, das mehrere Monate im Hafen von Conakry in Westafrika lag, der Hauptstadt von Guinea. Da er Französisch sprach, die zweite Sprache in der früheren französischen Kolonie Guinea, meinte Henry, es wäre interessant, dort einige Zeit zu verbringen. Der Personalchef der Reederei machte ihm nicht gerade Mut. Henry erinnert sich an seine Worte: »Ich will Ihnen mal was über Guinea sagen. Wenn man der Welt einen Einlauf machen wollte, dann würde man ihn in Guinea ansetzen.« Doch Henry ließ sich nicht abschrecken und flog aus, um auf das Schiff zu gehen. Er fand ein Land vor, in dem es nur 2000 Weiße gab, und wurde deshalb gleich als Mitglied einer Elite behandelt. Er verkehrte in den verschiedenen dortigen Ausländerkolonien – bei Engländern, Amerikanern, Russen, Tschechen, Israelis und Franzosen –, und nach Feierabend holte ihn manchmal ein Chauffeur in einer Limousine zu einer Gesellschaft in einer der Botschaften ab. Auf der Terrasse mit Blick auf den Sonnenuntergang über dem Meer nahm man Drinks zu sich oder sah sich einen Film an. An freien Tagen konnte er auch Ausflüge in den spektakulären tropischen Regenwald machen oder sich auf einem der Flüsse ins Landesinnere wagen. Einen solchen Lebensstil hatte er zuvor nicht gekannt, und es fiel ihm nicht schwer, daran Gefallen zu finden.

Die »Hope« wurde von einer amerikanischen Wohlfahrtsorganisation finanziert und besuchte Entwicklungsländer, um die dortigen medizinischen Kräfte in den neuesten Errungenschaften der amerikanischen Medizin zu unterweisen. Diese örtlichen Fachkräfte würden dann weitere Kollegen unterweisen, so daß sich ein Schneeballeffekt ergäbe. Das war jedenfalls das angebliche Ziel des Projekts, doch Henry schätzte seinen Erfolg schon bald äußerst skeptisch ein. Das medizinische Personal sprach nicht Französisch. Die Ärzte benutzten komplizierte Röntgenapparate, die im Dschungel nicht sehr nützlich waren, wo die Stromversorgung unregelmäßig war und keine Ersatzteile zu bekommen waren. Die verfügbaren Medikamente stammten aus steuerlich abschreibbaren Spenden von Pharmafirmen und waren so überaltert, daß das Personal sie eimerweise über Bord kippte. Die Ärzte kamen für ein paar Wochen angeflogen, sahen sich das Land an, flirteten mit den Krankenschwestern und gingen wieder. Wann immer aber einmal afrikanische Kinder behandelt wurden, war auch ein Fotograf des amerikanischen Informationsdienstes zur Stelle.

Guinea hatte sich als erste der französischen Kolonien losgesagt und war ein unabhängiges Land geworden. Unter Sékou Touré, der das Land in die Unabhängigkeit geführt hatte, verkündete die Regierung hohe egalitäre Ideale. Das Land bekam eine neue Fahne und eine neue Nationalhymne, und an die Stelle der französischen Kolonialbeamten traten einheimische Bürokraten, die davon besessen schienen, Papiere abzustempeln. Guinea hatte von vielen Ländern Hilfe erhalten, die sich mit seinem Regime gut stellen wollten. Doch der Gegensatz zu Kuba, wie Henry es fünf Jahre vorher gesehen hatte, konnte nicht größer sein. Außer den Stempeln funktionierte gar nichts. In der Hauptstadt gab es Gebäude mit Aufzügen, doch die Leute benutzten lieber die Treppen, weil die Aufzüge ständig stehen blieben. Moderne Kühlsysteme waren installiert worden, aber kühl hielten sie nichts. Die Guineer hatten die Unabhängigkeit erreicht, aber die Menschen ganz unten, meinte Henry, waren um nichts besser daran als vorher.

Doch Henrys Erfahrungen auf der »Hope« hatten einen wesentlichen Einfluß auf seinen weiteren Lebensweg. Er lernte amerikanische und europäische Lehrer kennen, die eine Zeitlang in verschiedenen afrikanischen Ländern arbeiteten, um die dortige Kultur und Lebensweise kennenzulernen. Sie schienen interessante Leute zu sein, und Henry fand ein solches Leben attraktiv. Das brachte ihn dazu, darüber nachzudenken, ob er Lehrer werden und es auch so machen solle.

Ein Einzelgänger?

Der Spitzel auf der »Argentina« hatte recht damit, Henry als Einzelgänger zu beschreiben. Er hatte zwar gute und freundliche Beziehungen zu vielen Menschen, aber näher wollte er sich nicht mit jemandem einlassen. Auch Frauen gegenüber zog er es vor, unabhängig zu bleiben. Seine ernsthafteste Beziehung, die fünfundzwanzig Jahre dauerte, war die mit Myra Tanner Weiss, einer führenden Figur in der Sozialistischen Arbeiterpartei und deren Vizepräsidentschaftskandidatin bei den US-Wahlen von 1952, 1956 und 1960. Sie wurde in Salt Lake City geboren, ihr Großvater hatte die Mormonenkirche verlassen, als sie die Polygamie aufgab, und ihr Vater, ein höchst erfolgreicher Versicherungsvertreter, zog später nach Los Angeles. Myra brach das College ab, um bei der gewerkschaftlichen Organisation der Arbeiter in der Landwirtschaft und der Konservenindustrie mitzuarbeiten, dann wirkte sie bei der Gründung der SWP in Los Angeles mit und kandidierte dort 1945 für das Bürgermeisteramt. Henry lernte sie kennen, als sein Schiff Los Angeles anlief und er die dortigen Trotzkisten besuchte. Er war 17, sie war 27 und mit Murray Weiss, einem anderen Parteiaktivisten, verheiratet. Sie führten eine offene Ehe, in der beide keine Beschränkungen in ihren Bindungen zu anderen akzeptierten, und Murray wußte von der Beziehung zwischen seiner Frau und Henry.

Henry sah Myra zunächst nur, wenn er auf einem Schiff nach Los Angeles kam, doch 1949 kamen sie und Murray nach New York und arbeiteten für den *Militant*, er als Redakteur und sie als festangestellte Journalistin. Laut *New York Times* gab Myra »eine stilvolle Figur in linken Zirkeln ab – eine kleine, attraktive Frau, die stets untadelig angezogen war, meistens in einem gutgeschnittenen Kostüm aus kostbarem Material, hergestellt von der schneidernden Familie ihres Mannes«.[29] Ihre Ausflüge in die Bundespolitik – sie kandidierte gemeinsam mit Farrell Dobbs, dem Gründer der Gewerkschaft der Lastwagenfahrer – brachten ihr nie mehr als 40 000 Stimmen ein. Myra und Murray Weiss zogen sich in den 60er Jahren aus der SWP zurück, weil diese ihrer Meinung nach nicht mehr ihren ursprünglichen demokratischen Idealen folgte, doch Myra engagierte sich weiterhin in der radikalen Politik. Henrys Beziehung zu Myra verblaßte in den frühen 70er Jahren, als ihre Interessen auseinanderliefen. Sie befaßte sich weiter in einem Ausmaß mit linken Splittergruppen, das Henry sinnlos fand, und sie teilte sein wachsendes Interesse am Einsatz für Tiere nicht. Später zog sie wieder nach Kalifornien, wo sie im September 1997 starb.

Henrys Mutter sprach seine Beziehung zu Myra in jenem langen Brief an, den sie ihm während seiner Militärzeit schrieb:

> Es gibt viele Mädchen, die für Dich richtig wären. Ich sage nicht, diese sei die falsche. Ich bin sicher, daß sie eine ganz großartige, aufrichtige Frau ist, die Dir sehr viel Gutes getan hat. Aber es ist keine vollkommene Beziehung – auch wenn es eine solche überhaupt nicht gibt. Hier geht alles gegen den gesunden Menschenverstand (oder geht es nur gegen meine konventionelle Einstellung?). Ich bin bereit, meine Einstellung aufzugeben, wenn Du mich davon überzeugst, daß das für Dich das Richtige ist. Sie ist verheiratet. Mit einem Mann, dessen außergewöhnlich feinen Charakter Du bewunderst. Er weiß davon. Du sagst, alles läuft gut, auch wenn Du manchmal selbst daran zweifelst, daß es wirklich so ist. Kann das die Beziehung sein, die jede andere ausschließt, die Beziehung Deines Lebens?
>
> Du hast mich gefragt, ob ich Dich gern verheiratet sähe. Ja, so ist es.

Vielleicht paßte das Arrangement Henry ganz gut, weil diese Beziehung nicht zu einer allumfassenden werden konnte. Jedenfalls kam er nie in Versuchung, den Wunsch seiner Mutter nach einer Ehe zu erfüllen. Als eine Frau, die Henry in den Südstaaten kennengelernt hatte, ihm sagte, daß sie nach New York ziehen würde, bekam er Angstanfälle und brach die Beziehung ab. Ein anderes Mal hatte er auf einem Schiff eine Affäre mit einer Frau, und als sie in New York ankamen, zog sie zu ihm. »Irgendwie fing ich an, mich wie in einer Falle zu fühlen und dachte, das ist wirklich nicht das Richtige für mich ... Ich heuerte also wieder an.« Es wurde ihm klar, daß er Liebesbeziehungen und dauerhafte Freundschaften mit Frauen haben, aber nicht mit einer Frau zusammenleben konnte. Er wollte auch keine Kinder. Seiner Mutter sagte er, diese Verantwortung sei ihm zu groß.

Die gleiche Bindungsangst hielt Henry möglicherweise auch davon ab, sich zu sehr in der Sozialistischen Arbeiterpartei zu engagieren. Berta Green beschrieb ihn so: »Er war sehr undiszipliniert. Er ging nicht in die Sitzungen. Er machte ziemlich, was er wollte, und sprach nicht viel darüber. Nach den Regeln der Organisation war das nicht richtig.«[30] Schließlich kamen Henry und auch die Parteiführung zu dem Schluß, daß er seine Arbeit ebensogut außerhalb der Partei fortsetzen könne.

Henry sagte Berta einmal, er sei vor allem deshalb in der Partei, um seine Artikel unterzubringen. Ein wichtiger Grund für Henrys Weggang war ein Konflikt in der Redaktion des *Militant*. Auslöser war eine Änderung der Redaktion an einem Artikel Henrys über Reverend Fred Shuttlesworth, einen schwarzen Bürgerrechtsführer, den er beim Kampf um die Rassenintegration in St. Augustine (Florida) erlebt hatte:

> Er gehörte zur Schwarzenbewegung, und der Mann machte die ganze Zeit, die wir zusammen waren, ständig antisemitische Bemerkungen. Ich erwähnte das also so nebenbei in einem einzigen Satz, und sie brachten dann den Artikel ohne diesen Satz heraus. Es hätte mir nichts ausgemacht, wenn sie gesagt hätten: ›Also, nimm das raus, oder er erscheint nicht‹, das war ja sozusagen ihr Privileg. Aber daß ich mich krumm lege für einen Artikel, und dann verletzen sie meine Integrität als Journalist ... damit konnte ich einfach nicht zurechtkommen.

Henry war auch aus anderen Gründen soweit, sich von der Partei zu trennen:

> Eine der Sachen, über die Trotzki schrieb, war die Idee der ›permanenten Revolution‹. Das bedeutete, man sollte mit den Füßen fest auf dem Boden stehen und sich fragen, was heute möglich ist und was morgen. Es ist ein dauernder Kampf und kein großer Sprung, und er muß von dem ausgehen, was wirklich vorgeht. Die ganzen Kampagnen hängen miteinander zusammen. Man macht einen Schritt vorwärts, dann sieht man ein Stück weiter und kann den nächsten Schritt machen.

Die Trotzkisten verkauften *Die permanente Revolution* und wollten unbedingt, daß die Leute es lesen, aber sie selbst hatten jeden Realitätssinn verloren. Auch ihre Sprache – wer nicht selbst Trotzkist war, wußte kaum, wovon sie sprachen ... Sie war völlig phantasielos, völlig unkreativ. Das Wichtigste für diese Leute war, ob sie es in ihrem Leben noch in den regionalen Organisationsausschuß schaffen würden, oder gar in den Nationalausschuß. Das wurde zur lebenspendenden Kraft der Organisation, wie sich die Organisation fast an die Stelle der wirklichen Welt setzte.

Das war sehr entmutigend, denn es gab eine Menge zu tun. Eine Sache war: Wenn sie irgendwo an der Basis einen guten Gewerkschafter hatten, boten sie ihm eine Stelle an – und dann ging diese Person für die Kampagnen, wo sie als Katalysator gewirkt hatte, völlig verloren und wurde Teil eines Apparats, der im Grunde im luftleeren Raum agierte. Es ist merkwürdig, da stand *Die permanente Revolution* in den Bücherregalen, und trotzdem erklärten sie alles, indem sie darauf zurückgingen, ein Zitat bei Trotzki oder bei Lenin zu suchen, und lehnten es ab zu erklären, wie die Dinge in der wirklichen Welt aussahen ... Sie lebten im Grunde in ihrer eigenen Welt und hatten keine Verbindung zum wirklichen Leben.

Der Ruf nach Demokratie in der NMU

Als die National Maritime Union (NMU) in den 30er Jahren gegründet wurde, war sie demokratisch und so egalitär, daß die Bezüge der Funktionäre an die Löhne der Mitglieder gekoppelt waren. Doch in den 60er Jahren war sie zu einer florierenden Agentur zur Bereicherung und zum höheren Ruhm ihres ersten und einzigen Vorsitzenden Joseph Curran verkommen, der diese Stellung 36 Jahre lang innehatte. Er und seine Kumpane hoben die Bindung ihrer Bezüge an die Löhne der Mitglieder so gründlich auf, daß sich Curran 1969, als ein arbeitender Seemann etwa 6000 Dollar im Jahr verdiente, 102 637 Dollar genehmigte, dazu eine mietfreie Luxuswohnung in New York und eine Limousine mit Chauffeur.[31] Ein Fachjournalist der *New York Times* beschrieb Currans Büroräume als »eine der aufwendigsten New Yorker Chefetagen ... Kein Großreeder kann mit einem eindrucksvolleren Penthouse prahlen, von den Grünpflanzen und Blumen, die aus einem Wasserlauf innerhalb der Wohnung hervorwachsen, bis zu der kiesbestreuten Terrasse vor den Glaswänden der Chefsuite.«[32] Dieses Penthouse befand sich oben auf dem Joseph-Curran-Bau, der aus den Beiträgen der NMU-Mitglieder finanziert worden war. Der alte Gewerkschaftssaal wurde in Joseph-Curran-Anbau umbenannt. Das neue Gebäude kostete über 13 Millionen Dollar, die aus dem Renten- und Unterstützungsfonds der Gewerkschaft genommen wurden. Die gewöhnlichen Seeleute, die das Gebäude bezahlt hatten und einmal ihre Gewerkschaftszentrale besuchen wollten, mußten den Hintereingang benutzen.[33]

Die Gewerkschaft erfüllte aber nicht einmal ihre Aufgaben gegenüber ihren Mitgliedern. In den fünf Jahren vor dem Kampf um Reformen, an dem sich Henry beteiligte, erhielten die Seeleute keine Lohnerhöhung. Die Gewerkschaft hatte sie an langfristige schöntuerische Verträge gebunden, ohne sie ihren Mitgliedern zur Abstimmung vorzulegen. Diese Verträge erlaubten auch Herabsetzungen der von den Reedern zu erfüllenden Mannschaftsstärken, die die von anderen Gewerkschaften zugestandenen so stark übertrafen, daß die *New York Times* berichtete: »Einige Manager der Branche geben hinter vorgehaltener Hand zu, daß Mr. Curran ›eingewickelt‹ worden ist.«[34]

Die Arroganz, mit der Curran und seine Männer die glücklosen Seeleute ausbeuteten, erregte Henrys Zorn. In den Büchern von Lincoln Steffens hatte er über Arbeiterführer gelesen, die das Vertrauen und die Loyalität ihrer Mitglieder zu ihrem persönlichen Vorteil mißbrauchen; jetzt hatte er in Curran ein Beispiel aus dem wirklichen Leben vor sich.[35]

Henry nahm Curran zum ersten Mal 1964 ins Visier, als ein Artikel in *Village Voice* den neuerrichteten Joseph-Curran-Bau pries und keinerlei kritische Fragen bezüglich der Verhältnisse in der NMU aufwarf. Henry schrieb – ohne seinen Namen zu nennen – einen langen Leserbrief, der auch gedruckt wurde, und in dem er darauf verwies, daß Currans luxuriöse Büros in starkem Kontrast dazu stünden, daß in dem ganzen Gebäude für gewöhnliche Seeleute keinerlei Einrichtungen vorhanden seien. Der Brief schloß: »Die NMU-Chefs kennen keine Gnade für jene, die sich nicht an dem Curran-Kult beteiligen ... Da ich meinen Lebensunterhalt auf See verdiene, muß ich also gezwungenermaßen anonym bleiben.«[36]

Das war keine Übertreibung. Das System der Arbeitszuteilung durch die von der Gewerkschaft getragene Vermittlungsstelle ermöglichte es den Gewerkschaftsführern, statt der Vergabe im offenen Wettbewerb, wie es die Satzung vorschrieb, durch die Reservierung von Stellen ihre Freunde zu bevorzugen.[37] Und wenn ein Reeder Seeleute brauchte, schickte ihm die Gewerkschaft die Arbeitsunterlagen von Bewerbern zu und konnte sie auch mit ihrer eigenen Beurteilung versehen. Und wenn die Drohung mit dem Verlust der Arbeit nicht reichte, um Widerstand zu unterbinden, dann hatte das Curran-System andere Mittel bereit.

1966 kandidierte James Morissey als Schatzmeister auf einer Reformerliste gegen die von Curran vorgeschlagenen Kandidaten. Als er auf der Seventh Avenue in New York, einen halben Häuserblock vom Joseph-Curran-Bau entfernt, die Zeitung seiner Gruppe verteilte, fielen ihn drei Männer mit Bleirohren an. Sie griffen ihn so brutal an, daß er einen schweren Schädelbruch erlitt und in Lebensgefahr schwebte. Die Angreifer wurden nie ermittelt. Das Fernsehen zitierte die Gewerkschaft dahingehend, daß Morissey die Sache selbst inszeniert haben könnte, um die Gewerkschaft ins Zwielicht zu bringen. Die Amerikanische Bürgerrechtsunion (American Civil Liberties Union, ACLU) erklärte, diese Andeutung »schlägt dem gesunden Menschenverstand ins Gesicht«, und forderte Curran auf, den Überfall zu verurteilen und Aufklärung über weitere Einschüchterungsvorwürfe von Leuten zu geben, die ihre demokratischen Rechte als Gewerkschaftsmitglieder wahrnehmen wollten. Curran schwieg.[37]

Kurz nach dem Überfall auf Morissey schloß sich Henry einer Reformergruppe namens »Komitee für NMU-Demokratie« an. Die Gruppe wollte den Mitgliedern wieder zur Kontrolle über die Gewerkschaft verhelfen, ihnen das Recht geben, über ihre Verträge abzustimmen und die Gehälter der Funktionäre an die Bezahlung der bestqualifizierten Leute auf See anlehnen. Nach dem Überfall auf Morissey war die Atmosphäre gespannt, und einige Mitglieder der Gruppe wollten mit gleicher Münze zurückzahlen. Gaston Firmin-Guyon, einer der wichtigsten Unterstützer Morisseys, war schon im Gewerkschaftssaal von gedungenen Schlägern verprügelt worden. Er erinnert sich an Henrys Reaktion auf den Gedanken, es der Gewerkschaftsführung gleichzutun:

> Er sagte: ›Was beweisen wir damit, daß wir ihnen ein Bein oder den Hals brechen? Wahrscheinlich landen wir im Krankenhaus und müssen den Zahnarzt bezahlen. Woher sollen wir das Geld nehmen? ... Gefühle sind in Ordnung, aber wir müssen denken, ehe wir handeln ... Vielleicht kommt es zur Konfrontation, und vielleicht verletzen wir sie, aber dann stehen wir schlecht da. Macht euch nicht zu dem, was sie sind. Wenn ihr die Mitglieder hinter euch habt, braucht ihr nicht als Schläger aufzutreten.‹[39]

Henrys kühler Verstand setzte sich durch, doch wenn das Komitee nicht zur Gewalt greifen wollte, mußte es einen Weg finden, auch die andere Seite davon abzuhalten. Henry erinnert sich:

> Wir ließen jemanden der Gewerkschaftsführung ausrichten, wenn einem von uns etwas passiere, dann würde dasselbe ihnen passieren. Und der Überbringer der Botschaft war jemand, von dem sie wußten, daß er die Mittel hatte, das in die Tat umzusetzen. Deshalb funktionierte es auch. Es gab keinen Ärger mehr.

Henrys Erinnerung, es habe »keinen Ärger mehr« gegeben, ist ein wenig zu freundlich. Firmin-Guyons Wohnung wurde bei einem Einbruch geplündert, und als er und Morissey für den Wahlkampf nach Panama gingen, gab man ihnen zu verstehen, daß man sie im Kanal treibend auffinden würde, wenn sie nicht das Land verließen.[40] Henry fühlte sich nicht wirklich sicher. Ein Freund erinnert sich, daß er damals seinen Aufenthaltsort geheimhielt und große Angst hatte, überfallen zu werden.[41]

Henry war Herausgeber und Hauptautor der Zeitung der Gruppe. *The Call for NMU Democracy*, ein vier- bis achtseitiges, unregelmäßig erscheinendes Informationsblatt, beschrieb anschaulich die Methoden, mit denen Curran und seine Leute die Mitglieder ausplünderten. Curran hatte eine so feste organisatorische Basis, daß er unangreifbar schien, doch Henry hielt ihn für verwundbar, weil er die Seeleute für dumm verkaufte, indem er beispielsweise gleichzeitig die Beiträge der in Rente gegangenen Seeleute und die Gehalts-Nebenleistungen der Funktionäre erhöhte. Henry verbrachte viel Zeit damit, mit den Seeleuten auf den Schiffen und in der Kaffeestube im Hafen zu sprechen, und er sprach und schrieb in ihrer Sprache. Er wußte, daß sie nicht dumm waren. Er glaubte, wenn sie durchschauten, wie sie ausgenommen wurden, dann würden sie eine Veränderung fordern. Seine Artikel in *The Call* zeigten, daß die Seeleute der Westküste, die von einer anderen Gewerkschaft vertreten wurden, für die gleiche Arbeit 36 Prozent mehr bekamen als die NMU-Mitglieder. Er kritisierte, daß die Gewerkschaft es unterlassen hatte, etwas gegen den Verlust von Arbeitsplätzen in der Branche zu unternehmen. Fotos zeigten verärgerte Mitglieder vor einem leeren Stellenanzeigen-Brett. *The Call* verspottete auch Currans Personenkult und druckte eine Kolumne aus der *New York Post* ab, in der der Verfasser James Wechsler berichtete, daß Currans Bild in einer einzigen Ausgabe der NMU-Zeitung *The Pilot* nicht weniger als dreiundzwanzigmal zu sehen war, und daß die NMU-Küchenchefs bei einem internationalen Kochwettbewerb einen Preis mit einem Kuchen gewannen, der mit einer Büste Currans geschmückt war.[42]

Henry schrieb die Flugblätter, die das Reformkomitee an die Mitglieder verteilte, und er trug das Material zusammen, das sie gegen Curran einsetzen konnten. Aus öffentlichen Dokumenten des Arbeitsministeriums entnahm er die Einzelheiten über die Gehälter, die Curran sich selbst und seinen Kumpanen zahlte und zeigte, daß Curran damals der höchstbezahlte Gewerkschaftsführer des Landes war.

Dem Komitee für NMU-Demokratie gelang es nie, Curran zu schlagen, aber es machte ihm das Leben doch erheblich schwerer. Nach einer Wahlniederlage im Jahr 1966 reichte es eine Beschwerde wegen mehrerer Unregelmäßigkeiten bei der Wahl beim Arbeitsministerium ein. Die Wahl wurde für ungültig erklärt, weil die Vorschrift, daß nur bezahlte Funktionäre kandidieren konnten, den Mitgliedern faktisch das Wahlrecht genommen habe. Bei der Wahl von 1969 stieg das Komitee dann mit aller Kraft in den Wahlkampf ein. In New York, wo das Komitee die Stimmenauszählung kontrollieren konnte, erhielt Morissey 54 Prozent der Stimmen; das wurde aber durch die geschönten Ergebnisse aus anderen Bezirken, etwa der Panamakanalzone, wo es eine solche Kontrolle nicht gab, mehr als ausgeglichen, und laut offiziellem Ergebnis entfielen auf die Curran-Liste 98 Prozent der Stimmen. Danach zwang die Reformergruppe das Curran-System, die Erhöhung der Gehalts-Nebenleistungen für Funktionäre zurückzunehmen, die aus einer jährlichen Abgabe von 100 Dollar auf die Renten der Seeleute bezahlt wurde.[43] Man konnte sich also nicht weiterhin ganz so bedenkenlos über die Interessen der Gewerkschaftsmitglieder hinwegsetzen.

Die Tätigkeit des Komitees für NMU-Demokratie wirkte weiter, sie regte die Bildung ähnlicher Oppositionsgruppen in anderen korrupten Gewerkschaften an. Einige hatten mehr Erfolg. Zum Beispiel wurde Tony

Boyle, der langjährige Chef der Bergarbeitergewerkschaft United Mine Workers abgewählt und seine Rente um zwei Drittel gekürzt. Danach hielt Curran es für geraten sich zurückzuziehen, solange er noch seine Rentenabfindung von einer Million Dollar mitnehmen konnte.

Der Lehrer

Als Curran abtrat, war Henry immer noch Mitglied der NMU und im Komitee aktiv, doch als Seemann arbeitete er nicht mehr regelmäßig. Das Leben auf den Schiffen hatte seine Anziehungskraft für ihn verloren. Die Fracht wurde jetzt in Containern transportiert, und die Schiffe lagen viel kürzere Zeit in den Häfen, die sich zudem kaum noch in der Nähe des Stadtzentrums befanden, sondern irgendwelche neugebauten Containerverladestationen weit draußen waren. Daß die Arbeit auf den Schiffen der Fabrikarbeit immer ähnlicher wurde, veränderte auch die Arbeiterschaft. Die Leute gingen nicht mehr zur See, weil sie das Meer und das Seemannsleben liebten, sondern weil sie eben eine Arbeit brauchten. Dann führten Supertanker, Containerfrachter und der Niedergang der Passagierdampfer zu einem starken Rückgang der Beschäftigung in der Handelsmarine. Henry fand, das sei keine interessante Tätigkeit mehr.

1966 herrschte in New York Lehrermangel. Henry hatte schon einen Studienabschluß, und so mußte er nur noch einen kurzen Intensivkurs machen, um Lehrer werden zu können. Er plante – angeregt durch seinen Guinea-Aufenthalt –, in New York etwas Lehrerfahrung zu sammeln und dann nach Afrika zu gehen. 1966 trat er seine erste Lehrerstelle an, doch 1968 starb plötzlich sein Vater. Auf dem Totenschein stand es zwar nicht, aber Maurice hatte sich umgebracht. Er hatte unter finanziellem Druck gestanden, zum Teil, weil er nicht nur für Margit eine Anstaltsunterbringung bezahlen mußte, sondern auch für seine jüngste Tochter Susan, eine sehr intelligente, aber gequälte junge Frau, die oft depressiv war. Henry sagte:

> Am Schluß, als sein Glück zerronnen war, schloß er eine hohe Lebensversicherung ab, für die er Kredite aufnehmen mußte, und als er nicht mehr an Geld herankam, brachte er sich um und sorgte sehr umsichtig dafür, daß das nicht entdeckt wurde. Er hat buchstäblich sein Leben für meine Mutter und meine Schwester hingegeben.

Henry blieb in New York, um sich um seine Mutter und seine jüngere Schwester zu kümmern. Seine Mutter holte er von Bronxville nach New

York zurück, um näher bei ihr zu sein. 1977 verübte Susan in einer depressiven Phase Suizid. Henry sorgte weiter für seine Mutter, er besuchte sie oft in ihrer Wohnung, solange sie noch selbständig leben konnte, und brachte sie dann in einem Heim unter, in dem sie bis zu ihrem Tod im Jahr 1994 gut versorgt war. Zu dieser Zeit hatte Henry seine Pläne, als Lehrer nach Afrika zu gehen, schon lange aufgegeben.

Henry lehrte Englisch und Literatur, hauptsächlich an der Haaren High School, einer öffentlichen Schule in der Tenth Avenue im Nordwesten von Manhattan. Die Schüler kamen vorwiegend aus den schwarzen und lateinamerikanischen Ghettos, und während eines großen Teils der Zeit, die Henry hier lehrte, wurden nur Jungen unterrichtet. Aus den Bemerkungen eines Schülers in einer Klassenzeitung gehen einige der Probleme hervor, die an dieser Schule bestanden:

> Zunächst einmal gibt es Rassenprobleme: Schwarze gegen Lateinamerikaner. Es sollte nur eine einzige Schule geben und nicht eine Schule, die in zwei Teile getrennt ist. Zweitens herrscht Disziplinmangel, weil die Lehrer vor den Schülern Angst haben, und weil es manche andere auch nicht kümmert, was um sie herum los ist. Drittens hat das alles die Schule zu dem gemacht, was sie heute ist: ein Abladeplatz für alle, die an anderen Schulen durchgefallen sind. Die letzte aller Schulen, und das ist nicht in Ordnung.[44]

Doch Henry hielt seine Schüler nicht für unbelehrbar oder seinen Beruf für schwierig:

> Damit du keine Schwierigkeiten mit den Schülern bekommst, ist es entscheidend, daß sie nie das Gesicht verlieren. Das haben sie nicht gerne, sie wollen nicht abgeschoben und herumgestoßen werden. Sie möchten nicht, daß sie ständig jemand fertigmacht, und ich meine, wenn du das einmal begriffen hast, dann ist es zwischen dir und ihnen kein Machtkampf mehr, sondern es heißt: ›Arbeiten wir zusammen‹, und es geht darum, Gemeinsamkeiten zu finden, … danach gibt es eigentlich keine Probleme mehr.

Eine andere Möglichkeit, die Selbstachtung der Schüler zu heben, erkannte Henry darin, von ihnen Geschriebenes zu veröffentlichen:

> Du fängst einen Satz an wie ›Vor meinem Fenster sehe ich …‹ und läßt sie diesen Satz weiterführen, und dann nimmst du das Material und kopierst es und verteilst es in der Klasse, und es wird die Klassenzeitung, und darunter steht ›Vor meinem Fenster sehe ich…« und der Name.

Das können sie mit nach Hause nehmen und herumzeigen. Und dann schickte ich das Zeug an einen Verlag, der ein Buch über Ghettokinder herausbrachte, und ein Teil davon wurde aufgenommen, und manche Kinder konnten sich sagen, ›meine Sachen werden gedruckt‹, und das gibt ihnen ein gewisses Selbstvertrauen. Es braucht verdammt wenig, damit die Kinder vor sich selber gut dastehen. So eine Zeitung habe ich ständig gemacht … Die Kinder schrieben Gedichte, Essays, vervollständigten Sätze. Jeder sah ihre Namen gedruckt. Das machte es leichter für mich und leichter für sie, und es funktionierte gut.

Henry produzierte nicht nur gelegentlich Klassenzeitungen, sondern kümmerte sich auch um die Schulzeitung, die beim jährlichen High-School-Press-Wettbewerb regelmäßig einen Anerkennungspreis der *New York Times* gewann. Mit der Zeitung brachte er die Schüler dazu, über Werte nachzudenken. Eine Ausgabe beginnt mit einem Bericht, daß ein Haaren-Schüler wegen eines Angriffs auf eine ältere Person in einer benachbarten U-Bahn-Station verhaftet wurde. Der Vorfall führte zu Diskussionen in den Klassen, und einige Äußerungen sind in dieser und der folgenden Ausgabe abgedruckt. Viele verurteilen die Tat, weil sie einen Schwachen trifft, oder fragen diejenigen, die so etwas tun, was sie wohl sagen würden, wenn ihr eigener Vater überfallen würde. Aber nicht alle fällen ein negatives moralisches Urteil:

> Denen ist langweilig, die möchten in der U-Bahn-Station ein bißchen Wind machen. Die wollen mal zeigen, wie stark sie sein können – da verprügeln sie eine alte Frau oder einen alten Mann. Es ist eine Art, seine Freunde zu unterhalten, damit sie nicht sagen, der ist ein fader Typ, der ist nicht cool, mit dem ist es langweilig. Die machen es, ohne an die Folgen zu denken. Wir zeigen's ihm, jetzt kriegt er mal was ab für seine Hautfarbe. So ist das im Leben, die Starken machen es mit den Schwachen.[45]

Henry kam mit seinen Schülern gut aus, aber nicht mit allen seinen Kollegen und Kolleginnen. Eine von ihnen, Dolores McCullough, sagte es so:

> Es lief darauf hinaus, ob ein Lehrer noch daran dachte, wozu er da war, nämlich zu erziehen. Mit solchen Kollegen stand Henry sehr gut und sie mit ihm; aber die anderen … ich glaube, sie fühlten sich vor ihm bloßgestellt, [weil sie fürchteten,] er könnte eine seiner satirischen Bemerkungen loslassen. Er hatte wenig Verständnis für jemanden, der – wie sagte doch Henry? – seine Schüler als Futter benutzte, als Material, um die eigenen beruflichen Ambitionen zu befriedigen.[46]

Henry war gerne Lehrer, doch das nahm nie seine gesamte Energie in Anspruch. In den ersten sieben Jahren als Lehrer arbeitete er noch für das Komitee für NMU-Demokratie. In den nächsten sieben Jahren führte er neben der Arbeit als Lehrer seine Tierkampagnen durch. Nach und nach nahmen diese sein Leben so in Anspruch, daß er im Juni 1982, als er 55 Jahre alt wurde, in den Vorruhestand ging und ganz Aktivist wurde. McCullogh machte sich Gedanken darüber: »Ich fragte ihn einmal, warum er den Lehrerberuf aufgab, und er antwortete, er meine, die Menschen hätten ihren Verstand und ihre Freiheit in diesem Land, sie könnten sich selber helfen, und die Tiere eben nicht, sie bräuchten die Hilfe.«[47]

2 Tierbefreiung

Wenn wir irgend etwas aus den Befreiungsbewegungen gelernt haben, dann sollten wir heute wissen, wie schwer es ist, uns unterschwelliger Vorurteile in unseren Einstellungen gegenüber bestimmten Gruppen bewußt zu werden, solange wir nicht mit allem Nachdruck auf diese Vorurteile hingewiesen werden. Eine Befreiungsbewegung verlangt von uns die Erweiterung unseres Horizonts. Auf einmal sind Praktiken, die wir gestern noch für natürlich und unvermeidlich hielten, das Ergebnis nicht zu rechtfertigender Vorurteile.
Peter Singer, »Die Befreiung der Tiere«

Die logische Erweiterung

Als Henry 45 war, dachte er kaum an die Tiere. Er hatte noch nie eine Katze oder einen Hund gehabt. Er aß Fleisch, ohne zu fragen, wo es herkam. Doch 1973 trafen zwei Ereignisse zusammen, die das alles änderten. Das eine: Henry legte sich eine Katze zu.

Jemand, der nach Europa ging, hatte mir eine Katze aufgehängt. Ich war dabei nicht einmal die erste Wahl, sondern nur die Notlösung, falls etwas schiefginge mit jemand anderem, der sich bereit erklärt hatte, sie zu nehmen. Und derjenige konnte sie dann nicht nehmen, und so blieb sie an mir hängen. Ich dachte eigentlich, ich hätte Wichtigeres zu tun als mit dieser Katze zu spielen, aber es war nur eine Sache von ein paar Minuten, bis sie mich verführt hatte, und seitdem kann ich Katzen nicht mehr widerstehen.

Bald danach stieß Henry auf eine linke amerikanische Zeitung, *The Guardian*, und las in einem Beitrag von Irwin Silber folgendes:

BEFREIUNG DER TIERE

Die Leser und Leserinnen der *New York Review of Books* könnten den Leitartikel in einer der letzten Ausgaben dieser intellektuell anspruchsvollen Zeitschrift sehr wohl für einen riesigen Bluff gehalten haben. Jedenfalls fängt er so an, indem er sich zu ›einem Manifest für eine Bewegung zur Befreiung der Tiere‹ erklärt.

Dabei läßt Peter Singer, der Verfasser, erkennen, daß er sich des Problems bewußt ist. ›Befreiung der Tiere‹, so gesteht er zu, ›klingt eher wie eine Parodie auf Befreiungsbewegungen denn als ein ernsthaftes Konzept.‹

Doch wenn man vier Seiten mit ein paar tausend Worten weiter liest, wird klar, daß es Singer nicht nur ernst meint, sondern geradezu leidenschaftlich ist in seinem Widerspruch gegen die zweitklassige Behandlung, die seiner Meinung nach alle menschlichen Gesellschaften den Bewohnern des Tierreichs zuteil werden lassen. Seine Argumentation ist, wie vorherzusehen war, im wesentlichen eine moralische. Naheliegenderweise beruft sich Singer auf die Analogie zur Unterdrückung der Schwarzen und Frauen für seinen ›Aufruf an jeden Menschen, seine (sic) Einstellungen gegenüber nichtmenschlichen Lebewesen als eine Form von Vorurteil zu erkennen, das nicht weniger fragwürdig ist als Rassismus oder Sexismus‹.

Singer nennt dieses Vorurteil ›Speziesismus‹.

Sein Programm ist einfach und konsequent: Vegetarismus; Einstellung der wissenschaftlichen Experimente an Tieren; keine Kleidungsstücke und sonstigen Produkte aus Tierhäuten; Abschaffung von ›Sportarten‹ wie Hochwild- und Entenjagd; Verbot der Fischerei; usw. ...

Nun, was soll man davon halten? Man ist natürlich versucht, einfach festzustellen, daß der gesellschaftliche Zusammenbruch des Kapitalismus bei Teilen der bürgerlichen Intelligenz zu einem gewissen geistigen Zusammenbruch führt, und es damit gut sein zu lassen.

Doch diese kulturelle Kuriosität könnte sich in anderer Beziehung als einigermaßen lehrreich erweisen. Denn sie legt den völligen moralischen und geistigen Bankrott jener Form des Liberalismus bloß, die sich auf abstrakte Grundsätze der ›Gerechtigkeit‹ oder ›Wahrheit‹ beruft statt auf die geschichtlich gewordene Welt, in der wir leben.[1]

Der Gegenstand von Silbers Hohn war meine erste Veröffentlichung zur Ethik unserer Beziehungen zu Tieren.[2] Sie ging von einer Besprechung des Buches *Animals, Men and Morals* aus, einer von Stan und Roslind Godlovitch und John Harris herausgegebenen Aufsatzsammlung. Ich hatte Stan, Ros und John in Oxford kennengelernt, wo ich damals Doktorand der Philosophie war. Sie gehörten zu einer kleinen Gruppe ethischer Vegetarier, die mich dazu brachte, kritisch über unseren Umgang mit Tieren nachzudenken. Ich beschäftigte mich mit Ethik und politischer Philosophie und hielt es wie jeder andere für selbstverständlich, daß alle Menschen gleich seien, aber was das bedeutete, hatte ich nicht allzu genau überlegt. Es war mir noch nie aufgefallen, daß wir mit der Formel, alle Menschen seien gleich, mehr tun als alle Menschen in die Sphäre moralischer Gleichheit zu integrieren: wir schließen damit zugleich die nichtmenschlichen Lebewesen aus der Sphäre der moralischen Gleichheit aus und erkennen so jedem Mitglied unserer Spezies – auch Psychopathen, Säuglingen und Menschen mit schweren Geistesstörungen – einen höheren moralischen Status zu als Hunden, Schweinen, Schimpansen und Delphinen. Warum, so bedrängten mich meine Freunde, sollte das so sein? Warum sollte es in Ordnung sein, nichtmenschliche Lebewesen zu essen oder an ihnen zu experimentieren, wenn wir niemals daran denken würden, es irgendeinem Menschen anzutun?

Als gewissenhafter Philosophiestudent reagierte ich auf diese Herausforderung mit der Suche nach Antworten in den Werken älterer und weiserer Philosophen. Und ich fand überhaupt nichts Überzeugendes. Viele Philosophen ignorierten die Frage einfach. Sie verkündeten munter die Gleichheit aller Menschen und fragten sich nie, warum Tiere nicht auch einbezogen werden sollten. Das war selbst dann nicht anders, wenn ihre Begründungen für die Gleichheit der Menschen – etwa daß alle Menschen Interessen haben, die befriedigt oder vernachlässigt werden können – offenkundig auch auf nichtmenschliche Lebewesen zutrafen. Daß die Tiere so unsichtbar blieben, war selbst symptomatisch. Andere Philosophen, die wenigstens fragten, warum die Tiere einen so niedrigen Status haben, antworteten, indem sie sich auf erhabene Ideen beriefen, die selbst wiederum einer genaueren Untersuchung bedurften. Sie sagten, alle Menschen hätten eine »Würde« oder einen »Wert an sich« und die Tiere nicht, doch dann gingen sie zum nächsten Thema über, ohne sich die Mühe zu machen, zu erklären, warum jeder Mensch, sei er nun moralisch ein Ungeheuer oder jeglichen Denken oder Fühlens unfähig, eine Würde oder einen Wert haben sollte, der für jedes nichtmenschliche Lebewesen unerreichbar war. Andere Philosophen beriefen sich auf etwas Spezifischeres – wie Denkfähigkeit oder Selbstbewußtsein und die Fähigkeit, sein Leben zu planen, oder moralisches Empfinden –, ohne sich je mit der offenkundigen Tatsache auseinanderzusetzen, daß diese Eigenschaften einigen menschlichen Wesen fehlen. Bedeutete das nun, daß wir sie essen oder an ihnen experimentieren können, wie es mit Tieren geschieht? Auch diese Frage blieb unbeantwortet.

Die einzigen Denker mit einer schlüssigen Begründung für den Ausschluß der Tiere aus der Sphäre des moralischen Schutzes schienen die zu sein, die den besonderen Status des Menschen damit begründeten, daß dieser zum Bilde Gottes geschaffen sei und eine unsterbliche Seele habe. Da ich nicht an Gott und die unsterbliche Seele glaubte, konnte ich diese Antwort auch nicht akzeptieren; doch sie war immerhin sinnvoll. Ich kam zu der Auffassung, daß unsere Vorstellungen vom moralischen Vorzugsstatus der Menschen das überholte Erbe einer Ära seien, in der die religiöse Sicht auf die Welt dem Denken fast aller zugrundelag.

Am Ende konnte ich meinen Freunden nichts entgegenhalten. Es gab keine ethische Rechtfertigung dafür, allen Menschen einen höheren moralischen Status zuzuerkennen als allen nichtmenschlichen Lebewesen. Ich kam zu dem Schluß, daß die Interessen von Lebewesen gleich gewichtet werden sollten, soweit grobe Vergleiche zwischen verschiedenen Individuen möglich sind, und zwar unabhängig von Rasse, Geschlecht und Spezies. Dieses theoretische Ergebnis hatte praktische Konsequenzen. Unter den Bedingungen der modernen Agrarindustrie gehaltene Tiere haben keine Bewegungsfreiheit, können ihre Glieder nicht ausstrecken oder Kontakt mit Artgenossen haben. Ihre grundlegendsten Interessen werden mißachtet. Daher sollten wir diesem Agrarsystem Einhalt gebieten. Die unmittelbarste Unterstützung leisten wir ihm, indem wir seine Produkte essen. Da ich wußte, daß ich mich sehr gut ernähren konnte, ohne Fleisch zu essen, wurde ich Vegetarier.

Animals, Men and Morals erschien 1971 in England. Meine Freunde und ich hofften, es würde eine ausgedehnte öffentliche Diskussion über diese Fragen auslösen. Doch es wurde ignoriert. Keine einzige größere Zeitung besprach es. Es wurde wohl lediglich für ein weiteres Buch zum Tierschutz gehalten, ein Thema, das nur alte Jungfern mit ihren Katzen interessierte. 1973 wurde das Buch meiner Freunde in England verramscht. Der einzige Hoffnungsfunke war, daß eine amerikanische Ausgabe erscheinen sollte. Um ihr vielleicht das Schicksal der britischen Ausgabe zu ersparen, bot ich der damals verbreitetsten intellektuellen Zeitschrift, der *New York Review of Books*, einen Besprechungsaufsatz an.

»Animal Liberation« erschien dort am 5. April 1973. Ich faßte darin den ethischen Standpunkt, für den ich argumentierte, folgendermaßen zusammen: »Wenn ein Lebewesen leidet, kann es keine moralische Rechtfertigung für die Weigerung geben, dieses Leiden zu beachten und ihm tatsächlich das gleiche Gewicht zu geben wie einem vergleichbaren Leiden (sofern ein grober Vergleich möglich ist) irgendeines anderen Lebewesens.« Anhand der Aufsätze in *Animals, Men and Morals* zeigte ich dann, wie weit unsere Praktiken der Tierexperimente und der Massentierhaltung in der Agrarindustrie davon entfernt sind.

Silbers Kolumne war die erste veröffentlichte Reaktion auf meinen Artikel. Sie war nicht gerade ermutigend, aber es erwies sich als besser, lächerlich gemacht zu werden, als ignoriert zu werden. Silber trug gerade so viel von meiner Argumentation vor, daß Henry sich sagte, sie sei vielleicht gar nicht so absurd, wie Silber offensichtlich meinte. Er besorgte sich ein Exemplar der *New York Review of Books* und las es. Später schrieb er über die Zeit, in der er mit einer Katze zusammenzuleben begann:

> Ich hatte noch nicht die Idee vom Tierschutz als einer politischen Frage, obwohl ... ich begann mich bald zu fragen, ob es richtig ist, mit einem Tier zu schmusen und in andere Messer und Gabel hineinzustecken.
>
> Damals stieß ich auf den Aufsatz von Peter Singer ... Singer beschrieb eine Welt von mehr als 4 Milliarden Tieren, die jedes Jahr allein in den USA getötet werden. Ihr Leiden ist intensiv, ausgedehnt, nimmt weiter zu und wird systematisch und sozial sanktioniert. Und die Opfer können sich nicht organisieren, um ihre Interessen zu verteidigen. Ich sagte mir, die Befreiung der Tiere sei die logische Erweiterung dessen, worum es mir im Leben stets ging – mich auf die Seite der Machtlosen und Verwundbaren zu stellen, der Opfer, auf denen herumgetrampelt wird.[3]

Von Henrys Gedanken anläßlich meines Aufsatzes wußte ich damals nichts; doch unsere Wege führten aufeinander zu. Ich hatte damals einen Lehrauftrag am University College in Oxford, der im Juni 1973 endete. Anschließend wurde ich Gastdozent am Philosophischen Institut der New York University. Im September zog ich also mit meiner Frau und unserem ersten Kind nach New York. Ich wurde gefragt, ob ich zusätzlich zu meinen Veranstaltungen am Philosophischen Institut an der »Fakultät für Weiterbildung« einen Abendkurs für Erwachsene übernehmen würde. Ich willigte ein, zum Teil weil ich damals meine Gedanken zur Befreiung der Tiere zu einem Buch ausarbeitete und der Unterricht mir die Möglichkeit bot, Reaktionen auf einen ersten Entwurf zu erhalten. 1974 kündigte also die New York University an, daß Peter Singer einen sechswöchige Abendkurs »Befreiung der Tiere« mit einer zweistündigen Sitzung pro Woche abhalten würde. Die Themen waren: Ethik der Befreiung der Tiere, eine kurze Geschichte des Speziesismus, industrielle Tierhaltung, Tierversuche, Argumente für den ethischen Vegetarismus, Einwände gegen die Befreiung der Tiere. Jedes dieser Themen wurde zu einem Kapitel meines Buches *Animal Liberation*.[4]

Es kamen etwa zwanzig Teilnehmer und Teilnehmerinnen, die sich größtenteils schon auf irgendeine Art für Tiere einsetzten. Es gab viel Zeit zur Diskussion, und so lernten wir uns alle recht gut kennen. Ein Mann fiel zwischen den anderen besonders auf. Er war mit Sicherheit kein typischer »Tierschützer«. Er war eine völlig andere Erscheinung: Seine Sprache war deutlich die der New Yorker Arbeiterschicht. Er redete so ungeschliffen und derb, daß ich manchmal glaubte, einer Gestalt aus einem Gangsterfilm zuzuhören. Seine Kleider waren zerknautscht, seine Haare zerzaust. Insgesamt erschien er mir als der Typ Mensch, der kaum jemals an einem Erwachsenenbildungskurs über die Befreiung der Tier teilnehmen würde. Aber er war da, und ich konnte nicht anders als die direkte Art, mit der er sagte, was er dachte, zu mögen. Sein Name war Henry Spira.

Nun, auch Henry mochte meine Art:

> Singer beeindruckte mich ungeheuer, denn seine Sorge um andere Lebewesen war vernünftig und ließ sich in öffentlicher Diskussion vertreten. Mir ging es nicht um Gefühlsduselei, wie niedlich die betreffenden Tiere seien oder wie beliebt als Haustiere. Ich fand, er sagte einfach, es sei falsch, anderen wehzutun, und es sei konsequent, den Kreis dieser anderen nicht einzuschränken; wenn sie den Unterschied zwischen Schmerz und Lust merken, dann haben sie das Grundrecht, daß man ihnen nicht schadet.[5]

Ein anderer Teilnehmer sollte für Henrys künftige Arbeit eine entscheidende Rolle spielen: Dr. Leonard Rack, ein naturwissenschaftlich orientierter Psychiater mit ethischen Bedenken gegen Tierexperimente. Er hatte mit 16 Jahren das College absolviert [normales Alter: 22, d. Übers.] und beeindruckte Henry als »der genialste Mensch, den ich kenne ... Er konnte zwanzig Aspekte eines Problems erkennen, die sonst niemand erkannte.« Rack war später intensiv in Henrys erste Kampagnen involviert und lieferte das biomedizinische Fachwissen, das Henry fehlte.

Für Henry bedeutete die Veranstaltung eine Hilfe zur Festigung seiner Auffassung, daß die Tiere ganz unten stehen, was Unterdrückung und Ausbeutung betrifft, und deshalb unsere Hilfe am nötigsten haben. »Während dieses Semesters, zwischen den Unterrichtsstunden und den Gesprächen, fing alles an sich zu kristallisieren.«[6] Im Lauf des Kurses wurde er nach und nach zum Vegetarier; zuerst gab er rotes Fleisch auf, dann Hühnerfleisch, dann Fisch. Er hatte sein persönliches Unbehagen aufgelöst, ein Tier zu liebkosen und ein anderes zu essen. Doch dabei beließ er es nicht:

> Mir scheint, für die meisten Leute ist Wissen im Kopf, nur um seiner selbst willen, eine gute Sache. Ich sehe es so, wenn man merkt, daß etwas nicht in Ordnung ist, muß man in dieser Sache etwas unternehmen, und in der letzten Sitzung der Veranstaltung fragte ich einfach die Leute, ob sie weiter zusammenkommen wollten, nicht um weiter über Philosophie zu sprechen, sondern um sich zu überlegen, ob sie in dieser Sache etwas unternehmen wollten.

Etwa acht Personen nahmen die Einladung an, sich in Henrys Wohnung Ecke Central Park West und 85th Street zu treffen, um zu überlegen, was sie tun könnten, um die Gedanken zur Tierbefreiung in die Praxis umzusetzen.

Die Strategie

Ein paar von uns kamen zusammen und planten, was wir tun könnten. Wir wollten keinen von der Steuer befreiten gemeinnützigen Verein bilden, der Geld sammelte, um mehr Geld sammeln zu können. Wir wollten auf die Bewegung für die Tiere die traditionellen Kampfstrategien anwenden, die sich in der Bürgerrechtsbewegung, der Gewerkschaftsbewegung und der Frauenbewegung als wirksam erwiesen hatten. Wir wußten, daß wir von Unterdrückungssystemen umgeben waren, die alle miteinander zusammenhingen und sich gegenseitig verstärkten, aber wir wußten, wenn wir den Lauf der Dinge beeinflussen wollten, mußten wir uns ganz auf eine einzelne augenfällige Ungerechtigkeit konzentrieren, auf ein einziges, klar abgegrenztes Ziel. Und das mußte auch noch erreichbar sein. Die Bewegung für die Tiere hatte keinerlei Siege aufzuweisen. Sie brauchte ganz dringend einen Erfolg, der zum Sprungbrett für noch größere Kämpfe und bedeutendere Siege werden konnte.[7]

Man kann wohl davon ausgehen, daß die meisten aus jener kleinen Gruppe von Menschen, die zu dieser ersten Zusammenkunft in Henrys Wohnung kamen, sich fragten, ob sie wirklich hoffen konnten, irgend etwas zu erreichen. Ohne große Diskussion beschlossen sie, mit dem Problem der Tierversuche anzufangen; dabei wußten sie, daß sie auf ein Jahrhundert antivivisektionistischer Bemühungen in England, den Vereinigten Staaten und vielen europäischen Ländern zurückzublicken hatten, die sich auf die Tierversuche nicht im geringsten ausgewirkt hatten.

Henry war sich dessen bewußt, aber er ließ sich davon nicht entmutigen. Er hatte die Flugblätter der herkömmlichen antivivisektionistischen Organisationen gelesen und wunderte sich nicht über ihre katastrophale Erfolgsbilanz:

> Mir erschien es völlig sinnlos, ein Blatt herauszugeben, den Leuten etwas von Grausamkeiten zu erzählen und sie um Geld zu bitten, damit wir ihnen nächsten Monat über noch mehr Grausamkeiten berichten können. In der Zwischenzeit nehmen die Grausamkeiten weiter zu, die

Kassenbestände der Antivivisektionsgruppen nehmen zu, und kein einziges Tier hat etwas davon.
Für mich verstößt es gegen den gesunden Menschenverstand, so etwas zu machen. Was soll das, man verhilft den Leuten zu einem Magengeschwür, macht sie besorgt, macht sie frustriert und sagt ihnen, also, nächsten Monat frustrieren wir euch wieder – ist das nicht wunderbar?

Henrys Erfahrungen aus den Menschenrechtskampagnen führten ihn zu einem anderen Ansatz:

Gewiß, selbstgerechte Antivivisektionsgesellschaften hatten geschrien ›Abschaffung! Alles oder nichts!‹ Aber das half den Tieren im Labor nicht, denn während die Antivivisektionisten geschrien hatten, war die Zahl der in den Laboratorien der Vereinigten Staaten verwendeten Versuchstiere von ein paar tausend auf mehr als 70 Millionen angestiegen. Das war eine jämmerliche Bilanz, und es erschien ganz vernünftig, die Strategien zu überdenken, die ein Jahrhundert lang immer nur versagten.[8]

Es gab einen Unterschied zwischen meiner Darstellung der Dinge im Kurs und Henrys Art, sie zu sehen: »Bei der Auswahl des Materials für seine Veranstaltung und sein Buch orientierte sich Singer an der Zahl der Opfer und der Intensität ihres Leidens. In einer Hinsicht war das natürlich völlig richtig, aber ich persönlich fragte mich vielmehr: was können wir dagegen machen.«[9] Aus diesem Gedanken und Henrys Erkenntnis, daß die Bewegung für die Tiere ganz dringend irgendeinen Sieg brauchte, stellte sich die Gruppe ihre erste Aufgabe: ein bestimmtes Experiment zu finden, das ein gutes Angriffsziel abgeben würde. In meiner Veranstaltung hatte ich Beispiele von Tierversuchen angeführt, die nicht der Bekämpfung des Krebses oder sonst einer wichtigen Krankheit dienten, sondern viel banaleren und zuweilen ziemlich absonderlichen Zwecken. Häufig erlegten diese Experimente den Tieren starke Schmerzen auf. Die Gruppe wollte sich solche Experimente vornehmen, aber sie sollten in New York stattfinden, wo man leicht öffentliche Unterstützung finden konnte und die Medien auf jeden Fall über die Proteste berichten würden.

Das Angriffsziel

Henry begann, Informationen über Tierversuche an Institutionen in New York zu sammeln. Im Sommer 1975 stieß er auf einen Bericht einer antivivisektionistischen Organisation, der United Action for Animals, über Sexualforschung an Tieren. Unter anderem wurden Experimente beschrieben, die mit Katzen am Amerikanischen Naturgeschichtlichen Museum durchgeführt wurden. Das Museum war eine der bekannten Attraktionen New Yorks, und am Central Park West gelegen war es nur fünf Häuserblocks von Henrys Wohnung entfernt. Er war dort schon hundertmal vorbeigegangen, doch ebenso wie die Besuchermassen, die durch seine Türen gingen, um sich die Saurierskelette und geologischen Funde anzusehen, hatte er keine Ahnung gehabt, daß oben im fünften Stock Experimente an Tieren stattfanden.

Daß es Katzen waren, war nicht ohne Bedeutung. Ethisch macht es in Henrys Augen keinen Unterschied, ob an einer Katze, einem Hamster oder einer Ratte experimentiert wird: alle sind empfindende Wesen, die Schmerzen fühlen können. Doch er wußte, daß es leichter sein würde, die Öffentlichkeit zu Protesten zu bewegen, wenn es um Experimente an Tieren ginge, zu denen Menschen leicht eine Beziehung finden. Da Hunde und Katzen mit Abstand die häufigsten Haustiere sind, waren Experimente an ihnen ein ideales Angriffsziel.

Ein noch stärkerer Pluspunkt im Sinne von Henrys Plänen war, daß es um das Sexualverhalten der Katzen ging und in keiner Weise um die Heilung einer tödlichen Krankheit. Die Experimentatoren würden nur schwer erklären können, warum ihre Forschungen über das Sexualverhalten von Katzen für die Allgemeinheit von irgendeinem größeren Wert seien.

Außerdem wurden die Experimente vom National Institute of Child Health and Human Development [»Nationales Institut für Kindergesundheit und menschliche Entwicklung«] finanziert, das zu den National Institutes of Health, NIH [»Nationale Gesundheits-Institute«] gehört, der wichtigsten staatlichen Finanzierungsinstitution für die medizinische Forschung. Die Experimente wurden also aus Steuergeldern bezahlt, und die Verbindung zwischen ihnen und der Zweckbestimmung des Instituts war bestenfalls dürftig. Da niemand will, daß Steuergelder verschwendet oder mißbraucht werden, waren die Experimente besonders angreifbar. Noch entscheidender war die Tatsache, daß die NIH als staatliche Institutionen dem Informationsfreiheits-Gesetz unterworfen waren und Unterlagen über die Finanzierung der Experimente vorlegen mußten.

Und schließlich waren die Experimente für die Katzen eindeutig eine Qual. Sie wurden auf verschiedene Weise verstümmelt, damit die Experimentatoren beobachten konnten, welche Wirkung die Ausschaltung ihrer Sinne auf ihr Sexualverhalten hatte. Eine Beschreibung der Verstümmelungen würde für die Öffentlichkeit leicht verständlich sein und würde mit Sicherheit Mitgefühl für die Katzen erregen. Henry beschrieb die Versuche zunächst Bekannten, die nichts mit der Bewegung für die Tiere zu tun hatten, um zu sehen, wie sie reagierten. Sie waren entsetzt.[10]

Es schien also ein ideales Angriffsziel zu sein. Um sicherzustellen, daß es nicht nur ein gutes, sondern das bestmögliche Ziel war, führte Henry eine Computer-Recherche nach Tierversuchen in New York durch. Nach Betrachtung aller vom Rechner ausgeworfenen Experimente beschloß die Gruppe, daß eine Kampagne gegen die Tierversuche im Museum am erfolgversprechendsten sei:

> Wir wollten einen Fall haben, den wir nur zu beschreiben brauchten, um unsere Gegner in die Defensive zu drängen. Hier hatten wir genau so einen: ›Möchten Sie, daß Ihre Steuergelder dafür ausgegeben werden, Katzen planmäßig zu verstümmeln, um das Sexualverhalten verkrüppelter Tiere dieser Art zu untersuchen?‹[11]

Die Eröffnung

Die NIH geben eine kostenlose Liste aller von ihnen vergebener Forschungsgelder heraus. Dort fand Henry eine Zuwendung für Dr. Lester Aronson vom Amerikanischen Naturgeschichtlichen Museum. Am 13. August 1975 beantragte er gemäß dem Informationsfreiheits-Gesetz Einsicht in alle mit diesem Projekt zusammenhängenden Forschungsanträge, Beurteilungen, Verlaufsberichte und sonstigen Papiere und für sich Gebührenfreiheit, da sein Antrag im öffentlichen Interesse liege. Beidem wurde von den NIH stattgegeben, und bald hatte Henry einen Berg Papiere über die Katzexperimente am Museum vor sich.

Sie erstreckten sich über 15 Jahre, in denen Aronson, Vorsitzender und Kurator der Abteilung für Tierverhalten am Museum, mit seiner Assistentin Madeline Cooper Katzen verstümmelt hatte, um die Auswirkungen einzelner Verstümmelungen auf das Sexualverhalten zu untersuchen. Diese Experimente bauten ihrerseits auf ähnlichen älteren Untersuchungen anderer Experimentatoren auf, die Affen, Hamster, Ratten und Mäuse verstümmelt hatten, häufig mit »widersprüchlichen Ergebnissen«. Am Museum wurde den Katzen der Geruchssinn zerstört, der Tastsinn mittels Durchtrennung von Nerven in den Geschlechtsorganen genommen, und Teile des Gehirns wurden entfernt. Dann wurde die Sexualleistung der verstümmelten Tiere in verschiedenen Situationen bewertet. So veröffentlichte Aronson einen Artikel »Geruchsbeeinträchtigung und Paarungsverhalten« mit Tabellen (inklusive Standardabweichungen) der »mittleren Häufigkeit des Besteigens« bei Katzen, deren Geruchssinn chirurgisch zerstört worden war. In ihren Forschungsanträgen empfahlen die Experimentatoren auch das Blind- und Taubmachen von Katzen, doch diese Versuche waren noch nicht durchgeführt worden. Nach den Versuchen wurden die Katzen getötet und ihre Gehirne untersucht.

Allein 1974 hatten die Experimentatoren 74 Katzen verwendet. Jede der aus Steuergeldern finanzierten Versuchsreihen hatte zu dem Ergebnis geführt, daß weitere Experimente nötig seien, und die Forscher hatten Geld bekommen, um weitere Katzen zu verstümmeln. Leonard Rack sah die Papiere durch, faßte sie zusammen und schrieb eine Beurteilung der Ergebnisse. Er stellte fest, daß nach dem neuesten Forschungsantrag weniger Geld bewilligt worden war – ein Zeichen, daß die Gutachter selbst die Forschungen nicht als absolut unverzichtbar oder als besonders hervorragende Arbeit ansahen. Rack selbst meinte, auch wenn die Forscher die Antworten auf ihre Fragen finden würden, wären diese für niemanden von irgendeinem Nutzen.

Im Februar 1976, als Henry noch an den Grundlagen für die Kampagne arbeitete, las er in der *New York Times*, die Stadt New York habe ihre Haushaltsmittel für das Museum gekürzt, so daß dieses seine Ausgaben einschränken müsse. Dabei wurden unter anderem Programme zur Diskussion gestellt, die die *Times* als »ohne jeden erkennbaren praktischen Wert« bezeichnete, und in diesem Zusammenhang wurde Aronsons Projekt über »das Sexualverhalten chirurgisch beeinträchtigter Katzen« angeführt. Henry blieb besonders an der Verteidigung des Forschungsprogramms des Museums durch dessen Direktor Thomas Nicholson hängen: »Wenn sich dieses Museum durch irgend etwas ausgezeichnet hat, dann durch seine Freiheit, alles zu untersuchen, was es möchte, ohne Rücksicht auf einen vorzeigbaren praktischen Wert. Und diese Freiheit wollen wir aufrechterhalten.«[12] Nicholson hatte auf den Punkt gebracht, was Henry angreifen wollte. Sollten Forscher die Freiheit haben, mit öffentlichen Mitteln alles zu untersuchen, was sie möchten, ohne Rücksicht auf einen vorzeigbaren Wert? Sollten sie sogar dann diese Freiheit haben, wenn ihre Untersuchungen nichtmenschlichen Lebewesen Leiden auferlegten? Henry beschloß, daß sich die Kampagne nicht um die Abschaffung von Tierversuchen drehen solle, sondern um die Frage »Wieviel Schmerz für wieviel Nutzen?«.

Die Kampagne

Die Vorbereitungen für die Kampagne hatten fast ein ganzes Jahr gedauert, doch im Juni 1976 war die Gruppe soweit, daß sie den ersten Schritt tun konnte. Der fand nicht in der Öffentlichkeit statt, sondern Henry schrieb einen Brief an die Museumsleitung, teilte mit, was er auf seinen Informationsantrag hin erfahren hatte, und schlug eine Zusammenkunft vor, bei der über die Zukunft der Experimente gesprochen werden sollte. Aus der Sicht der Gruppe war das keine aggressive Strategie. Ziel war ja nicht eine große öffentliche Kampagne um ihrer selbst willen, sondern das Ende der Experimente. Vielleicht war das am leichtesten erreichbar, wenn man dem Museum eine Möglichkeit gab, sie ohne Gesichtsverlust einzustellen. Angesichts einer drohenden schädlichen Kampagne, die die Experimente anprangerte, hätte das Museum sagen können, man habe nun alles herausgefunden, was man wissen wollte, und brauche die Experimente deshalb nicht fortzusetzen. In diesem Fall hätte die Gruppe ihr Ziel erreicht und sich einer neuen Aufgabe zuwenden können. Wenn das Museum sich aber weigerte, die Versuche einzustellen, konnte die Gruppe sagen, sie habe ein Gespräch mit dem Museum gesucht, sei aber abgewiesen worden.

Der Brief wurde nicht beantwortet. Auch Anrufe führten zu nichts. Henry meldete sich sogar zu einer Vortragsreihe im Museum an, in der Hoffnung, mit einem der Wissenschaftler ins Gespräch zu kommen, doch auch das führte nicht weiter. Als er erfuhr, daß Lester Aronson im Museum einen Vortrag halten würde, besuchte er auch diesen, doch Aronson weigerte sich, mit einem Laien über seine Katzenexperimente zu sprechen.

Als nächstes nahm Henry Kontakt zur *New York Times* auf und hoffte, man würde dort die Geschichte aufgreifen. Auch das gelang nicht. Er wandte sich an weniger gewichtige, aber gleichgesinnte Medien. Pegeen und Ed Fitzgerald moderierten in einem New Yorker Radiosender eine beliebte tägliche Talkshow. Sie waren langjährige Antivivisektionisten und waren leicht dazu zu bewegen, die Experimente zu beschreiben und ihre Hörer zum Protest aufzufordern. Als Resultat erhielt das Museum im Juni 400 Protestbriefe.

Die Kampagne gewann weitere äußerst wertvolle Publizität, als *Our Town*, eine kostenlose Manhattaner Wochenzeitung, einen langen Artikel von Henry veröffentlichte, der in allen Einzelheiten die Experimente und das Schweigen des Museums beschrieb.[13] Henry schickte sein Material auch an andere Tierschutzorganisationen und lud sie ein, es zu verwerten und sich dem Protest anzuschließen.

Die erste Demonstration vor dem Museum, die von Organisationen wie der Society for Animal Rights [»Gesellschaft für Tierrechte«] und Friends of Animals [»Freunde der Tiere«] unterstützt wurde, fand im Juli statt. Die Demonstranten trugen Plakate und verteilten Handzettel mit einer Beschreibung der Experimente. Sie forderten nicht zu einem Besucherstreik gegen das Museum auf. Das hätte die meisten Besucher in einen Zwiespalt gebracht, von denen viele mit ihren Kindern gekommen waren, und die sich darauf freuten, die Ausstellung zu sehen. Stattdessen nutzten die Demonstranten die Tatsache aus, daß das Museum kein festes Eintrittsgeld verlangte, sondern um eine Spende nach eigenem Ermessen bat, wofür als Richtwert 3 Dollar galten. Die »Streikposten« gaben den Leuten einen Penny und schlugen ihnen vor, diesen als Spende zu geben. So konnten die Besucher ihre Opposition gegen die Experimente fühlbar zeigen, selber Geld sparen und immer noch das Museum besichtigen.

Nach und nach begannen sich die großen Medien für die Sache zu interessieren. Ihr Verhalten zeigte, wie klug es war, sich ein Angriffsziel zu suchen, das auch von solchen Menschen für fragwürdig gehalten werden konnte, die nicht gegen jegliche Tierversuche waren. So brachte etwa in Chicago die *Sun-Times* einen Artikel mit dem Titel »Katzen aufschneiden, um die Sexualität zu untersuchen – so ein Spaß!«, worin sich der Verfasser Roger Simon mit dem Plädoyer des Museumsdirektors für die Forschungsfreiheit ohne Rücksicht auf »vorzeigbaren praktischen Wert« – für dessen Verbreitung Henry gesorgt hatte – auseinandersetzte:

> Ich bin nicht dagegen, Tiere aufzuschneiden, wenn es irgendwann einmal irgendjemandem zugute kommen könnte. Aber ehe ich 14 Jahre lang Katzen blenden würde, möchte ich erst einmal von jemandem hören, daß das irgendwann einmal einen ›vorzeigbaren praktischen Wert‹ haben könnte.[14]

Die Demonstrationen fanden mehr als ein Jahr lang an jedem Wochenende statt. Zu den Demonstranten gehörten Unentwegte wie Sonia Curtis, eine ehemalige Kabarettsängerin, damals über sechzig Jahre alt, die während sämtlicher Wochenenden vor dem Museum mit einem Megaphon protestierte. Auf dem Höhepunkt nahmen tausend Menschen teil und versperrten für kurze Zeit den Eingang symbolisch. Ein anderes Mal wurde eine Petition gegen die Experimente mit Tausenden von Unterschriften auf ein Schriftband gesetzt und an der Fassade des Museums angebracht. An anderen Wochenenden waren es vielleicht nur eine Handvoll Demonstranten, doch der Faden riß nie ab. Man wollte dem Museum deutlich machen, daß man nicht aufhören würde, bis die Experimente beendet und die Labors aufgelöst wären.

Als Leute ihre Plakate in das Museum trugen, drohte man ihnen mit Festnahme. Daraufhin ließen die Protestierenden T-Shirts mit Abbildungen von Katzen und der Forderung nach Einstellung der Experimente drucken und gingen damit ins Museum, und dagegen war schlecht etwas zu machen.

Am Ende jeder Demonstration gingen die Teilnehmer und Teilnehmerinnen über die Straße zum Central Park, und Henry unterrichtete sie über den Fortgang der Kampagne, so daß sie nicht das Gefühl bekamen, auf ewig vor dem Museum demonstrieren zu müssen. Ein Megaphon wurde herumgereicht, und alle waren eingeladen zu berichten, was sie in der vergangenen Woche im Zusammenhang mit der Kampagne gehört, gedacht oder getan hatten.

Die Kampagne achtete darauf, sich nicht gegen wissenschaftliche Forschung als solche auszusprechen. Sie erklärte, sie sei für die Wissenschaft, aber solche Experimente brächten die Wissenschaft in Verruf. Wenn man junge Menschen für einen wissenschaftlichen Beruf begeistern wolle, müsse man Experimenten Einhalt gebieten, die Brutalität förderten und von Grund auf sinnlos seien.

Währenddessen arbeiteten Henry und seine Mitstreiter auch an anderen Fronten. Das Museum dankte in seinen Veröffentlichungen regelmäßig seinen vielen Gönnern, darunter Staat und Stadt New York, öffentliche Stiftungen, große Firmen, reiche Einzelpersonen und Künstler, die ihre Filme und ihr Können dem Museum zur Verfügung stellten. Mit allen diesen wurde Kontakt aufgenommen und sie wurden aufgefordert, das Museum nicht mehr zu unterstützen, solange die Katzenexperimente weiterliefen. Die Herausgeber von *Discover America*, einem Reisemagazin, das bisher über Ausstellungen des Museums berichtet hatte, schrieben an dessen Direktor, sie würden, solange die Experimente weiterliefen, nichts mehr über das Museum bringen. Teilnehmer der Kampagne, die Aktien von Spenderfirmen besaßen, wurden aufgefordert, auf den Aktionärsversammlungen Anträge einzubringen, daß die Spenden eingestellt werden sollten, bis die Experimente aufhörten. Alle wurden gebeten, ihre Abgeordneten auf Bundes-, Landes- und kommunaler Ebene aufzufordern, diese Verschwendung von Steuergeldern für eine sinnlose Forschung einzustellen, die nur Opfer produzierte und niemandem half.

Die Gruppe entwickelte Muster für Zeitungsanzeigen über die Katzen-Sexualforschung und schlug Tierschutzorganisationen und sympathisierenden Einzelpersonen vor, sie mit ihrem Namen versehen veröffentlichen zu lassen. Einige griffen den Vorschlag auf, und die Anzeigen erschienen in einer Reihe von Zeitungen. Allmählich wurde die Sache immer bekannter. Im Juli trafen 650 Protestbriefe beim Museum ein, im August 1500. Am 8. September erhielt der Direktor von einem seiner Mitarbeiter eine Mitteilung, daß in den vergangenen fünf Wochen 350 Mitglieder des Museumsvereins ausgetreten waren. In der Mitteilung hieß es, diese Zahl sei »noch keine Katastrophe, allerdings kann man nicht genau wissen, wieviele Personen auf unser Anschreiben und die Aufforderung zur Fortführung der Mitgliedschaft stillschweigend negativ reagiert haben.«[15]

Die meisten Briefe waren an den Museumsdirektor Thomas Nicholson gerichtet. Später, im Jahresbericht des Museums von 1977, beschrieb er die Situation, wie sie sich im Zentrum einer Institution im Belagerungszustand darstellte:

Ein erheblicher Teil der Öffentlichkeit – keinesfalls nur Antivivisektionisten – begann die Untersuchungen in Frage zu stellen. Es gingen mehr als 8000 Briefe ein und unzählige Anrufe wurden entgegengenommen. Unsere Antworten und Informationen stellten viele der Anfragenden zufrieden, doch der Kern von Antivivisektionisten, der die Kampagne im Frühjahr 1976 angefangen hatte, hielt sie das ganze Jahr über sehr geschickt am Leben. Es erschienen Anzeigen in den Medien, Publikationen von antivivisektionistischen Gesellschaften druckten Angriffe, Angestellte und Kuratoriumsmitglieder erhielten Störbriefe und -anrufe (teilweise mit Drohungen), die Demonstranten bildeten an den meisten Wochenenden eine Art Streikwache vor dem Museum, aufhetzende Handzettel wurden verteilt, die Geldgeber der Untersuchungen wurden angegriffen, man suchte politische Interventionen herbeizuführen, und Unterstützer des Museums (insbesondere Firmen und private Stiftungen) wurden auf verschiedene Art unter Druck gesetzt.[16]

Als Reaktion auf die Kampagne veranlaßte das Museum eine Prüfung durch seinen eigenen Tierschutzausschuß. Das Ergebnis lautete, daß das Projekt den bundesrechtlichen Richtlinien für die Verwendung von Labortieren entspreche. Das günstige Ergebnis war keine Überraschung, denn die Prüfung wurde von folgenden drei Personen durchgeführt: Lester Aronson, seiner Assistentin Madeline Cooper und dem beratenden Tierarzt des Projekts.

Im November zielte die Kampagne auf den Vorsitzenden des Kuratoriums des Museums, Robert Goelet. Unter der Überschrift »Dieser Mann kann dieser unglücklichen Katze die Freiheit geben« brachte eine Zeitungsanzeige ein Foto Goelets und eins einer Katze im Labor des Museums. Am 20. November bewegten sich in einer »Autokolonne des Protests« Hunderte von Autos, Motorrädern und Fahrrädern vom Museum zu Goelets Haus im exklusiven New Yorker Stadtteil Sutton Place und von da zum Amtssitz des Bürgermeisters von New York. Es wurden auch Flugblätter mit Einzelheiten über die Katzensexualitätsexperimente, die unter seiner Präsidentschaft stattfanden, an Goelets Nachbarn verteilt. Als einer der Nachbarn mehr über die Kampagne wissen wollte, wurde in seiner eleganten Wohnung eine Zusammenkunft mit anschließender lebhafter Diskussion abgehalten.

Der Durchbruch

Bei einem solchen Druck auf das Museum und einem so unhaltbaren Versuchsprogramm als Angriffsziel hätte man erwarten können, daß das Museum bald aufgeben würde. Doch diese Einschätzung vernachlässigt drei Aspekte des damaligen Meinungsklimas, die es einer jeglichen Kampagne zugunsten von Tieren sehr schwer machte, Erfolg zu haben. Erstens waren die führenden Politiker, Meinungsmacher und die einflußreichsten Zeitungen und Fernsehnachrichtendienste nicht bereit, Fragestellungen, die Tiere betrafen, ein auch nur einigermaßen ernsthaftes Gewicht einzuräumen. Das stand zweifellos hinter der anfänglichen Weigerung der *New York Times*, mit den von Henry vorgelegten Dokumenten etwas anzufangen. Zweitens hatten die Wissenschaftler nichts als Verachtung für die Gegner von Tierversuchen übrig. Die meisten hielten sie für unwissende wissenschaftsfeindliche Fanatiker, die gewöhnlich von merkwürdigen religiösen oder mystischen Vorstellungen geleitet seien; es gab also keinen Grund, sie anzuhören oder ihnen sogar nachzugeben. Schließlich gab es die Antivivisektionsbewegung schon seit mehr als hundert Jahren, ohne daß sie jemals ein einziges Experiment verhindert hätte. Drittens hatte sich die Wissenschaft noch ein hohes Ansehen bewahrt, und die Politiker und viele Vertreter der Öffentlichkeit mochten sich nicht von dem Gedanken trennen, daß die Wissenschaftler selbst es am besten wüßten. Charakteristisch für diesen Standpunkt war folgende Äußerung des Kongreßabgeordneten Thomas Foley, des Vorsitzenden des Kongreßausschusses für Landwirtschaft, der für die Gesetzgebung bezüglich Versuchstieren zuständig ist:

> Wir glauben nicht, daß es einen Ersatz für die Fortsetzung der Experimente mit lebenden Tieren gibt, sondern daß die Autorität der Labo-

ratorien großes Gewicht erhalten muß, damit der notwendige Fortschritt der medizinischen Wissenschaft nicht behindert wird.[17]
Ein Abgeordneter jedoch war so aufgeschlossen – und erhielt so viele Briefe von seinen Wählern –, daß er sich die Dinge einmal selbst ansehen wollte. Es war Ed Koch, der spätere Bürgermeister von New York und damals ein verhältnismäßig junger Abgeordneter von Manhattan. Er berichtete dem Hause über seinen Besuch im Museum folgendes:

Ich fragte die Leute, was sie da eigentlich machten, und sie fragten mich, ob ich hereinkommen und die Katzen in ihren Käfigen sehen wolle. Ich bejahte, ging hinein und fand etwa 35 Katzen vor. Sie schienen gut gehalten in dem Sinne, daß sie sich in sauberen Käfigen befanden und keine Schmerzen zu haben schienen. Ich sagte also zu der Doktorin, die die Dinge erklärte: ›Was machen Sie hier? Was ist der Zweck dieses Experiments?‹ Und sie sagte: ›Nun, es geht um die Auswirkung von Hyper- und Hypo-Sexualität bei Katzen. Wir stellen‹, sagte sie weiter, ›folgendes fest: Wenn man einen normalen Kater nimmt und mit einer rolligen Katze in einem Raum zusammenbringt, dann besteigt der Kater die Katze.‹

Ich sagte: ›Klingt für mich sehr vernünftig.‹

Dann sagte sie: ›Wenn man nun aber einen Kater nimmt und ihm Gehirnläsionen beibringt – ‹

Ich unterbrach und fragte: ›Was sind Läsionen?‹

Sie sagte: ›Nun, man zerstört einen Teil der Gehirnzellen.‹

Ich fragte: ›Und was passiert dann?‹

Sie sagte: ›Nun, wenn man diesen Kater mit Gehirnläsionen nimmt und in einem Raum mit einer Katze und einem weiblichen Kaninchen zusammenbringt, dann besteigt er das Kaninchen.‹

Ich sagte zu ihr: ›Wie findet das Kaninchen das alles?‹

Keine Antwort.

Dann sagte ich zu dieser Professorin: ›Jetzt sagen Sie mal, wenn Sie einen gestörten Kater mit Gehirnläsionen nehmen und in einen Raum setzen und feststellen, daß er ein Kaninchen statt einer Katze besteigen will, was haben Sie davon?‹

Keine Antwort.

… Ich sagte: ›Wieviel hat das den Staat gekostet?‹

Sie sagte: ›435 000 Dollar.‹[18]

Die Abgeordneten fanden das amüsant, hielten es aber auch für lächerlich, daß so viel staatliche Gelder für einen solchen Schwachsinn ausgegeben worden waren. Koch fragte bei den National Institutes of Health an, warum die Experimente weiter finanziert würden, und 120 weitere Abgeordnete schrieben ebenfalls wegen der Experimente an die NIH.[19] Da deren gesamter Etat letzlich vom Repräsentantenhaus abhing, konnte darüber nicht hinweggegangen werden.

Auch aus anderen Teilen der Öffentlichkeit erhielten die NIH zahlreiche Briefe. Laut *New York Times* sagte Dr. William Sadler, der Leiter der Abteilung der NIH, die die Experimente finanziert hatte, durch eine Flut von Beschwerden aus der Öffentlichkeit und Nachforschungen von seiten des Repräsentantenhauses sei sein Büro lahmgelegt. Die NIH hatten zunächst den Befund des Tierschutzausschusses des Museums gutgeheißen, entschieden dann aber, daß eine Untersuchung durch die Experimentatoren selbst unzureichend sei. Dr. Sadler meinte: »Jemand, der so direkt in das Projekt involviert ist, hätte eigentlich davon Abstand nehmen müssen, die Prüfung selbst durchzuführen« und kündigte eine eigene Untersuchung seitens der NIH an, die aber »nur die Haltung und Pflege der Tiere betreffen« würde.[20] Der Wert der Forschungen selbst und seine Gewichtung gegenüber dem Leiden der Versuchstiere sollte also nicht in Frage gestellt werden. Ein Beamter der NIH wurde zur Inspektion des Labors nach New York geschickt. Er berichtete: »Ich fand keinerlei Mängel vor. Soweit wir feststellen können, werden die Tiere human behandelt und keinem unnötigen Leiden ausgesetzt.« Doch auf welcher Grundlage wurde das Leiden der Katzen als »nötig« beurteilt? Die NIH beantworteten diese Frage nicht unmittelbar, sondern ließen durch Dr. Roy Kinnard, den Tierschutzbeauftragten bei der Schutzstelle gegen Forschungsrisiken (Office for Protection from Research Risks) der NIH, erklären, das Museum habe die bundesrechtlichen Vorschriften für Tierversuche erfüllt.[21] Für die Mitglieder der Kampagne bewies das nur die Unzulänglichkeit der Vorschriften.

Kochs Besuch und seine Folgen waren der erste wichtige Durchbruch für die Kampagne. Der nächste kam aus einer unerwarteten Richtung. Im Oktober 1976 veröffentlichte *Science*, die Wochenzeitschrift der American Association for the Advancement of Science (AAAS)[»Amerikanische Gesellschaft für den Fortschritt der Wissenschaft«] und angesehenste amerikanische naturwissenschaftliche Zeitschrift, einen vierseitigen Artikel ihres festen Mitarbeiters Nicholas Wade mit dem Titel »Animal Rights: NIH Cat Sex Study Brings Grief to New York Museum [Tierrechte: NIH Katzen-Sexualitäts-Studie bereitet New Yorker Museum Kummer]«. Der Artikel begann mit einem eindrucksvollen Bild: »Eine Katastrophe für sein öffentliches Ansehen hat sich wie ein giftiger Nebel über das Amerikanische Naturgeschichtliche Museum in New York gelegt, und mit jedem Versuch, ihn zu vertreiben, scheint er nur dicker zu werden.«[22]

Angesichts des Charakters dieser Zeitschrift und der unverbrüchlichen Solidarität, die die Wissenschaftler stets gegenüber antivivisektionistischer Kritik geübt hatten, hätten die Leser und Leserinnen nun vielleicht erwartet, daß in diesem Artikel Lester Aronson als Märtyrer des Erkenntnisfortschritts und seine Kritiker als verirrte Fanatiker dargestellt würden. Stattdessen hob Wade neue Ansätze auf seiten der Tierrechte hervor und brachte sie mit aktuellen Arbeiten von »Leuten außerhalb der bekannten Tierschutzkreise, z. B. Philosophen«, in Verbindung. Er nannte *Animal Liberation* »das neue Testament der Tierrechtsbewegung« und zitierte Henry mit den Worten, das Buch habe »zur Schaffung eines neuen Ernstes in Fragen des Tierschutzes beigetragen«. Demgegenüber stellte Wade die Antwort des Museums als die übliche Reflexreaktion auf Kritik dar.

Henry selbst wurde in dem Artikel als ganz vernünftiger Mensch beschrieben:

> Spira ist kein absoluter Antivivisektionist wie viele in der Tierrechtsbewegung, aber er meint, daß die Wissenschaftler die Ziele vieler Experimente auch mit anderen Methoden als der Verwendung lebender Tiere erreichen könnten, und daß die Tötung von Tieren zu Demonstrationszwecken in Schulen brutalisiere und unnötig sei.[23]

Es war offensichtlich, daß Wade Henry schätzte. Viele Jahre später sagte er über die damalige Kampagne:

> Ich glaube, er bewirkte etwas, weil er ein so freundlicher, aus sich herausgehender, gemäßigter Mensch war. Er war nicht scharf. Er erwartete nicht, daß man unbedingt allem zustimmte, was er sagte. Doch er sprudelte vor Ideen, und es war einfach interessant, ihm zuzuhören. Ich hielt ihn für einen einnehmenden Charakter, über den zu berichten sich lohnte. Ich fand, er hatte jede Menge gute Argumente, und ich war bereit, mich auf sie einzulassen und sie seinen Gegnern ins Gesicht zu schleudern.[24]

Wade wies aber einige der Behauptungen zurück, die Henry und die mit der Kampagne verbündeten Tierrechtsgruppen gegen die Experimente geltend machten. Er nahm dem Museum die Aussage ab, daß der in den Forschungsanträgen beschriebene »schalldämpfende« Versuchsraum dazu dienen sollte, Außengeräusche zu dämpfen, und nicht – wie Henry behauptete – die Schreie der Katzen. Er schrieb, es gebe keine Anzeichen dafür, daß die Katzen schlecht untergebracht, ernährt oder gepflegt würden, oder daß irgendwelche Operationen ohne Betäubung durchgeführt würden. Daß die Experimentatoren eine sadistische Freude an den Versuchen hätten, nannte er »völlig absurd«. Wades Ausführungen zur Frage der Grausamkeit der Experimente selbst waren jedoch verhalten zweischneidig. Nach einer wissenschaftlichen Beschreibung der Experimente fuhr er fort:

> In einfacherer Sprache bedeutet das natürlich, daß die Experimentatoren vorhatten, die Katzen taub oder blind zu machen, ihren Geruchssinn zu zerstören, Teile des Gehirns zu entfernen, die Penisnerven zu durchtrennen, die Hoden zu entfernen … Wer nicht mit den Praktiken der Experimentalpsychologie vertraut ist, für den klingt das nicht wie Honiglecken … [D]ie öffentliche Empörung über die Experimente ergibt sich aus dem Unterschied zwischen dem, was der Experimentalpsychologe und was der Durchschnittsmensch instinktiv als grausam ansieht.[25]

Angesichts der Zeitschrift, in der dieser Artikel erschien, war es bemerkenswert, daß er keinen Versuch enthielt, die Wissenschaftler reinzuwaschen. Wade kritisierte, daß die vom Museum durchgeführte »Inspektion« alles andere als unabhängig war, und er ging auch mit der Reaktion des Museums auf die Kritik ins Gericht:

> Die wenigen öffentlichen Äußerungen des Museums waren sehr allgemein gehalten, ganz im Gegensatz zu den sehr detaillierten Beschuldigungen der Tierrechtsgruppen; und während das Museum das Projekt zunächst damit verteidigte, daß jede Grundlagenforschung wichtig sei, behauptete es später, die Katzenuntersuchung ›hat viel mit menschlichen Problemen zu tun‹.

Wade meinte, der ursprüngliche Standpunkt des Museums – daß die Experimente als Grundlagenforschung zu betrachten seien – sei der Wahrheit näher gekommen.

Dann lieferte Wade einen eigenen Beitrag zu der Diskussion. Er nahm sich den »Wissenschaftlichen Zitierindex« vor, der zu jedem in einer wissenschaftlichen Zeitschrift erschienenen Aufsatz angibt, wie oft er bis dahin in der wissenschaftlichen Literatur zitiert worden ist:

> Von den 21 Aufsätzen, die Aronson und seine Kollegen seit 1962 über die Katzenversuche veröffentlicht hatten, wurden 14 in der wissenschaftlichen Literatur zwischen 1965, wo der Zitierindex anfängt, und März 1976 niemals zitiert. Wegen der kurzen Zitier-Halbwertzeit wissenschaftlicher Aufsätze ist es unwahrscheinlich, daß sie noch jemals zi-

tiert werden. Die übrigen 7 Aufsätze wurden innerhalb des genannten Zeitraums von 11 Jahren durchschnittlich 5,6 mal zitiert.

Wird eine Arbeit nie zitiert – was tatsächlich das Schicksal etwa der Hälfte der veröffentlichten wissenschaftlichen Aufsätze ist –, so läßt sich schwer behaupten, daß sie in irgendeiner wichtigen Hinsicht zum Erkenntnisfortschritt beigetragen habe.[26]

Für die Leser von *Science*, zumeist Wissenschaftler, die über den Zitierindex bestens Bescheid wußten, war das ein vernichtendes Urteil. Als Henry es las, erkannte er den ersten Riß in einer bisher so festen Mauer.

Noch ein anderer Leser erkannte die Bedeutung des Artikels in *Science*. Es war niemand anderes als Aronson, der sich auf ihn in einem Brief an den Vorsitzenden des Wissenschaftsrates der American Psychological Association bezog:

Die AAAS [American Association for the Advancement of Science], die mir als einem langjährigen Mitglied und Forschungsstipendiaten – und allen Wissenschaftlern überhaupt – hätte zur Seite stehen müssen, schwieg zuerst und zeigte dann in Form des *Science*-Artikels von Wade und der Auswahl der Briefe an den Herausgeber ganz deutlich, daß ihre Sympathien bei der wachsenden Bewegung lagen, die auf die Beschränkung und schließliche Abschaffung aller Tierversuche zielt … Wenn ich annehme, daß der Standpunkt der Redaktion von *Science* dem der AAAS-Spitze entspricht, finde ich ihr Verhalten sehr besorgniserregend.[27]

Es stimmt natürlich nicht, daß sich die AAAS oder der Herausgeber von *Science* der Antivivisektionsbewegung angeschlossen hätten, doch mit Wades Artikel hatte ein wichtiges Wissenschaftsorgan zum ersten Mal einen Beitrag veröffentlicht, der die Gegner von Tierversuchen so sachlich und nicht ohne Achtung behandelte, daß die Wissenschaftler, die Tierversuche durchführten, einfach aufhorchen mußten.

War es möglich, daß die etablierte Wissenschaft, statt sich um Aronson zu scharen, im Begriff war, sich von ihm zu distanzieren? Aronson glaubte das offenbar: »Wir meinen auch, daß sich die Nationale Akademie der Wissenschaften (National Academy of Sciences) des Problems annehmen sollte, da es sich um einen Angriff auf die Wissenschaft handelt; doch ich habe nur zu guten Grund zu der Annahme, daß man alles versuchen wird, der Sache jetzt aus dem Weg zu gehen.«[28]

Viele Jahre später bot Nicholas Wade eine Erklärung dafür an, warum die Nationale Akademie der Wissenschaften Aronson weniger unterstützt haben könnte, als er es nötig fand. Aronson pflegte die verstümmelten Katzen, deren Sexualverhalten er beobachtete, nach führenden Leuten der amerikanischen Wissenschaftsszene zu benennen. Das hatte sich herumgesprochen, einschließlich der Tatsache, daß auch der Name des Vorsitzenden der Nationalen Akademie der Wissenschaften dabei war.[29]

Die wichtigsten Medien begannen langsam, sich für das neue Phänomen der Tierrechte zu interessieren: Die *New York Times, Chicago Tribune, Christian Science Monitor, Newsweek*, die NBC-Fernsehnachrichten und andere berichteten über seine dramatischste Erscheinungsform, die Museumsproteste. Die NIH hatten auf die 121 Anfragen von Mitgliedern des Repräsentantenhauses mit einer Überprüfung der Finanzierung der Katzenexperimente und seiner allgemeinen Richtlinien für die Finanzierung von Tierversuchen reagiert; doch sie zeigten keine Eile, die Prüfung zu einem Abschluß zu bringen.

Der Sieg

Die wöchentlichen Demonstrationen setzten sich im Winter 1976/77 und dem folgenden Frühjahr fort. Desgleichen die Experimente. Doch inzwischen waren Entwicklungen in Gang gekommen, die ihnen ein Ende bereiten sollten. Im Februar schrieb Aronson an Donald Clark, den Leiter der Abteilung für Forschungsaufträge des National Institute of Child Health and Human Development, das seine Untersuchungen finanziert hatte, er werde keine Fortsetzung der Finanzierung nach ihrem Auslaufen am 31. August beantragen. Er führte dafür zwei Gründe an. Erstens werde er im Juli in Pension gehen (im April würde er 66 werden), und zweitens: »Angesichts der aktuellen Angriffe der Antivivisektionsgruppen meine ich, daß das Museum nicht der günstigste Ort für diese Untersuchungen ist, denn wir sind wesentlich angreifbarer und können uns schlechter wehren als verschiedene andersartige Institutionen.«[30]

Aronson beantragte aber eine Verlängerung der Finanzierung um ein Jahr, um »das Projekt ordnungsgemäß abzuschließen«. Clark verlangte weitere Informationen, die Aronson in einem Brief lieferte, in dem er vier Experimente skizzierte, die er noch abschließen wollte. Größtenteils ging es um die Analyse schon vorhandener Daten und nicht um weitere Experimente an lebenden Katzen, doch bei einem Experiment waren weitere »Verhaltensbeobachtungen« vorgesehen. Trotz dieses Antrags begann das Museum den Protestierenden mitzuteilen, daß die Experimente im August mit dem Abschluß der Finanzierung und der Pensionierung Aronsons enden würden.

Da Henry im Rahmen der gesetzlichen Informationsfreiheit weiter in die NIH-Dokumente Einsicht nahm, wußte er, daß Aronson im Gegensatz zu den Verlautbarungen des Museums die Weiterführung bestimmter Exeperimente über den August hinaus beantragt hatte. Die Demonstrationen gingen daher weiter. Im Mai 1977 erschien in der *New York Times* eine ganzseitige Anzeige. In ihr hieß es: »Im Namen der Vernunft, sollen Ihre Steuerdollars so verwendet werden? Bereiten Sie der Katzenquälerei am Naturgeschichtlichen Museum ein Ende.« Die Anzeige war von der Rundfunk-Talkmasterin Pegeen Fitzgerald bezahlt worden und zeigte ein großes Foto eines Katzenkopfes, der in eine stereotaktische Apparatur eingespannt war, wie sie bei den Katzenversuchen verwendet wurde. Der Text darunter bezog sich auf die Ankündigung des Museums, daß die Experimente im August enden würden: »Doch sie haben nicht die Wahrheit gesagt. Und jetzt fordern sie von NIH zusätzliches Geld, um die Katzenexperimente fortzusetzen.« Die Leser und Leserinnen wurden aufgefordert, an ihre Abgeordneten und an die Vertreter der Stadt New York zu schreiben, sie sollten »die Subvention von 5 Millionen Dollar, die das Museum haben möchte«, aussetzen, bis die Experimente eingestellt seien.[31]

Gemäß Aronsons Verlängerunganstrag sollten die Experimente Ende August 1977 nahezu abgeschlossen sein. Die NIH entschieden, daß sie dann ganz aufhören sollten. Am 6. Mai teilte Clark Aronson mit, daß die Finanzierung nur drei Monate über den August hinaus, bis zum 30. November 1977, verlängert würde und fügte hinzu: »Die Forschungstätigkeit in dieser Verlängerungszeit ist zu beschränken auf die Analyse der am 31. August 1977 vorliegenden Daten, die im 16. Jahres-Verlängerungsantrag beschriebenen Projekte und die Erstellung des Abschlußberichts.«[32]

Theoretisch hätte Aronson vom Museum finanzielle Unterstützung für die Vervollständigung seiner »Verhaltensbeobachtungen« bekommen können. Doch dazu stand das Museum selbst viel zu stark unter Druck. Bei der Beratung des Jahreshaushalts im Stadtrat von New York forderte dessen Vorsitzender Paul O'Dwyer den Finanzdirektor auf, vom Museum die Zusicherung einzuholen, die Experimente einzustellen – und fügte hinzu, daß diese Zusicherung noch vor der Verabschiedung des Haushalts vorliegen solle. Am 1. Juni 1977 schrieb O'Dwyer einem Unterstützer der Kampagne gegen das Museum, dieses habe der Beendigung der Experimente mit Ablauf des August 1977 zugestimmt. Am 22. August bestätigte ein NIH-Beamter in einem Brief an Henry, Aronsons Forschungsauftrag würde, abgesehen von einer dreimonatigen Verlängerung zur Analyse der bis dahin vorliegenden Daten, am 31. August enden, und es seien keine weiteren Forschungsanträge der Abteilung für Tierverhalten des Amerikanischen Naturgeschichtlichen Museums geplant.[33]

Inzwischen hatte Henry – ganz unabhängig von der Gruppe, mit der er an der Kampagne gegen das Museum gearbeitet hatte – einen Aktivisten darin unterstützt, eine andere Angriffsform durchzuführen. Im August erhielten Einwohner von Hillsdale (New Jersey), wo Aronson wohnte, den folgenden anonymen Brief:

KENNEN SIE DIESEN MANN?

Lester R. Aronson ist Ihr Nachbar! Er wohnt in der Cedar Street Nr. 47 in Ihrem Ort, in Hillsdale. Seine Telefonnummer ist (201)666-0175.

Seit mehr als 40 Jahren hat Aronson seinen Lebensunterhalt mit sexualwissenschaftlichen Tierexperimenten verdient. In der Anlage finden Sie eine genauere Beschreibung seiner Arbeit und eine Liste eines Teils seiner Veröffentlichungen, soweit sie Katzen betreffen. Lester R. Aronson hat ähnliche Experimente mit zahlreichen Fischarten, dem Leopardfrosch und Hamstern durchgeführt.

Rufen Sie, wenn Sie die beigefügten Informationen gelesen haben, Lester Aronson doch einfach an und sagen Sie ihm, was Sie wirklich von ihm und Madeline Cooper denken.

Die erwähnte Anlage war eines der Flugblätter der Kampagne, das die Experimente beschrieb, und eine Liste von 21 Veröffentlichungen Aronsons und Coopers mit Titeln wie »Genitale Beeinträchtigung und Sexualverhalten bei männlichen Katzen« oder »Fortdauer intensiven Sexualverhaltens bei männlichen Katzen nach Entfernung der Wurzeln des Riechnervs«. Einen ähnlichen Brief erhielten die Nachbarn von Madeline Cooper, der noch einen Auszug aus dem Forschungsantrag des Museums wegen der Bezahlung von Frau Cooper enthielt. Gemäß diesem sollten für die Versuche folgende Gruppen von Tieren gebildet werden:

1. Geblendete – Entleerung beider Augenhöhlen
   A. Erfahrene erwachsene Tiere
   B. Im Alter von 3 Monaten geblendete Jungtiere

2. Riechunfähige – Zerstörung der Wurzeln des Riechnervs
   A. Erfahrene erwachsene Tiere
   B. Im Alter von 3 Monaten behandelte Junge

Der Auszug enthielt auch einen Abschnitt mit der Überschrift »Bedeutung der Forschung«, wonach »diese Forschung einen neuen Zugang zu den

Faktoren eröffnet, die das Abklingen des Sexualverhaltens nach der Kastration beeinflussen«.

Henry nannte eine solche Strategie »Dada-Taktik«. Denn so wie der Dadakünstler Marcel Duchamp einen anderen Blick auf ein Urinbecken eröffnet hatte, indem er es in einer Kunstgalerie ausstellte, so wollte Henry einen anderen Blick auf die Veröffentlichungen und Forschungsanträge eines Wissenschaftlers eröffnen, indem er sie aus dem Kontext des Labors und der Universität herausnahm. Daran, daß er das zu einem Zeitpunkt tat, als die Kampagne gegen die Katzenexperimente bereits gewonnen war, zeigte sich, daß er schon auf ein weitergestecktes Ziel schaute: eine Veränderung der Wissenschaftskultur, in der solche Arbeiten als normal galten. Die eigentlichen Zielpersonen der Briefaktion waren nicht Aronson und Cooper – allerdings hätte Henry keine Tränen darüber vergossen, wenn die beiden danach bei ihren Nachbarn eine gewisse Abkühlung festgestellt hätten. Das Ziel war, auf andere Wissenschaftler und Wissenschaftlerinnen einzuwirken, vor allem auf solche, die noch mehr am Anfang ihrer Karriere standen und darüber nachdachten, welche Forschungsgebiete sie ins Auge fassen sollten. Dazu schickte Henry – wieder anonym – diese Sendungen auch an die Nationale Gesellschaft für Medizinische Forschung (National Society for Medical Research), einen in Washington ansässigen Interessenverband, der eine seiner Hauptaufgaben in der Verteidigung der Tierversuche gegen ihre Kritiker sieht. Diese Gesellschaft setzte eine Geschichte über die Briefaktion auf die erste Seite ihres monatlichen Bulletins – und genau das hatte sich Henry erhofft: Tausende von Wissenschaftlern wurden dazu gebracht, über die Möglichkeit nachzudenken, daß auch ihre Nachbarn eines Tages Auszüge aus ihren Forschungsanträgen zu lesen bekommen könnten.[34]

Als das Ende der Katzenexperimente offiziell bekannt wurde, versuchten Aronson und das Museum, den Protestierenden den Sieg streitig zu machen, indem sie sagten, daß die Experimente sowieso abgeschlossen gewesen seien. Nun befand sich Aronson zwar sicher in dem Alter, in dem viele Leute in Pension gehen, doch er hatte selbst eine Verlängerung seiner Arbeit um ein ganzes Jahr beantragt, die auch noch weitere Verhaltensbeobachtungen vorsah. Das machte es schwierig, weiterhin zu behaupten, daß die Experimente aufhörten, weil die gesamte Arbeit abgeschlossen sei.

Im Dezember durften die Leute von der Kampagne den Bereich der ehemaligen, jetzt demontierten Laboratorien besichtigen. Im Jahresbericht des Museums sagte der Direktor, künftig werde die Forschung am Museum »mehr Gewicht auf natürliche Tierpopulationen und Feldforschung legen statt auf physiologisch orientierte Laboruntersuchungen an domestizierten oder im Labor gezüchteten Tieren«.[35] Der Sieg war vollständig.

Wie konnte ein völliger Neuling auf dem Gebiet der Tierrechte einen Sieg erringen, wie er so vielen seiner Vorgängern versagt geblieben war? Auf die Frage, was er als das Entscheidende für den Erfolg der Kampagne gegen das Museum ansah, bestand Henry auf einer Mehrzahl von Faktoren:

> Ich glaube, es war absolut notwendig, die ganzseitige Anzeige zu bringen. Die Demonstrationen jedes Wochenende waren absolut notwendig. Es war absolut notwendig, die Firmen und Abgeordneten dazu zu bringen, daß sie Druck auf die NIH ausübten. Absolut notwendig war der Druck auf das Stadt- und das Landesparlament und die ganzen Förderer und Spender. An einem bestimmten Punkt rechnete sich das Museum einfach aus, daß es sich nicht lohnte, die Sache fortzusetzen. Ich glaube, die andere entscheidende Sache war, daß ihnen klar war, daß wir nicht nachgeben würden. Wir würden nicht nach einer Woche gehen, um jemand anders mit Dreck zu bewerfen. Wir würden bleiben, bis es zu Ende war, bis Schluß war, alles zugemacht würde, bis im Grunde die ganze Maschinerie stillstehen würde.

Nun waren vielleicht alle diese Züge notwendig, doch der entscheidende Schritt war schon am Anfang der Kampagne erfolgt: die Auswahl des angreifbarsten Ziels. Heute erscheint diese Strategie vielleicht als selbstverständlich, doch in einer Bewegung, deren Ziel die völlige Abschaffung der Tierversuche war (und in der Leute, die weniger verlangten, oft als Verräter an der Sache galten), war sie etwas Neues. Zugegeben, Henry hatte Glück, daß er ein so ideales Angriffsziel fand, doch die Katzenexperimente waren nicht das einzige erfolgversprechende Objekt, das seine Computerrecherche erbrachte. Die Häufigkeit solcher unhaltbarer Objekte spiegelte den Stand der Tierversuche in den 70er Jahren zutreffend wider.

Die Kampagne gegen das Museum mag wie ein Marsch auf einer von Henry vorgezeichneten Route erscheinen, doch es wäre falsch, die Marschierer als eine glückliche, stets fest in ihrem gemeinsamen Ziel geeinte Gruppe darzustellen. Die Kampagne war beladen mit heftigen Meinungsverschiedenheiten, die sie komplett zum Entgleisen hätte bringen können. Auch dafür hatte Nicholas Wade einen Blick:

> Ob die Tierrechtsgruppen das System verändern können, ist zweifelhaft. Die meisten sind im wesentlichen Ein-Personen-Organisationen

und heftig eifersüchtig aufeinander. Selbst die von vielen unterstützte Kampagne gegen das Museum war geprägt von einem Zwist zwischen der Society for Animal Rights und der lockeren Koalition von 11 anderen Gruppen. Die Society for Animal Rights kam an anderen Tagen zusammen und ist jetzt ganz aus den Demonstrationen ausgestiegen, weil die Ordnung ihrer Demonstrationen von aggressiveren Gruppen gestört wurde. So ziemlich der einzige einigende Faktor zwischen den verschiedenen Gruppen ist ihre Abneigung gegen den Abgeordneten Koch, der im Repräsentantenhaus einen Gesetzesvorschlag eingebracht hat, daß ein Tierschutzausschuß eingesetzt werden soll. Die Tierrechtsgruppen werfen ihm vor, aus der Museumsaffäre für sich selbst Kapital schlagen zu wollen. Ähnliches werfen sie sich untereinander vor. Zum Beispiel wurde die Society for Animal Rights, deren Ausgaben letztes Jahr ihre Einnahmen um 136 000 Dollar überschritten, dafür kritisiert, daß sie in ein und derselben Anzeige das Museum angriff und zu Spenden aufrief.[36]

Die Kritik an Koch stammte nicht von Henry. Er meinte, man solle die Menschen nehmen, wie sie sind, und wenn ihre Handlungen dazu beitragen, etwas Gutes zu erreichen, solle man nicht ihre Motivation angreifen. Das hatte Henry bei seiner Arbeit im Komitee für NMU-Demokratie gelernt. Bei dieser Kampagne hatte Henry festgestellt, daß einige der Leute, mit denen er zusammenarbeitete, nur deshalb gegen das Curran-System waren, weil es an der Macht war und sie nicht. Trotzdem war er bereit, mit ihnen zusammenzuarbeiten, um den Seeleuten zu Einfluß in ihrer eigenen Gewerkschaft zu verhelfen. Vielleicht benutzte Koch wirklich die Museumskampagne zum Vorteil seiner eigenen Karriere, aber was bedeutete das? Wesentlich ist, daß er auch der Kampagne gegen das Museum sehr nachdrücklich half, und sein Streben nach öffentlicher Aufmerksamkeit – wenn es ihm denn darum ging – tat der Kampagne keinen Schaden. Es sollte noch viel mehr Menschen geben, die glauben, die Förderung der Sache der Schwachen und Wehrlosen sei ihrer eigenen Karriere zuträglich.

Wade hatte recht damit, daß Mitglieder der Tierrechtsbewegung einander mit Mißtrauen begegneten. In gewissem Maße verschaffte Henry seine Stellung als Neuling in der Bewegung, der von keinen alten Querelen belastet war, einen Vorteil. Doch auch er wurde mit Argwohn bedacht, vor allem von den konservativeren Organisationen. Elinor Molbegott, eine Juristin, wurde 1977 Rechtsberaterin der American Society for the Prevention of Cruelty to Animals (ASPCA) [»Amerikanische Gesellschaft zur Verhinderung von Grausamkeit gegenüber Tieren«] Sie erlebte schon bald eine der deutlicheren Äußerungen dessen, wie Henry betrachtet wurde:

> Eines Tages sagte mir der Geschäftsführer der ASPCA, daß ein Unruhestifter käme, und er wollte, daß ich zu einer Besprechung kommen sollte, bloß als Zeugin bei einer Besprechung mit Henry Spira, denn der war die Person, der nicht zu trauen war ... Als ich kam, saß der Geschäftsführer an seinem Schreibtisch, Henry setzte sich, und dann nahm der Geschäftsführer seine Pistole, legte sie vor sich auf den Schreibtisch und sagte: ›Wir können jetzt die Besprechung beginnen.‹ Ich dachte, das sei wohl seine Art, Henry einschüchtern zu wollen. Ich fühlte mich natürlich nicht wohl in einer Besprechung mit einer Pistole auf dem Tisch und hoffte nur, lebend wieder herauszukommen, aber Henry zuckte nicht mal mit der Wimper; er tat, als wäre überhaupt nichts. Er fuhr mit der Besprechung fort und machte sich die ganze Zeit Notizen, was dem Geschäftsführer, wie ich glaube, unangenehm war.[37]

Dieser Geschäftsführer hielt sich nicht lange in der ASPCA, und Henry arbeitete später eng mit seinem Nachfolger John Kuhlberg zusammen.

Henry blieb nicht ganz so ruhig, wenn es um Gruppen ging, die die Kampagne benutzten, um Geld für ihre eigenen – ganz anderen – Zwecke zu beschaffen. Sie schöpften faktisch Geld ab, das die Spender aus der Öffentlichkeit der Kampagne zugedacht hatten, das aber in Wirklichkeit für Gehälter und Büromieten verwendet wurde. Weil Henry ohne bezahlte Mitarbeiter und gemietete Büros auskam, war er immer aufgebracht über diese Form des »Organisierens«. Als es während der Museumskampagne zum ersten Mal passierte, war er so angewidert, daß er zum Flughafen fuhr, an irgendeinem Buchungsschalter sagte, er müsse sich irgendwo entspannen, und auf einer karibischen Insel landete. Nach ein paar Tagen hielt er es nicht mehr aus und kam nach New York zur Kampagne zurück. (Er hatte noch zwanzig Jahre in der Tierrechtsbewegung vor sich, aber das war sein letzter Urlaub.)

Der Sieg am Amerikanischen Naturgeschichtlichen Museum hatte Auswirkungen weit über die 60 oder 70 Katzen hinaus, die jährlich vor Verstümmelung und schmerzhaften Experimenten bewahrt wurden. Es war der Sieg, den Henry und seine Kollegen geplant hatten, und sowohl die Tierschutzszene als auch die wissenschaftliche Welt nahmen davon Notiz. Dr. Stephen Toulmin, ein hervorragender Wissenschaftstheoretiker an der University of Chicago und Mitglied der National Commission for the Protection of Human Subjects [»Nationalausschuß für den Schutz menschlicher Versuchspersonen«] schrieb, er fürchte, daß

> das gleiche Klima, das für die biomedizinische Forschung an Menschen ungünstig ist, auch für die biomedizinische Forschung an Tieren ungünstig ist. Der kürzliche Zirkus am Naturgeschichtlichen Museum in New York ist vielleicht so gesehen ein Zeichen, daß die Tierexperimentatoren in den kommenden Jahren eine schwierige Phase durchmachen werden.[38]

Henry formulierte es positiver: »Es kann gut sein, daß wir in das Zeitalter der Tierrechte eintreten.«[39]

3 Der Traum von der Schönheit und der Alptraum der Kaninchen

Strategisch betrachtet ist es doch so: Die nächste Person, mit der man es nach einer Kampagne wie der gegen das Naturgeschichtliche Museum zu tun hat, Leute, denen man einen Brief schickt, ein Fax, oder die man anruft, sie achten sehr viel mehr auf dich, weil [sie sehen, daß] du schon was vorzuweisen hast ... daß du, wenn du was anfängst, es auch durchziehst, und daß du gewinnen willst. Du willst nicht bloß Kampagnen machen, du willst nicht bloß einen Wirbel machen, du willst gewinnen.
Henry Spira

Eine Kampagne mit Köpfchen

Als der Sieg der Kampagne gegen das Amerikanische Naturgeschichtliche Museum in Sicht war, begann Henry intensiv darüber nachzudenken, wer als nächster von ihm einen Brief, ein Fax, einen Anruf bekommen sollte. Am 11. Oktober 1977 wurde ihm die Entscheidung durch eine Zeitungsschlagzeile abgenommen, daß Amnesty International für den Kampf gegen die Einkerkerung und Folterung von politischen Häftlingen den Friedens-Nobelpreis gewonnen hatte. Henry wußte schon durch die in England beheimatete International Association Against Painful Experiments on Animals [»Internationale Vereinigung gegen schmerzhafte Tierversuche«], daß Amnesty International Untersuchungen einer dänischen Forschergruppe finanziert hatte, bei denen Schweine mit heißen Eisen und elektrischen Schlägen traktiert wurden, um herauszufinden, ob Folterungen ohne sichtbare Spuren durchgeführt werden können. Henry wollte nicht das Ansehen von Amnesty International schädigen. Er bewunderte die Versuche, den Opfern skrupelloser Regierungen und Geheimpolizeikräfte zu helfen. Aber gerade weil Amnesty International so hohes moralisches Ansehen genoß – das jetzt durch den Nobelpreis bekräftigt wurde –, legitimierte die Unterstützung der dänischen Forschungen die routinemäßige Verwendung von Tieren als Laborwerkzeuge und durfte nicht widerspruchslos hingenommen werden.

Henry schrieb an Amnesty International und wies darauf hin, daß die Experimente sinnlos seien, weil sich Folterer, die keine Spuren hinterlassen wollten, dazu gerade die Ergebnisse von Amnesty International zunutze machen könnten. Außerdem stünden sie im Gegensatz zur Tradition und zu den Werten der Organisation. Nach diesem Schreiben traf er sich mit Vertretern der New Yorker Büros von Amnesty International. Sie schienen aber die Sache als reines Imageproblem zu betrachten, so daß Henry keine andere Möglichkeit blieb, als an die Öffentlichkeit zu gehen. Er wandte sich wieder an *Our Town* und schrieb einen Artikel, der Amnesty International vorwarf, die eigenen Grundsätze zu verraten. Zunächst beschrieb er die von Amnesty International finanzierten Experimente, dann zitierte er aus Schriften von Amnesty International über die entmenschlichende Wirkung der Folter, und schließlich fragte er: »Wenn es um Leiden geht, welchen wesentlichen Unterschied gibt es da zwischen uns und anderen Tieren?« Ironischerweise fand er eine Stelle in einer Amnesty International-Flugschrift, in der es hieß: »Die Folterer verschiedener Länder verlangen, als ›Herr Doktor‹ angeredet zu werden ... statt als sadistische Verbrecher«, und daneben stellte er eine interne Notiz aus dem Hauptquartier von Amnesty International, die über die von ihnen selbst beauftragten Experimentatoren sagte: »Die Ärzte (the doctors) möchten klarstellen, daß sie keine Schweine foltern.« Henrys Artikel zitierte sorgfältig die Behauptung von Amnesty International, die Schweine würden nicht leiden, weil sie narkotisiert würden; doch die Leser konnten merken, daß er dieser Behauptung mißtraute. Denn unter Narkose verbrannte oder mit elektrischen Schlägen behandelte Tiere konnten ja immer noch unter den Nachwirkungen leiden. Der Artikel schloß mit der Warnung, wenn Amnesty International nicht erkläre, daß die Experimente eingestellt werden, würden die Leute, die sich zur Abstellung der Experimente am Amerikanischen Naturgeschichtlichen Museum zusammengetan hatten, für Demonstrationen gegen Amnesty International sorgen.[1]

Der Leiter von Amnesty International in den Vereinigten Staaten antwortete mit einer Verteidigung der Experimente, die »im Einklang mit den höchsten juristischen und moralischen Maßstäben« durchgeführt würden, erkannte aber auch an, daß viele Menschen, auch viele Mitglieder von Amnesty International, gegen alle Versuche an lebenden Tieren seien. Daher sei die Sache dem internationalen Exekutivausschuß der Organisation vorgelegt worden, und Henry wurde gebeten, alle Proteste bis nach der Sitzung des Ausschusses Ende November zurückzustellen.[2]

Wie sich herausstellen sollte, war dies nur der erste in einer Serie von Wortwechseln, die stets damit begannen, daß Henry von Amnesty International gebeten wurde, nichts zu unternehmen, bis eine bestimmte Sitzung stattgefunden hätte. Henry willigte jeweils ein. Dann bekam er regelmäßig die Antwort, auf der Versammlung habe man das Problem nicht lösen können, er möge sich bitte bis nach der nächsten Sitzung gedulden. So wurde aus dem Termin November 1977 der März 1978 und anschließend der September. Inzwischen schickten Henry und Leonard Rack eine Denkschrift an Amnesty International, in der sie mehrere Gründe dafür aufführten, daß die Versuche sinnlos seien, und die Organisation aufforderten, sich auf den Beistand für Folteropfer zu konzentrieren statt neue Opfer zu erzeugen.

Als es schließlich so schien, als würde die Sache bei Amnesty International immer nur von einem Gremium an das nächste weitergereicht, machte Henry erneut klar, daß man ihn zwinge, die Sache an die Öffentlichkeit zu bringen. Er begann, eine große Demonstration vor der New Yorker Zentrale von Amnesty International zu planen. Er unterrichtete seine Kontaktleute bei den Medien und legte ihnen nahe, Amnesty International zu einer Stellungnahme aufzufordern. Funktionäre von Amnesty International beklagten sich bei Henry, er verhalte sich ihnen gegenüber ebenso wie sie selbst gegenüber Folterern in Lateinamerika. Er antwortete: »Stimmt genau, Sie spielen ja die gleiche Rolle wie sie.«

Während sich Henry mit dem US-Büro von Amnesty International auseinandersetzte, setzte die International Association Against Painful Experiments on Animals das Londoner Büro unter Druck. Tierrechtsgruppen in Schweden und Deutschland beteiligten sich, und eine Reihe von Mitgliedern und Förderern von Amnesty International wandten sich an ihre Organisation und kritisierten die Experimente. Im September 1978 entschied der internationale Vorstand von Amnesty International, daß keine weiteren medizinischen Tierversuche finanziert würden.

Henry nannte das später »eine kurze Kampagne mit Köpfchen«. Der Sieg war ohne öffentliche Demonstrationen errungen worden, die den Ruf der Organisation beeinträchtigt hätten. Sobald Amnesty International von den Tierversuchen abgerückt war, schickte Henry einen Scheck und bat, als Mitglied aufgenommen zu werden. Er berichtete über diesen zweiten Sieg kurz für die sympathisierenden Leser von *Our Town* und ließ es dabei bewenden. Auf eine humanitäre Organisation Druck ausüben zu müssen, hätte er lieber vermieden, und nachdem es geschehen war, wollte er weitergehen.

In der Politik

1953 hatte das Parlament des Staates New York ein Gesetz erlassen, das die Tierschützer empörte. Nach Artikel 505 des Gesetzes über die öffentliche Gesundheit, das als Metcalf-Hatch-Act bekannt war, waren Forscher berechtigt, herrenlose Hunde und Katzen aus Tierasylen, die irgendwelche öffentlichen Mittel erhielten, als Versuchstiere zu übernehmen: einen

Hund für 5 Dollar, während ein als Versuchstier gezüchteter Hund mindestens 200 Dollar kostete. Sie brauchten lediglich eine formale Anfrage an das Tierheim zu richten, und dieses mußte die Tiere zur Verfügung stellen, wenn es nicht die öffentlichen Zuschüsse verlieren wollte – was sich die meisten nicht leisten konnten.

Die Forscher beriefen sich darauf, daß in den Tierheimen jedes Jahr Tausende herrenloser Hunde und Katzen getötet wurden. Wenn diese vor ihrem Tod der wissenschaftlichen Erkenntnis dienen konnten, warum sollte man diese wertvolle Ressource nicht nutzen, die sonst vergeudet wurde? Die Tierschutzgruppen dagegen sahen in dem Gesetz einen Affront. Viele Heime waren von Leuten geschaffen worden, denen es um das Wohl streunender Tiere ging. Sie versuchten, ein neues Zuhause für sie zu finden, und wenn dies nicht gelang, stellten sie doch wenigstens sicher, daß den Tieren weitere Leiden erspart blieben. Am allerwenigsten wollten sie ihre Hunde und Katzen der Forschung ausliefern.

26 Jahre lang hatten sich die Tierschutzorganisationen in New York um die Aufhebung des Metcalf-Hatch Act bemüht. Entsprechende Gesetzesentwürfe hatten der Abgeordnetenkammer schon häufig vorgelegen, und 1977 und 1978 waren sie auch verabschiedet worden; doch es gelang nicht, sie auf die Tagesordnung des Gesundheitsausschusses des Senats des Staates New York zu bringen, und ohne den Gesundheitsausschuß zu passieren, konnte der Entwurf auch nicht im Senatsplenum zur Abstimmung gelangen. Die National Society for Medical Research [»Nationale Gesellschaft für Medizinische Forschung«] rühmte sich ihres Erfolgs bei der Verhinderung der Gesetzesänderung.[3]

Während der Museums-Kampagne bezeichnete einer von Henrys Mitstreitern den Metcalf-Hatch Act als das höchste Symbol für die Machtlosigkeit der Tierschutzbewegung. Henry hatte damals dringendere Dinge zu tun, doch die Bemerkung vergaß er nicht. Wie immer überlegte er sich, was der Durchschnittsbürger bei dieser Sache empfinden würde, und er hatte das Gefühl, daß das eine erfolgversprechende Kampagne werden könnte:

> Ich dachte mir einfach, der Durchschnittsmensch auf der Straße möchte nicht, daß Tiere aus einem Heim, das definitionsgemäß eine Zufluchtsstätte ist, in ein Labor kommen. Es widerspricht einfach dem gesunden Menschenverstand, daß der Durchschnittsmensch auf der Straße sagen würde: ›Natürlich, genau so muß man es machen.‹

Henry sah auch klar, daß es nicht gut für die Tierrechtsbewegung wäre, unter einem Symbol der Machtlosigkeit zu stehen. Anfang 1979 machte er sich daran zu prüfen, ob sich das ändern ließe.

Wie bei der Museumskampagne bestand der erste Schritt in der Suche nach Informationen mit Hilfe des Informationsfreiheits-Gesetzes. Sie ergab, daß nach Schätzung des Gesundheitsamts 1978 über 2000 Hunde und Katzen von einem halben Dutzend Laboratorien übernommen worden waren. Nach anderen Schätzungen lag die Zahl näher bei 10 000. Der nächste Schritt bestand darin herauszufinden, warum die Tierrechtsbewegung keine Änderung des Gesetzes hatte durchsetzen können. In ihren Augen war der Schuldige der mächtige republikanische Vorsitzende des Gesundheitsausschusses des Senats, Senator Tarky Lombardi. Zornige Tierschutzgruppen veröffentlichten Schmähartikel über ihn und warfen ihm sogar vor, von der Pharmaindustrie für die Aufrechterhaltung des Gesetzes bezahlt zu werden.

Henry beschloß, aufgeschlossen an die Sache heranzugehen und selbst dem Problem auf den Grund zu gehen. Für ihn als Teilzeit-Journalisten war das Pressebüro des Parlaments in Albany, der Hauptstadt des Staates New York, ein naheliegender Anfangspunkt. Dort bat er um den Namen eines Mitarbeiters, der ihm auseinandersetzen könne, wie die Institution eigentlich arbeitete. Man nannte ihm einen Namen und er meldete sich bei dem Mitarbeiter:

> Ich sagte: ›Sehen Sie, ich fragte im Pressebüro nach jemandem, der weiß, wie diese Institution eigentlich arbeitet, und Sie wurden mir genannt. Ich sage Ihnen, worum es mir geht. Ich bin hier wegen des Metcalf-Hatch Act, und ich bin nicht auf Ihre Unterstützung aus, aber wir haben doch das Recht auf eine faire Chance, und die gibt es nur, wenn wir wissen, wie die Dinge laufen ... Wenn Sie an unsrer Stelle stünden, was würden Sie machen?‹ Und er sagte: ›An Ihrer Stelle würde ich Lombardi anrufen und ihm sagen, ich möchte mit ihm sprechen. Lombardi genießt den Ruf, fair zu sein. Sagen Sie ihm einfach, Sie möchten mit ihm sprechen. Gehen Sie zu seinem Assistenten und sagen Sie, Sie möchten mit Lombardi sprechen.‹

Henry folgte diesem Rat, und er bekam einen Termin bei dem Senator. Und dann wirkten Henrys Gabe, durch Zufall günstige und unerwartete Entdeckungen zu machen, und sein Grundsatz, alle sich bietenden Möglichkeiten zu nutzen, zu seinen Gunsten. Um die Zeit bis zu dem Termin herumzubringen, ging er in ein Lokal, wo er mit einer Frau ins Gespräch kam, bei der sich herausstellte, daß sie Oberschwester der Intensivstation eines Krankenhauses in Lombardis Wahlbezirk war. Sie fragte Henry, was er in Albany mache, und als er ihr von der Beschlagnahmung von Tierheim-Tieren erzählte, schien sie sich dafür zu interessieren. Er lud sie ein, zu dem Termin bei Lombardi mitzukommen, und sie nahm an. Henry dachte, es könne ihm bei dem Vorsitzenden des Gesundheitsausschusses vielleicht nützlich sein, wenn eine Oberschwester aus seinem Wahlbezirk mitkomme.

Henry sagte Lombardi, er habe gehört, daß er ein fairer Mann sei, doch die Frage der Beschlagnahmung von Tierheim-Tieren sei nie im Gesundheitsausschuß des Senats behandelt worden. Deshalb seien die Leute, die sich um die Tiere sorgten, äußerst unzufrieden. Er fügte hinzu, es gehe ihm nicht um Lombardis persönliche Unterstützung für eine Gesetzesänderung, sondern nur um die Möglichkeit, daß die Angelegenheit sachlich diskutiert und darüber abgestimmt würde. Lombardi erwiderte, wenn Henry ihm zeigen könne, daß es ein großes Interesse an der Sache gebe, dann würde er sie zur Diskussion stellen.

Wenn Lombardi gezeigt werden sollte, wieviel Interesse an einer Änderung des Metcalf-Hatch Act bestand, ging das nicht ohne eine gewisse Organisation. Henry trat an alle Tierschutz- und Tierrechtsgruppen heran, die er im Staat New York finden konnte, und gründete die »Koalition zur Abschaffung von Metcalf-Hatch«. Gemäß ihrem Briefkopf bildeteten folgende Personen den Lenkungsausschuß: Henry, Pegeen Fitzgerald vom New Yorker Rundfunk, die Redakteure Ed und Arlene Kayatt von *Our Town*, John Kuhlberg, der Vorstandsvorsitzende der in New York ansässigen American Society for the Prevention of Cruelty to Animals (ASPCA), sowie Regina Frankenberg, eine Vorsitzende von Friends of Animals, die persönlich für Anzeigen der Museumskampagne aufgekommen war. Der Briefkopf führte außerdem etwa dreißig »unterstützende Organisationen« auf, darunter einige große und hochangesehene wie ASPCA oder die Humane Society of the United States, einige lokale Tierheimgruppen und ein paar radikalere Tierbefreiungsgruppen. Die Koalition brachte der Kampagne etwas zusätzliches Geld ein, doch das war weit weniger wichtig als der eindrucksvolle Briefkopf und die Verbindung zu einem Netzwerk von Unterstützern. Das Vorgehen der Kampagne veränderte die Koalition nicht. Henry beriet sich wie immer ausgiebig mit denen, deren Meinungen er achtete, doch die Koalition hatte keine formelle Struktur, und der Lenkungsausschuß trat nie als Entscheidungsgremium zusammen.

Um diese Zeit ließ Henry seine eigene Organisation unter dem Namen »Animal Rights International« (ARI) eintragen. Auch sie bestand in nicht viel mehr als einem Briefkopf, den Henry benutzen konnte, wenn er selbständig und nicht als Teil einer Koalition handeln wollte. Damals begann Henry, seine Arbeit für die Tiere in der bis zuletzt üblichen Form aufzuziehen. Er arbeitete nicht völlig allein, aber es gab immer nur ein oder zwei Helfer oder Helferinnen, die ein paar Stunden in der Woche für ihn arbeiteten. Linda Petrie gab dreizehn Jahre lang ihre Sonntage her, andere kamen und gingen in kürzeren Zeitabständen, was meist an einem äußeren Umstand lag. So begann Vicki Alippe ein Studium an der Columbia University, und Mike Galinsky hatte mit seiner Rockgruppe Erfolg. An seine Stelle trat Maureen Cunnie, die, wie wir sehen werden, in Henrys späterer Kampagne gegen die Gesichts-Brandzeichen bei Rindern eine Schlüsselrolle spielte. Und als Cunnie heiratete, brachte sie Henry mit einer französischsprechenden Kollegin namens Fabienne Ziade in Verbindung, die später in den Libanon zurückkehrte. Als dieses Buch entstand, war Jessica Craig Henrys Hilfe, die gewöhnlich frühmorgens für ihn arbeitete, ehe sie zu ihrer Tätigkeit in einem Verlag davoneilte.

Der Status von Henrys ARI als steuerbefreite nichtkommerzielle Organisation war nützlich, wenn es einen Spender gab, der ihr etwas Geld zukommen lassen wollte. Eine Zeitlang war Pegeen Fitzgerald die Hauptfinanzquelle, später gab es auch andere, die finanzielle Unterstützung anboten. Nach 1985, als ARI von der Steuer befreit wurde, konnten auch Organisationen wie die ASPCA, die Humane Society of the United States und die SPCA von Massachusetts Mittel zur Verfügung stellen. Damals begann Henry auch eine engere Zusammenarbeit mit den Leitern dieser Organisationen, darunter John Hoyt, Paul Irwin, Fred Davis, Gus Thornton, John Kuhlberg und Roger Caras. Sie waren die wirklich wichtigen Leute in der traditionellen Tierschutzbewegung, ihre Organisationen hatten teilweise zweistellige Millionenetats und konnten sehr viel mehr Unterstützer erreichen, als es Henry allein jemals möglich gewesen wäre. Die Zusammenarbeit zwischen Henry und diesem Personenkreis trug dazu bei, diese bereits seit langem bestehende Richtung der Bewegung der neueren Tierrechtsbewegung mit ihren weiterreichenden Zielen näher zu bringen.

Die Bildung von Koalitionen wurde zu Henrys Markenzeichen als Organisator. Die teilnehmenden Organisationen wären untereinander in vielen Fragen uneinig gewesen, doch alle wollten sie den Metcalf-Hatch Act aus der Welt schaffen. Durch den Zusammenschluß ließen sie Henry nach viel mehr als einem Einmannbetrieb aussehen, und sie profitierten davon, daß sie ihren Mitgliedern sagen konnten, sie seien an der Kampagne gegen den Zugriff auf Tierheim-Tiere beteiligt.

Die Koalition zur Abschaffung von Metcalf-Hatch wandte sich an alle Mitgliedsorganisationen und forderte sie auf, ihren Mitgliedern und Sympathisanten nahezulegen, ihre Ansichten über den Metcalf-Hatch Act dem Büro von Senator Lombardi mitzuteilen. Henry lieferte ihnen Musterbriefe, die sie an die Redaktionen ihrer Lokalzeitungen schicken sollten. Die Koalition schickte Informationen über den Metcalf-Hatch Act an alle Zeitungen im Staat New York, und Henry schrieb Artikel für alle Organe, die bereit waren, sie zu bringen.⁴

Eine Flut von Briefen begann sich in die Büros der Parlamentarier zu ergießen. Senatoren berichteten, sie hätten mehr Post in Sachen Metcalf-Hatch Act erhalten als etwa zur Abtreibungsproblematik oder zur Todesstrafe. Doch Henry beschränkte sich zur Verbreitung seiner Botschaft nicht auf die Briefträger. Er begab sich so oft nach Albany, daß er in den Vorräumen des Parlaments zu einer vertrauten Figur wurde. Zwischen den einwandfrei gekleideten Lobbyisten war er nicht schwer zu erkennen. »›Haben Sie diesen Spira gesehen, diesen Tier-Typen?‹, fragte letzte Woche ein Parlamentarier in der Eingangshalle einen anderen. ›Der trägt Turnschuhe, schleppt eine Pan-Am-Reisetasche mit sich rum und hat abgetragene Hosen an.‹«⁵ Aber nicht nur seine Kleidung machte Eindruck: »Er macht dramatische Ausführungen, zitiert dauernd Bürgerrechtler, Philosophen und Freigeister; aus seiner Tasche zieht er Flugschriften oder schreckliche Fotos von Versuchstieren, um seine Forderungen zu begründen.« Und Henry sagte den Parlamentariern nicht bloß seine Meinung. Er fragte sie auch, wie sie stimmen würden, und vermerkte ihre Antworten, um den Erfolg der Kampagne einschätzen zu können.

Im Frühjahr 1979 war die Angelegenheit in Albany zu einem großen Thema geworden. Lombardi hielt Wort und setzte sie auf die Tagesordnung des Gesundheitsausschusses des Senats. Und er tat noch etwas, und das bewies nicht nur seinen Einfluß, sondern auch, daß er fair vorging. Damit der Gesetzesvorschlag aus dem Ausschuß ins Plenum kam, brauchte er die Stimmen der Mehrheit der Ausschußmitglieder. War ein Mitglied nicht anwesend, wurde seine Stimme als Neinstimme gewertet. Daher besuchte Henry alle Ausschußmitglieder und drängte sie, an der Anhörung teilzunehmen:

> Dieser Mann hatte also Briefe aus Tierschützerkreisen bekommen, die ihn ungeheuer bejubelten, weil er sagte, wenn der Gesetzesvorschlag ins Plenum komme, werde er für ihn kämpfen. Wir gingen also zu ihm und sagten: ›Sie werden also hingehen und dafür kämpfen, ist das richtig?‹, und er sagte: ›Nein.‹ Und ich sagte: ›Aber Sie haben es doch angekündigt.‹ Er sagte: ›Na ja, wenn er ins Plenum kommt, aber da ist er ja noch nicht.‹ Das erzählte ich Lombardi, und er sagte: ›Ich werde ihn anrufen und ihm sagen, daß er kommen sollte.‹

Der Gesetzentwurf wurde also im Ausschuß diskutiert und am 24. April mit 8 gegen 3 Stimmen ans Plenum weitergeleitet. Starke Gegenpropaganda bei den Parlamentariern machte das biomedizinische Forschungsestablishment des Staates New York: die Medizinische Gesellschaft und die Tiermedizinische Gesellschaft des Staates New York, der Rat der landwirtschaftlichen Organisationen und natürlich die Nationale Gesellschaft für Medizinische Forschung, die fürchteten, daß andere Bundesstaaten folgen könnten, wenn im Staat New York der Metcalf-Hatch Act abgeschafft würde. Lombardi betete die Argumente dieser Organisationen nach, daß die Gesetzesänderung den medizinischen Institutionen Mehrkosten verursachen würde, weil speziell gezüchtete Hunde und Katzen sehr viel mehr kosten als solche aus den Tierheimen. Auch würden mehr Tiere getötet, nämlich zusätzlich zu den herrenlosen Tieren in den Heimen auch die speziell für Versuchszwecke getöteten Tiere. (Henry hoffte aber, daß die zuerst erwähnten Kostengründe das zweite Argument zumindest teilweise außer Kraft setzen würden: wenn Hunde und Katzen teurer wären, würden die Forscher nicht so viele von ihnen verbrauchen.)

Bei der Abstimmung am 7. Mai 1979 ergab sich eine überwältigende Mehrheit von 44 gegen 13 Stimmen für die Gesetzesänderung. Vier Wochen später bestätigte das Abgeordnetenhaus die Änderung sogar mit 121 gegen 17 Stimmen. Nach dem entscheidenden Sieg im Senat kümmerte sich Henry sorgfältig darum, daß niemand das Gesicht verlor. In einer Presseerklärung dankte er nicht nur den Senatoren, die die Änderung unterstützt hatten, sondern auch »unserem Hauptgegner, Senator Lombardi, der unserer Auffassung eine faire Chance gab, angehört zu werden«.[6] Seine Beziehungen zu Lombardi und anderen Parlamentariern des Staates New York blieben auch nach der Beerdigung des Metcalf-Hatch Act gut.

Jetzt brauchte die Gesetzesänderung nur noch die Unterschrift von Gouverneur Hugh Carey. Der Leiter des Gesundheitsamts des Staates New York und seine wissenschaftlichen Berater waren gegen die Änderung; doch Carey hatte vor seiner Wahl auf die Anfrage einer Tiergruppe hin geschrieben, er würde »den Kampf um die Änderung anführen«. Henry forderte seine Mitkämpfer auf, an Carey zu schreiben und ihn an sein Versprechen zu erinnern. In einer Fernsehshow wurde Carey gefragt, ob er die Gesetzesänderung unterschreiben würde, doch er gab keine eindeutige Antwort. Henry begann eine Demonstration vor dem Parlament zu planen, doch sie war nicht nötig. Gouverneur Carey setzte das Gesetz am 17. Juni 1979 in Kraft.[7]

»Zum ersten Mal nach 27 Jahren«, schrieb Henry an die Unterstützer der Kampagne, »sind die Tierheime des Staates New York keine Vorratslager für die Laboratorien mehr«. Der Sieg zeige, fügte er hinzu, daß sich die Tierrechtsbewegung so wirksam organisieren könne wie Menschenrechtsbewegungen. Und die Auswirkungen des Sieges würden nicht auf die Tierheime beschränkt bleiben:

> Wirksame Aktionen kommen zustande, wenn Menschen Vertrauen in ihre Fähigkeit gewinnen, einen Wandel herbeizuführen ...
> Und deshalb ist die Abschaffung des Metcalf-Hatch Act nur ein weiterer Schritt im Kampf um Gerechtigkeit. Ihm werden schon bald Koalitionen zu anderen Fragestellungen folgen, wie etwa der Abschaffung der routinemäßigen Blendung und Vergiftung von Millionen von Tieren zur ›Sicherheits‹-Prüfung [von Substanzen], obwohl moderne, elegante Alternativen zur Verfügung stehen.[8]

Die neue Tierrechtsbewegung

Als der Metcalf-Hatch Act abgeschafft war, wurde klar, daß in der Tierrechtsbewegung etwas Neues im Gange war. Die von Henry geführten Kampagnen waren Teil einer umfassenderen Entwicklung. In Michigan wurden im Februar 1978 Auto-Crashtests mit Pavianen durch Proteste gestoppt.[9] In ganz England hatten sich Gruppen gebildet, die z. B. Fuchsjagden durch Besprühen der Fuchswechsel mit störenden Gerüchen sabotierten. Die älteste aller Tierschutzgesellschaften, die Royal Society for the Prevention of Cruelty to Animals (RSPCA), wählte einen neuen Vorstand aus jungen Reformern unter der Führung von Richard Ryder, der 1977 Vorsitzender wurde. Ryder hatte *Victims of Science* geschrieben, einen beachtlichen Angriff auf Tierversuche, und er hatte das Wort »Speziesismus« geprägt. Unter seinem Vorsitz wandte sich die RSPCA zum ersten Mal gegen die Fuchsjagd und begann profiliertere Standpunkte zu allen Seiten des institutionalisierten Tierleidens einzunehmen. Die »Tierrechte« wurden Bestandteil der Hauptströmung.

Ryder organisierte im August 1977 die erste Konferenz der Welt über Tierrechte am Trinity College in Cambridge. Sie wurde von Philosophen, Politikern, Wissenschaftlern, Geistlichen, Schriftstellern und Tieraktivisten besucht und führte zur Formulierung einer »Erklärung gegen den Speziesismus«, die 130 Unterschriften erhielt.[10] Weitere Konferenzen folgten schon bald. Vom 24. bis 27. Mai 1979 versammelte sich die jetzt in Erscheinung tretende Generation von Philosophen, die sich mit Tieren und Ethik beschäftigte, am Virginia Polytechnic Institute and State University in Blacksburg (Virginia), bei einer Konferenz über »Die moralischen Grundlagen der Politik: die Ethik und die Tiere«. Zu den Rednern gehörten Stephen Clark, der kurz vorher *The Moral Status of Animals* veröffentlicht hatte, Tom Regan, der später *The Case for Animal Rights* schrieb, Bernard Rollin, der bald danach *Animal Rights and Human Morality* herausbrachte, und ich. Auf der anderen Seite stand Ray Frey, der kurz vor der Veröffentlichung von *Interests and Rights: The Case Against Animals* stand.

In der Publikation mit den Beiträgen der Konferenz von Blacksburg war auf der Liste der Redner nur bei einem keine Hochschulfakultät angegeben. Und diese Ausnahme lautete einfach: »Henry Spira, New York, N.Y.« Man hätte erwarten können, daß Henry sich unter so vielen Hochschulleuten als Außenseiter erweisen würde, und er sprach und kleidete sich auch nicht wie ein Akademiker. Aber er zeigte sich von seinem Publikum keineswegs eingeschüchtert. Hinter ihm lagen die Erfolge gegen das Museum und Amnesty International, und die Kampagne gegen den Metcalf-Hatch Act stand kurz vor ihrem erfolgreichen Abschluß; er sprach einfach, aber mit Engagement über seine eigenen Erfahrungen, über das, worüber er am besten Bescheid wußte:

> Wir identifizieren uns mit den Machtlosen und Verwundbaren – den Opfern, den vielen Beherrschten, Unterdrückten und Ausgebeuteten. Und es sind die nichtmenschlichen Tiere, deren Leiden am stärksten, verbreitetsten, zunehmendsten, systematischsten und sozial sanktioniertesten von allen sind. Was läßt sich tun? Welche Muster gelten für wirksame gesellschaftliche Aktionen?

Er beschrieb seine Kampagnen und die Gründe ihres Erfolgs, dann schloß er mit einem mitreißenden Aufruf, den Kampf voranzutreiben:

> Wir sollten uns an die Worte des Führers der Sklavenbefreiung Frederick Douglass erinnern – ›Ohne Kampf gibt es keinen Fortschritt. Wer für die Freiheit zu sein behauptet, aber die Agitation verurteilt, ist jemand, der Regen möchte, aber ohne Donner und Blitz. Er möchte den Ozean ohne das Brüllen seiner vielen Wasser. Die Macht gewährt nichts, wenn es ihr nicht abgerungen wird. Sie hat es noch nie getan und wird es niemals tun.[11]

Neue Veröffentlichungen begannen die verschiedenen Teile der heranwachsenden Bewegung zusammenzuführen. Eine britische Zeitschrift mit dem Titel *The Beast* kam im Juli 1979 mit ihrer ersten Nummer heraus. Sechs Monate später folgte das amerikanische Pendant: *Agenda: A Journal of Animal Liberation*. Dessen zweite Nummer enthielt einen Artikel von Henry, der in seinen ersten Absätzen die Meinung zum Ausdruck brachte, daß etwas Neues im Gange war:

Die Tierrechte liegen in der Luft. Es ist eine Kraft, deren Zeit gekommen ist. Es gibt ein wachsendes Bewußtsein dafür, daß Rechte nicht von Beliebtheit, Intelligenz, Geschlecht, Alter, Klasse, Farbe oder Spezies abhängen; daß Lust und Schmerz für unsere Mitmenschen und unsere Mittiere genauso intensiv sind wie für dich.

Er fragte:»Was kann getan werden?« und antwortete mit einer Zusammenfassung seines Ansatzes:

Es gibt eine reiche Tradition, die zur Beantwortung dieser Frage beitragen kann: den Kampf um menschliche Freiheit. Und die Grundlehre lautet, daß die Sanften und Demütigen es nicht schaffen. Doch Kühnheit muß sich mit Beachtung der Einzelheiten verbinden, mit einem Gespür für soziale Einstellungen, Machtverhältnisse und wissenschaftliche Möglichkeiten.[12]

Kaninchen blenden ist nicht schön

Die Museumskampagne rettete jährlich etwa 70 Katzen vor Versuchen; die Beschlagnahme von Versuchstieren im Staat New York betraf jährlich Tausende von Hunden und Katzen; doch Millionen von Tieren litten und starben jedes Jahr bei Sicherheitstests. Henry wußte, daß eine merkliche Veränderung dieser Verhältnisse tausendmal mehr Schmerzen und Leiden von Tieren verhindern würde als die Kampagnen gegen das Museum und den Metcalf-Hatch Act.

In dem Kurs, den Henry 1974 an der New York University besuchte, beschrieb ich eine viel angewandte Sicherheitsprüfung, die ich besonders scheußlich fand, weil der den Tieren auferlegte Schmerz in einem groben Mißverhältnis zum Wert der geprüften Erzeugnisse stand.

Kosmetika und andere Substanzen werden auf ihre Gefährlichkeit für das Auge geprüft. Die Standardmethode ist hier der Test nach J. H. Draize. Meist werden Kaninchen verwendet. Ihnen werden konzentrierte Lösungen der zu prüfenden Substanz ins Auge geträufelt, manchmal wiederholt über mehrere Tage. Die Schädigung wird dann gemessen anhand der Größe des geschädigten Gebietes, des Grades der Schwellung und Rötung und anderer Formen von Verletzungen. Ein bei einer großen Chemiefirma beschäftigter Forscher hat den stärksten Grad der Reaktion folgendermaßen beschrieben: »Vollkommener Verlust der Sehkraft aufgrund schwerer innerer Verletzung der Hornhaut oder der inneren Augenstruktur. Das Tier hält das Auge fest geschlossen. Es schreit unter Umständen, kratzt am Auge, springt herum und versucht zu entkommen.«

Durch Schließen der Augen oder Kratzen könnte es dem Kaninchen aber gelingen, die Substanz zu entfernen. Um das zu verhindern, werden die Tiere jetzt gewöhnlich bewegungsunfähig gemacht, indem man sie in Vorrichtungen setzt, aus denen nur der Kopf hervorschaut. Zusätzlich werden die Augenlider mit Metallklammern auseinandergezogen, so daß das Auge immer offen ist. So können sich die Tiere keinerlei Erleichterung gegen das durch die Substanzen verursachte Brennen in ihren Augen verschaffen.

Seit dreißig Jahren wurde der Draize-Test eingesetzt, um so gut wie alles zu prüfen, was in ein menschliches Auge geraten könnte. Konnte man dagegen irgend etwas unternehmen?

Die Gegner von Tierversuchen argumentieren oft, diese könnten und sollten durch andere Methoden, zum Beispiel durch Untersuchungen an Gewebe oder Zellkulturen, ersetzt werden. Die Verfechter von Tierversuchen stellen das als Wunschdenken dar, das vor allem vom Streben nach Abschaffung der Tierversuche genährt werde, und nicht von der objektiven Beurteilung der Alternativmethoden. Kein solches Wunschdenken konnte man Professor David Smyth vorwerfen, dem Vorsitzenden der »Britischen Gesellschaft zur Verteidigung der Forschung« (British Research Defence Society), einer Organisation, die vorwiegend mit der Verteidigung von Tierversuchen befaßt war. 1978 veröffentlichte Smyth in einem Buch mit dem Titel *Alternatives to Animal Experiments* die Ergebnisse einer von dieser Gesellschaft veranlaßten Studie.[14] In den meisten Forschungsgebieten ließ Smyth den Ruf nach anderen Methoden nicht gelten. Doch er war aufgeschlossen genug, um den Wert der Entwicklung von Alternativmethoden anzuerkennen, wo eine berechtigte Hoffnung bestand, daß sie gleich gute oder bessere Erkenntnisse als der Tierversuch liefern würden. Dabei erwähnte er besonders ein Gebiet: »Es erscheint durchaus sinnvoll, nachdrücklich nach einer Alternative zum Draize-Test zu suchen ... Der kosmetischen und agrochemischen Industrie gemeinsam sollte es nicht schwerfallen, etwas auf die Beine zu stellen.«[15]

Auf diesen Kommentar zum Draize-Test wurde Henry von Dr. Andrew Rowan hingewiesen, einem Biochemiker, der in Oxford promoviert hatte und bei einer englischen Wohltätigkeitsorganisation namens »Fonds zur Ersetzung von Tieren in medizinischen Experimenten« (Fund for the Replacement of Animals in Medical Experiments) an Alternativen zu Tierversuchen gearbeitet hatte. Danach wurde er von der Humane Society of the United States für ihr neugegründetes Institut zur Untersuchung von Tierproblemen (Institute for the Study of Animal Problems) in Washington, D.C., eingestellt und wurde einer von Henrys Beratern. Auch Leonard Rack, damals der andere wissenschaftliche Hauptberater Henrys, war zu der Ansicht gekommen, daß der Draize-Test ein gutes Angriffsziel abgeben würde. Zwei Toxikologen vom Esso-Forschungslaboratorium bzw. von Union Carbide hatten einige Jahre zuvor in einer führenden toxikologischen Zeitschrift eine Arbeit veröffentlicht, in der gezeigt wurde, daß routinemäßige Draize-Tests unzuverlässige Daten lieferten – verschiedene Experimentatoren, die den Test mit denselben Substanzen ausführten, kamen zu verschiedenen Ergebnissen.[16] Auch abgesehen von den Schmerzen, die der Test den Tieren verursachte, gab es also mit Blick auf die öffentliche Sicherheit starke Gründe, ihn zu ersetzen.

Der Draize-Test war noch aus anderen Gründen ein gutes Angriffsziel. Henry sagte: »Die Leute wissen, wie es sich anfühlt, wenn man ein bißchen Seife in die Augen bekommt«, und deshalb würden sie sich mit den Kaninchen identifizieren können.[17] Und sollte etwa irgend jemand Schwierigkeiten haben, sich das vorzustellen, so konnte man ihm dies sehr einfach, aber eindrücklich, vermitteln. Die »Kommission für Verbrauchsgüter-Sicherheit« (Consumer Products Safety Commission, CPSC) der US-Regierung hatte einen Farbfilm über die Anwendung des Tests produziert. Der Film war eigentlich zur Schulung der Experimentatoren gedacht, aber jeder konnte ihn erwerben, was Henry tat. Er besorgte sich von dieser Kommission auch einen Satz Farbdias, die verschiedene Grade der Schädigung von Kaninchenaugen beim Draize-Test dokumentierten und den Experimentatoren für die Beurteilung der Augenschädigung der Versuchstiere Vergleichsstandards liefern sollten. Der Film und die Dias waren hervorragende Werkzeuge für eine Kampagne: Angesichts ihrer Herkunft konnte niemand behaupten, sie lieferten einen falschen oder verzerrten Eindruck davon, was im Draize-Test mit den Augen der Kaninchen passierte.

Dieser Test als Angriffsziel ging nicht nur hinsichtlich der Zahl der betroffenen Tiere, sondern auch hinsichtlich ihrer Art über Henrys bisherige Kampagnen weit hinaus. Kampagnen für Hunde und Katzen konnten die Öffentlichkeit leichter ansprechen, bestärkten aber auch den Gedanken, daß Tiere, die man nicht lieben könne, auch keine Rolle spielten. Henry wollte diese Beschränkung durchbrechen und den Gedanken vermitteln, daß wirklich maßgeblich die Leidensfähigkeit der Tiere ist. Doch wenn er dabei zu weit ging – etwa indem er sich gegen Versuche an Ratten wandte –, riskierte er, die Unterstützung der Öffentlichkeit komplett zu verlieren. Der Draize-Test wurde gewöhnlich an Albinokaninchen durchgeführt, weil das Fehlen von Pigmenten in ihren Augen das Erkennen von Schädigungen erleichtert. Mit ihrer weißen Frabe, diesem Symbol der Unschuld, lagen die Kaninchen hinsichtlich der Sympathie, die man ihnen entgegenbringen würde, wahrscheinlich irgendwo zwischen Ratten und Hunden.

Der Draize-Test wurde in den Vereinigten Staaten von Tausenden von Firmen eingesetzt, doch der Erfolg der Museumskampagne hatte Henry in der Überzeugung bestärkt, daß eine erfolgversprechende Kampagne auf ein ganz bestimmtes Ziel gerichtet sein mußte. Die Kosmetikfirmen erschienen als besonders verwundbar:

> Wir konnten die Sache so formulieren: Ist ein weiteres Haarwaschmittel die Blendung eines Kaninchens wert? Diese Tests der Kosmetikindustrie waren einfach unverhältnismäßig. Die Kosmetikindustrie will Träume verkaufen, doch in Wirklichkeit verhilft sie den Kaninchen zu einem Alptraum. Die Darstellung dieser Wirklichkeit bedroht das gesamte Erscheinungsbild der Branche. Kaninchen blenden ist nicht schön.[18]

Auch die Nichtigkeit der von dieser Industrie verkauften Produkte spielte eine Rolle: »Ich glaube, es gibt nicht viele Leute auf der Straße, die sagen würden: ›Prima, geht hin und blendet Kaninchen, damit ihr noch eine weitere Wimperntusche produzieren könnt.‹«[19]

Wieder war das Informationsfreiheits-Gesetz für die Kampagne von wesentlicher Bedeutung. Organisationen, die Tiervrsuche durchführen, müssen dem Landwirtschaftsministerium jährlich die Zahl der verwendeten Tiere mitteilen und – wenn die Versuche Schmerzen und Leiden hervorrufen, ohne daß Anästhetika eingesetzt werden –, muß auch begründet werden, warum auf Anästhetika verzichtet wurde. Henry forderte die Berichte der beiden Branchenführer Revlon und Avon an. Es bestätigte sich, daß beide Firmen den Draize-Test einsetzten. Revlons Jahresbericht für 1977 wies 2000 Kaninchen aus. Der Bericht stellte auch knapp fest, »bei keinem der genannten Verfahren wurden Anästhetika eingesetzt. Das entspricht der Art der Untersuchungen«.

Ein hundertstel Prozent

In einer Titelgeschichte über die Kosmetikindustrie bezeichnete *Time* Revlon als »General Motors der Schönheit«. 1978 betrug der Umsatz der

Firma 1 Milliarde Dollar.[20] Avon verkaufte über Vertreterinnen statt im Einzelhandel noch etwas mehr, doch Revlons gewaltige Werbekampagnen hatten der Firma ein Schönheitsimage verschafft, an das Avon bei weitem nicht herankam. Das machte Revlon zum offensichtlichen Angriffsziel, denn ein so sorgsam aufgebautes Image konnte durch Assoziation mit etwas so Häßlichem wie dem Draize-Test leicht ins Wanken gebracht werden.

Was konnte eine Kampagne gegen Revlon zu erreichen hoffen? Das offensichtliche Ziel war, daß Revlon aufhörte, seine Produkte an Kaninchen zu testen. Sollte die Kampagne also genau das fordern? Barnaby Feder, ein Wirtschaftsjournalist, der für die *New York Times* über die Frage der Produktprüfung in Tierversuchen berichtete, beschrieb später Henrys Überlegungen, worin das angemessene Ziel der Kampagne bestehen könne:

> Mich als Wirtschaftsjournalisten interessierte an Henrys Umgang mit der Revlon-Kampagne, daß er es auf einen wirklich großen Namen abgesehen hatte. Für die meisten Leute in der Bewegung wäre das etwas Unabsehbares und sehr Gefährliches gewesen. Henry erkannte, daß es hier um eine große Institution mit eigenen Interessen ging, und wenn es möglich wäre, diese Interessen zu identifizieren und einen kleinen Bereich zu finden, in dem sie sich mit seinem Interesse überschnitten, dann wäre wirklich etwas zu erreichen.[21]

Die Forderung nach Einstellung der Kaninchenversuche hätte eine direkte Konfrontation bedeutet. Gesetzliche Vorgaben verlangten von den Firmen den Nachweis der Sicherheit ihrer Erzeugnisse, und es gab keine anerkannte Alternative zum Draize-Test. Um den Bereich zu finden, in dem sich Revlons Interessen mit denen der Tiere überlappten, beschloß Henry, nicht die sofortige Einstellung der Draize-Tests zu verlangen, sondern die Finanzierung eines Forschungsprojekts zur Entwicklung einer Alternative ohne Tiere. Nach einer genauen Prüfung von Informationen über die Finanzverhältnisse in der Kosmetikindustrie rechnete er aus, daß 1,1 Millionen Dollar für ein Sofortprogramm zur Entwicklung einer Alternative zum Draize-Test zur Verfügung stehen würden, wenn jede Firma ein hundertstel Prozent ihrer Einnahmen zur Verfügung stellen würde. Ein hundertstel Prozent schien ein bescheidener Preis für die Beendigung der Leiden zu sein, die die Kosmetikindustrie den Tieren auferlegte. Auf Revlon entfielen 170 000 Dollar pro Jahr – und allein der Werbeetat betrug 162 Millionen Dollar.[22]

Abgesehen davon, daß die Kampagne erfolgversprechend war, wenn man von Revlon ein hundertstel Prozent ihrer Einkünfte forderte, während die Forderung nach Einstellung des Draize-Tests keine Aussicht auf

Erfolg hatte, empfahl sich ein solches Vorgehen noch aus einem anderen Grund. Wenn die gesamte Kosmetikindustrie den Draize-Test einstellte, betraf das jährlich ungefähr 10 000 Kaninchen. Doch die Zahl der Kaninchen, die für die Prüfung von Haushaltwaren, Arzneimitteln, Schädlingsbekämpfungsmitteln und Rohchemikalien eingesetzt wurden, war mindestens zehnmal so hoch. Diese Branchen waren nicht so angreifbar wie die Kosmetikindustrie, sie hatten kein so kunstvolles Schönheitsimage aufgebaut, das durch Konfrontation mit den Kaninchenversuchen leiden konnte. In vielen Fällen wurden die Versuche von Firmen durchgeführt, mit denen sich kein Markenname verband, und in anderen Fällen handelte es sich nicht um Produkte für ein breiteres Publikum. Wenn die Abschaffung des Draize-Tests das Endziel war, dann ließ es sich eher durch die Entwicklung einer alternativen Prüfmethode erreichen als dadurch, daß nur Revlon, Avon und andere Kosmetikfirmen auf ihn verzichteten.

Die Kampagne begann im September 1978 mit einem Brief von Leonard Rack und Henry an Frank Johnson, den für Öffentlichkeitsfragen zuständigen Direktor bei Revlon. Der Brief skizzierte einige wissenschaftliche Gedanken zur Ersetzung der Tierversuche in der Kosmetikindustrie. Diese Methoden seien »schneller und wirtschaftlicher und gewähren den Kosmetikkunden besseren Schutz als die jetzt gebräuchlichen Verfahren«. Der Brief zitierte Smyths Äußerungen, daß eine Alternative zum Draize-Test wünschenswert sei, und gab detaillierte Hinweise auf wissenschaftliche Arbeiten über erfolgversprechende Ansätze. Die »ethische Seite einer Ersetzung der Tierversuche« wurde nur in zwei Sätzen gegen Ende des fünfseitigen Schreibens angesprochen.

Monate vergingen ohne eine wirkliche Antwort. Um die Dinge in der Firma in Bewegung zu bringen, kaufte Henry eine Revlon-Aktie und besuchte die jährliche Generalversammlung. In der Fragestunde – nachdem Generaldirektor Michel Bergerac die größte Dividendensteigerung in der Geschichte der Firma bekanntgegeben hatte – stand Henry auf und verlangte die Beendigung der »grausamen und grotesken« Blendungstests an Kaninchen bei Revlon. Bergerac antwortete, »bedauerlicherweise« habe man nur die Wahl zwischen der »Schädigung von Tieren oder der Schädigung von Menschen«.[23]

Bis Juni 1979 war Henry zu sehr mit der Kampagne gegen den Metcalf-Hatch Act beschäftigt, um an der Sache zu arbeiten, doch sobald Gouverneur Carey die Gesetzesänderung unterzeichnet hatte, wandte sich Henry mit erneuter Dringlichkeit Revlon zu. Frank Johnson erklärte sich zu einer Unterredung bereit, und am Morgen des 28. Juni wurde Henry in Johnsons eindrucksvolles Büro mit Blick auf den Central Park geführt.

Johnson war freundlich und schien Henry zuzuhören, doch er wollte sich nicht festlegen, was Revlon für die Entwicklung von alternativen Testmethoden tun würde. Schlimmer noch – während des Gesprächs stellte sich heraus, daß er Racks Denkschrift nicht an die Revlon-Wissenschaftler weitergeleitet hatte. Nach der Unterredung zog Henry mit Rack Bilanz, und sie kamen zu dem Schluß, daß sie nicht ernstgenommen würden. Henry schrieb einen Brief, in dem er feststellte, die Nichtweiterleitung der Denkschrift »stellt einen kommunikativen Vertrauensbruch dar und führte zu Zeitverschwendung bei unserer Unterredung«. Er verlangte »eine alsbaldige Reaktion« auf seine konkreten Vorschläge.

Einen Monat später schrieb Henry an Michel Bergerac:

Sehr geehrter Herr Bergerac,
Vor neun Monaten übermittelten wir Herrn Frank Johnson eine Denkschrift über Alternativen zur Sicherheitsprüfung kosmetischer Erzeugnisse an lebenden Tieren, von der eine verbesserte Fassung beiliegt. Unser letzter Brief – Kopie in der Anlage – wurde am 28.6.79 persönlich übergeben. Ihm folgten drei Anrufe bei seiner Sekretärin – und keine Antwort von Herrn Johnson.

Auf persönlicher Ebene war Herr Johnson durchaus verbindlich, doch seine Handlungsweise bedeutet eine unverhohlene und bewußte Beleidigung, die in erheblichem Maße auf eine Verkennung des Wertes hinauslaufen dürfte, den unser Gesprächsversuch für Revlon haben könnte. Es wäre auch ein schwerer Irrtum, wenn Herr Johnson unsere Geduld und Verbindlichkeit als Schwäche auslegen würde.

Wir hoffen aber nachdrücklich, daß Sie ein verständiges Interesse an den aufgezeigten Möglichkeiten zeigen werden.[24]

Der Aufbau einer Koalition

Als Revlon weiter höfliche, aber nichtssagende Antworten gab, begann Henry damit, seine »Koalition zur Abschaffung von Metcalf-Hatch« in eine »Koalition zur Beendigung der Draize-Blendungstests an Kaninchen« umzuwandeln. Grundlage war ein fünfseitiger Entwurf vom 23. August 1979, in dem Henry die Ziele der Koalition skizzierte. Von Anfang an war klar, daß sie über die Abschaffung des Draize-Tests hinausgingen:

– Infragestellung des archaischen Rituals, mit dem die Aufsichtsbehörden die Erprobung jeglicher Cemikalie an Dutzenden von Millionen Tieren im Jahr verlangen.

– Konzentration auf einen einzigen, grotesken, weitverbreiteten – und besonders angreifbaren – Test, die Augenverstümmelungen nach Draize, als spezifisches, konkretes Angriffsziel.

– Schaffung eines Präzedenzfalls für die Ersetzung roher, schmerzhafter und veralteter Methoden durch elegante, moderne, gewaltlose Wissenschaft durch eine realistische, wirkungsvolle und aussichtsreiche Kampagne.

Der übrige Teil des Entwurfs beschrieb den Draize-Test, streifte kurz die jüngsten Erfolge der Tierrechtsbewegung, diskutierte den bisherigen Mißerfolg der Ersetzung auch nur eines einzigen Tierversuchs und erwog verschiedene Ansätze, darunter auch Druck auf Revlon und/oder Avon und einen Gesetzesvorschlag, der die Aufsichtsbehörden verpflichtete, tierfreie Methoden nach ihrer Entwicklung sofort anzuerkennen.[25] Im Einklang mit seinem Grundsatz, Verhandlungsgegenstände offen und klar darzulegen, schickte Henry den Plan an alle, die sich über die Koalition oder die Kampagne informieren wollten, auch an Leute aus der Kosmetikindustrie.[26]

Die Koalition wuchs auf mehr als 400 Organisationen mit Millionen von Mitgliedern an. Die laufenden Grundkosten wurden von den größeren Gesellschaften aufgebracht, vor allem der Humane Society of the United States, der ASPCA und der Chicago Anti-Cruelty Society. Einmal schrieb die Humane Society of the United States im Namen der Koalition 250 000 Personen an, und eine Zeitlang beschäftigte sie eine Halbtagskraft zur Unterstützung der Koalition. Davon abgesehen hatte die Koalition keine bezahlten Mitarbeiter. Henry arbeitete noch als Lehrer an der High School und engagierte sich in seiner Freizeit für die Kampagne.

Da die amerikanischen Tierschutzorganisationen dafür bekannt sind, mehr Energie auf den Kampf gegeneinander als auf den Kampf für die Tiere zu verwenden, war es eine außerordentliche Leistung, diese Koalition grundverschiedener Gruppen zusammenzuhalten. Henry schaffte das hauptsächlich, indem er so erfolgreich war, daß jeder der Koalition angehören wollte, selbst wenn er mit ihrem Handeln nicht einverstanden war. Andrew Rowan, der wissenschaftlicher Berater der Koalition und damals Mitarbeiter der Humane Society of the United States nannte die Koalition »Henrys Show und Henrys Werkstatt«. Das heißt nicht, daß Henry die Meinungen anderer nicht zur Kenntnis nahm. Vielmehr bestand seine auch über Jahre nicht geänderte Vorgehensweise darin, einige Ideen zu entwickeln und sie einer Gruppe von Leuten vorzulegen, mit denen er dann einzeln sprach, manchmal bei einer persönlichen Verabredung, wenn sie in der Nähe waren, meist aber telefonisch. Welche Leute er einbezog, hing von der Sache ab, normalerweise gehörte Rowan jedoch dazu, ebenso Elinor Molbegott und ich sowie bis zu seinem Tod im Jahr 1990 Leonard Rack. Die Entscheidungen traf aber schließlich Henry.

Zu Beginn der Draize-Kampagne bestand in der Koalition Uneinigkeit darüber, ob eine einzelne Firma oder die gesamte Kosmetikindustrie angegangen werden sollte. Die Humane Society of the United States – die größte Einzelorganisation in der Koalition – wollte Revlon nicht hervorheben, weil sie juristische Schritte befürchtete, und das war keineswegs völlig unbegründet. Ein Supermarkt hatte erfolgreich gegen eine Gruppe geklagt, die wegen Rassendiskriminierung in seiner Beschäftigungspolitik Streikposten aufgestellt hatte, und gewonnen, weil die Diskriminierung in dieser Firma offenbar nicht schlimmer war als in anderen Supermärkten. Doch Henry machte trotzdem gegen Revlon weiter. Rowan erinnert sich: »Das erzeugte eine gewisse Angst und Besorgnis in der Humane Society of the United States, doch die Kampagne rollte, und die Humane Society of the United States wollte zu diesem Zeitpunkt nicht aussteigen.«[27]

Es begannen Zeitungsartikel über den Draize-Test und die Koalition zu erscheinen,[28] doch sie genügten nicht, um Revlon zu überzeugen, die Sache ernstzunehmen. Im Dezember 1979 schrieb Henry wieder an Michel Bergerac, diesmal mit dem Briefkopf der Koalition zur Beendigung der Draize-Blendungstests, und bat um ein Gespräch. Stattdessen wurde ein weiteres Treffen mit Johnson auf den 16. Januar 1980 angesetzt. Als Vertreter und Vertreterinnen der Koalition brachte Henry Andrew Rowan, Pegeen Fitzgerald und Elinor Molbegott mit, und um Johnson auf etwas Konkretes festlegen zu können, hatte ihm Henry einige spezifische Vorschläge für ein Sofortprogramm zur Entwicklung von Alternativen zum Draize-Test zugeschickt. Trotzdem war die Unterredung vor allem Schau und blieb ohne wesentlichen Gehalt. Den Gästen wurde die Aussicht gezeigt, und ein Butler kam herein und fragte, was sie trinken wollten, doch sie gingen, ohne daß irgendwelche Vereinbarungen hinsichtlich Henrys Vorschlägen erreicht worden wären. Im folgenden Monat schrieb Johnson, er habe die Vorschläge an einen Unterausschuß der Vereinigung der Kosmetik-, Toilettenartikel- und Parfümhersteller (Cosmetics, Toiletry, and Fragrances Association, CTFA) weitergegeben. Das war nicht gerade die entscheidende Handlung, auf die die Koalition wartete.

Das Haupthindernis dabei, Revlon mit Blick auf den Draize-Test zum Handeln zu bringen, bestand darin, daß die amerikanischen Unternehmer einfach nicht an den Gedanken gewöhnt waren, daß die Verwendung von

Tieren bei der Produktprüfung ihre Aufmerksamkeit verdiente. Wie Barnaby Feder es ausdrückte, »wäre es in den meisten Branchen nicht auf dem Radarschirm erschienen«.[29] Henry fing an darüber nachzudenken, wie sich die Sache bei Revlon mit Sicherheit auf den ersten Platz der Dringlichkeitsliste bringen ließe.

Die Anzeige

1977 ging Mark Graham, ein Werbungsdirektor bei Ogilvy & Mather, die Fifth Avenue hinunter, als ihm eine von Henrys Helferinnen bei der Museumskampagne ein Flugblatt mit der Abbildung eines Katzenkopfes in die Hand drückte, der in ein Laborgestell eingespannt war. Graham war über die beschriebenen Experimente empört, doch für ihn als Fachmann ließ die Aufmachung des Flugblatts eine Menge zu wünschen übrig. Er gab der Frau seine Visitenkarte und trug ihr auf, sie an die ihm unbekannte Leitung der Kampagne weiterzugeben. Henry erhielt die Karte und legte sie ab. Zwei Jahre später zog er sie hervor und rief Graham an, um ihn zu fragen, ob er daran interessiert sei, beim Entwurf einer Anzeige gegen Revlon und den Draize-Test mitzuwirken. Damit begann eine Reihe von Treffen in der Mittagspause, bei denen Henry und Graham alle möglichen Ideen für eine Anzeige erwogen. Schließlich kamen sie auf die Anzeige, die zu Beginn des Vorworts des vorliegenden Buches beschrieben wird. Im Unterschied zu den meisten bisherigen Anzeigen der Tierschutzbewegung wies sie den Stil und die professionelle Aufmachung der Werbung großer Firmen wie Revlon selbst auf.

Mit dem Anzeigenentwurf in der Hand besuchten Henry und Graham Pegeen Fitzgerald in ihrer geräumigen Wohnung am Südrand des Central Park, und sie war einverstanden, daß Millennium Guild, eine Organisation, die sie führte, für die Anzeige eine ganze Seite der *New York Times* bezahlen würde. Als sie am 15. April 1980 erschien, war das Echo gewaltig. Eine Flut von Protestbriefen begann Revlon zu überschwemmen, und Millennium Guild erhielt Spenden und Sympathiebriefe. Die Spenden wurden für weitere Anzeigen verwendet.[30]

Revlon reagierte mit einer Pressemitteilung, die bestritt, daß die Firma »Kaninchen um der Schönheit willen blendet«. Es würden keine »Rohchemikalien« oder »bekannte Reizsubstanzen« an Kaninchen getestet. Außerdem sei der Draize-Test »das allgemein anerkannte wissenschaftliche Standardverfahren zur Prüfung kosmetischer Erzeugnisse auf etwaige Augenreizwirkung«, er werde »von den Behörden der Bundesregierung verwendet, die für die Sicherheit von Konsumgütern und chemischen Erzeugnissen verantwortlich sind«, und es gebe keinen Ersatz dafür. Weiter hieß es in der Erklärung, Revlon »bemüht sich aktiv um andere Prüfverfahren«, habe aber bislang noch keines gefunden.[31]

Diese Antwort enthielt eine gewisse Wahrheit. Die Substanzen, die von der Kosmetikindustrie in Kaninchenaugen geträufelt wurden, waren wahrscheinlich weniger stark reizend als Haushaltreiniger oder Rohchemikalien, die andere Firmen prüften. Es stimmte auch, daß der Draize-Test ein Standardverfahren war, zu dem es noch keine Alternative gab. Revlon konnte sich also durchaus schlecht behandelt fühlen, weil es als erstes Angriffsziel einer Kampagne gegen den Draize-Test ausgewählt worden war. Dennoch, Tausende von Kaninchen litten unter den Kosmetik-Prüfungen, und Henry hatte nicht den Eindruck, die Kosmetikindustrie brauche sein Mitgefühl, nur weil andere Branchen, die noch mehr Leiden verursachten, nicht angegriffen worden waren. Was die Behauptung betraf, Revlon bemühe sich aktiv um Alternativen, so konnte sich Henry nur wundern, warum ihm die Firma in der ganzen Zeit, die sie Gespräche geführt und korrespondiert hatten, keine einzige von ihr veranlaßte Laboruntersuchung hatte zeigen können.

Die Bürokratie wird in Bewegung gebracht

Ein wesentlicher Punkt in Revlons Verteidigung des Draize-Tests war, daß er »von den Behörden der Bundesregierung verwendet [wird], die für die Sicherheit von Konsumgütern und chemischen Erzeugnissen verantwortlich sind«. Diese sorgfältige Formulierung war nötig, weil keine Bundesbehörde ausdrücklich den Test verlangte. Sie forderten vielmehr von den Firmen einen angemessenen Nachweis über die Sicherheit des Erzeugnisses, oder aber das Produkt mußte mit der Aufschrift versehen werden, daß keine Erkenntnisse über die Sicherheit vorlägen. Kein wichtiger Hersteller von Kosmetikartikeln oder Produkten für den Haushalt war bereit, eine solche Warnung aufzudrucken. Da die Behörden den Draize-Test immer anerkannten und niemand von einem anderen Verfahren wußte, das als gleichwertig anerkannt würde, bedienten sich die Firmen weiter dieses Tests.

Unter diesen Umständen war es ebenso wichtig, auf die Zulassungsbehörden einzuwirken, damit sie ihre Haltung änderten, wie auf die Hersteller. Andere Verfahren waren nur dann sinnvoll, wenn die Behörden auch bereit waren, sie anzuerkennen. Während also die Kampagne gegen

Revlon weiterging, wandte sich Henry auch an die Behörden verschiedener Ebenen und erzielte damit einigen Erfolg. Wie völlig gedankenlos man mit der Verwendung von Tieren bei der Sicherheitsprüfung umgegangen war, bevor Henry seine Kampagne begonnen hatte, zeigte sich, als die staatliche Interagency Regulatory Liaison Group bekanntgab, daß »bei Substanzen mit korrosiver Wirkung davon ausgegangen werden kann, daß sie die Augen reizen,« und eine Erprobung an Kaninchen unterbleiben sollte. Selbst *Chemical Week* zollte diesem Schritt Beifall:

> Es stimmt, daß der Test überstrapaziert wurde. Kein vernünftiger Mensch würde – wie in der Vergangenheit geschehen – einen Draize-Test zum Nachweis dafür verlangen, daß Natronlauge die Augen reizt. Doch die Behörden lockern ihre Forderungen nach Draize-Tests. Das scheint auf die Bemühungen der Gruppe zurückzugehen, und dafür verdient die Koalition uneingeschränkten Beifall.[32]

Im September sprach der republikanische Senator David Durenberger von Minnesota den US-Senat auf die Sache an:

> Neulich abends sah ich die Fernsehschau *20/20* ... Eines der Themen war die fortgesetzte Rechtfertigung des Draize-Tests. Ich war unangenehm berührt von der Art, wie die Bundesbeamten auf die Fragen des Reporters reagierten. Zum Beispiel fragte der Reporter, warum sich die Bundesregierung eines so schmerzhaften Tests bediene, und warum die Tiere kein Schmerzmittel erhielten. Der Beamte antwortete: ›Daran hat noch niemand gedacht.‹

Durenberger legte eine Resolution vor, die Zweifel an der Zuverlässigkeit des Draize-Tests erwähnte und anschließend forderte:

> Es möge also beschlossen werden: Der Senat ist der Meinung, daß die Kommission für die Sicherheit von Verbrauchsgütern, die Umweltschutzbehörde und die Behörde für Nahrungs- und Arzneimittel Forschungskapazität und Finanzmittel zur Entwicklung und Validierung anderer, tierfreier Prüfverfahren bereitstellen sollen.[33]

Solche Entschließungen sind nicht bindend, doch wenn über sie abgestimmt wird – was ungewöhnlich ist –, haben sie für die Behörden einiges Gewicht. Der Resolutionsentwurf wurde an einen Ausschuß weitergeleitet, wo er fast zwei Jahre herumlag. Am 11. August 1982 kam er schließlich im Senat zur Abstimmung und wurde mit Mehrheit angenommen. Bis dahin war aber auch viel anderes geschehen.

Fortschritte

Revlon reagierte nicht positiv auf die Anzeige, wohl aber sein Konkurrent Avon. Am 25. April 1980 gab Avon bekannt, die Kaninchen würden bei ihnen nicht fixiert, und es seien kürzlich neue Richtlinien in Kraft getreten, wonach die lokale Betäubung stärker zum Einsatz komme und die Prüfsubstanzen zu verdünnen seien. Auch untersuche Avon Möglichkeiten, die Gesamtzahl der Draize-Tests zu verringern.[34]

Eine weitere positive Reaktion kam von der Dachorganisation der Branche, der CTFA, die auf Avons Drängen hin eine Projektgruppe für Prüfsysteme einrichtete und mit der Aufstellung einer Datenbank bereits geprüfter Materialien begann, um unnötigen Wiederholungen von Tests entgegenzuwirken. Am 6. und 7. Oktober veranstaltete die CTFA in Washington eine Tagung, auf der Wissenschaftler, Beamte der Behörden für Produktsicherheit und Mitglieder der Tierrechtsbewegung zusammentrafen, um über den Draize-Test zu diskutieren. Man war sich einig, daß der Test abgeändert werden sollte und Forschungsprojekte etabliert werden müßten, um alternative Testverfahren zu entwickeln. Doch niemand wurde wirklich aufgefordert, Vorschläge einzureichen, und es gab keine Hinweise darauf, wie solche Vorhaben finanziert werden sollten.[35]

Auf dieser Tagung lernte Henry Professor William Douglas von der Medizinischen Fakultät der Tufts University kennen, einen Fachmann für Zellkulturen. Er erklärte, er besuche die Tagung nur aus wissenschaftlichem Interesse, doch Henry fand ihn beeindruckend und war darauf aus, ihn für die Sache zu interessieren. Nach der Tagung ging Henry nach Boston, um Douglas vorzuschlagen, einen Forschungsplan für die Verwendung von Zellkulturen anstelle des Draize-Tests zu entwickeln. Douglas entwickelte ein Forschungsvorhaben, das vorsah, Zellkulturen aus menschlicher Hornhaut aus einer Augenbank anzulegen. Die dabei entstehenden Zellgewebe würden von Menschen stammen und nicht von Kaninchen, und der Test würde weniger kosten als bei der Verwendung von Kaninchen. Henry meinte, daß Revlon oder eine reiche Antivivisektionsgesellschaft einen solchen Forschungsvorschlag finanzieren würde. Schließlich gewann er die New England Anti-Vivisection Society (NEAVS) für die Finanzierung von Douglas' Forschung.

Eine andere Folge der Anzeige in der *New York Times* ergab sich durch die Initiative von Susan Fowler, Redakteurin von *Lab Animal*, einer Branchenzeitschrift für Züchter und Lieferanten von Labortieren und die Tierpfleger in den Laboratorien. Susan Fowler hatte selbst mit Labortieren gearbeitet, war über manches, was sie gesehen hatte, beunruhigt gewesen und meinte, das Thema könnte ihre ziemlich langweilige Zeitschrift etwas interessanter machen. Die Anzeige lieferte ihr den Anlaß. Sie rief Henry an und fragte ihn, ob er *Lab Animal* ein Interview geben würde – wobei sie erwartete, daß er angesichts einer Leserschaft, die die Tierbewegung im allgemeinen als ihren Feind ansah, eher zögerlich reagieren würde. Doch Henry ergriff die Chance, Leute zu erreichen, die in einer Position waren, die es erlaubte, das Schicksal der ihnen anvertrauten Tiere wirklich anders zu gestalten. Und so wurde die Januar/Februar-Ausgabe 1981 von *Lab Animal* ohne weiteres die umstrittenste, die je herausgekommen war. Auf der Titelseite erschien die Abbildung eines Kaninchens aus der Anzeige in der *New York Times*, und das Heft begann mit einem Editorial, in dem Susan Fowler ihre Entscheidung verteidigte, »den Ansichten eines Antivivisektionisten« so viel Raum zu gewähren. Das Interview war sieben Seiten lang und von Werbung für Totenkopfäffchen, Hamster, galvanisierte Metallkäfige und Guillotinen für Nagetiere durchsetzt. Auf den Fotos lächelte Henry freundlich, und im Interview war er geradeheraus, aber beherrscht. Er verbarg die Radikalität des Tierbefreiungsstandpunkts nicht, bemühte sich aber, seine Wurzeln in der Menschenrechtsbewegung herauszustellen und darzulegen, daß er keinesfalls wissenschaftsfeindlich sei.

Die Veröffentlichung des Interviews, sagte Fowler,

> setzte ein Gespräch in der ganzen Labortierbranche in Gang. Es schien sich zu zeigen, daß die Menschen, die mit den Tieren arbeiteten, starke Empfindungen für sie hatten – und dies auch, wenn es nur Ratten waren –, aber niemand hatte ihnen erlaubt zu sagen: ›Ich möchte, daß es diesen Tieren gut geht, daß sie glücklich sind, ich möchte nicht, daß sie verletzt werden.‹ Darüber durfte man einfach nicht reden. Doch durch die Veröffentlichung dieses Interviews mit Henry wurde es möglich. Er dämonisiert den Gegner nicht, und so ermöglichte er es allen Leuten aus der Branche, auf ihn und seine Ideen einzugehen ... Und dieses Gespräch hat sich in dieser Zeitschrift mindestens sechzehn Jahre lang fortgesetzt.[36]

Um den Schwung der Arbeit gegen Revlon zu erhalten, versammelten sich am 13. Mai mehrere hundert Menschen vor der Firmenzentrale. Einige waren als Kaninchen verkleidet. Die Demonstration machte Eindruck auf Roger Shelley, den damals für die Beziehungen zu den Investoren zuständigen Vizepräsidenten:

> Ich erinnere mich, daß eines Tages um die Mittagszeit eine ungeheure Demonstration auf der Fifth-Avenue-Seite des General-Motors-Ge-

bäudes stattfand, das war wohl der prominenteste Platz in ganz New York, mit dem Plaza-Hotel im Hintergrund, dem General-Motors-Gebäude im Vordergrund, dem Central Park auf der einen Seite und der Fifth Avenue in Richtung Stadtzentrum auf der anderen, und da waren Aberhunderte von Menschen ... und mittendrin waren alle wichtigen Wissenschaftsschriftsteller, Wissenschaftsjournalisten, Zeitungsleute und Fernsehleute aus den Wissenschaftsredaktionen von New York – und alle interviewten irgendwelche Leute. Und an diesem Abend im Fernsehen und am nächsten Morgen in den Zeitungen bezogen wir Prügel, wie es noch kein Gegner von Mohammed Ali je erlebt hat.[37]

Roger Shelley hatte gute Gründe, sich an diese Demonstration zu erinnern, denn kurz danach wurde Frank Johnson, der die Sache für Revlon behandelt hatte, abgesetzt, und die Aufgabe wurde Shelley übertragen. Nach der Arbeit mit Investoren muß seine neue Aufgabe für ihn ein Schock gewesen sein:

Ich mußte 20 000 Antwortbriefe persönlich unterschreiben. Für Samstag und Sonntag hatte meine Sekretärin Schuhkartons davon vorbereitet, an Leute, die uns geschrieben hatten. [Wir antworteten ihnen allen], ob sie nun Aktionäre, Kunden, Mitarbeiter oder Tierrechtler aus dem ganzen Land waren. Davon bekam ich einen Schreibkrampf ... aber was wichtiger war, es führte dem Vorstand diesen Brennpunkt deutlich vor Augen ... daß wir uns damit beschäftigen mußten.

Verhandlungen

Revlons Entscheidung, Johnson durch Shelley abzulösen, war ein hoffnungsvolles Zeichen, daß die Firma nun mehr tun würde, als diese Frage auf der Public Relations Ebene zu behandeln. Shelley beschloß, sich so bald wie möglich mit Henry zu treffen. Sie trafen sich nicht, wie bei Johnson, im Büro, sondern in einer Cocktailbar, wo sie beide alkoholfreie Getränke bestellten und ins Gespräch kamen. Shelley erwartete Schwierigkeiten, eine gemeinsame Basis zu finden:

Ich hatte das Gefühl, wenn ich mich mit Henry Spira träfe, würde das zu einer Reihe höchst kontroverser Sitzungen führen, weil Henry für die Gefühle der Tierrechtsgruppen über die Tierversuche in der Kosmetikindustrie eintrat – und das sehr gut –, während ich Verbraucher, Aktionäre, Mitarbeiter und eine Firma vertrat, und in dieser Frage gab es nur allzuviel Gelegenheit für Meinungsverschiedenheiten zwischen uns.

Doch mein erster Eindruck von Henry ging dahin, daß mein Vorurteil falsch war. Ein wichtiger und entscheidender Punkt bei Henry, den ich und ... Michel Bergerac damals wahrnahmen, war, daß Henry die geschäftlichen Sachzwänge verstand. Mein erster Eindruck war: ›Hier ist ein Mann, der eine dezidierte Ansicht hat – daran solltest du nicht zweifeln –, der mit uns Frieden schließen will, indem er uns dazu bringt, das zu tun, was in seinen Augen das Richtige ist, der aber auch uns zuhört und bereit ist, sich etwas zu überlegen, mit dem auch wir leben könnten.‹[38]

Während Shelley und Henry einander kennenlernten und überlegten, was »das Richtige« sein könnte, mit dem Revlon leben könnte, achtete Henry darauf, daß der Druck nicht nachließ. Es fanden mehrere kleinere Demonstrationen statt, darunter eine bei Bloomingdale. Sympathisanten forderten ihre örtlichen Geschäfte auf, keine Revlon-Erzeugnisse zu führen; von einem zwölfjährigen Jungen wurde berichtet, er habe drei kleine Kaufhäuser dazu gebracht, keine Revlon-Kosmetik mehr zu verkaufen.[39] Die führenden Fernsehsendungen *20/20* und *Speak Up America* berichteten über die Draize-Test-Kampagne. Die Branchenzeitschrift *Chemical Week* brachte einen Artikel mit der Überschrift »Den Kosmetikfirmen wird es wegen des Draize-Tests ungemütlich«.[40] Am 7. Oktober erschien in der *New York Times* eine zweite ganzseitige Anzeige mit der Großaufnahme einer Hand, die einem Kaninchen etwas ins Auge träufelt, und der Schlagzeile: »Es muß für Revlon eine weniger scheußliche Möglichkeit geben, Schönheitprodukte zu prüfen.«

Am 29. November nahm die Kampagne internationale Ausmaße an, in England, Deutschland, Frankreich, Australien, Neuseeland und Südafrika fanden gleichzeitig Demonstrationen statt. »Denkt an den Tag der Revlon-Kaninchen« hieß es besonders in England, wo Jean Pink, die Gründerin einer rasch wachsenden Organisation namens Animal Aid, in jeder englischen Großstadt mindestens 3500 Aktivisten auf die Beine brachte, die vor Läden in der High Street mit Revlon-Abteilungen Streikposten aufstellten und 400 000 Flugblätter verteilten, die über den Draize-Test informierten. Aufkleber mit dem Text »Revlon foltert Kaninchen« begannen an öffentlichen Plätzen aufzutauchen.[41]

Shelley begann mit seinen Vorgesetzten über die Vergeblichkeit der Hoffnung zu sprechen, daß sich die Sache einfach legen würde, ohne daß Revlon eine positiven Schritt unternahm. Anfangs traf er auf etwas Widerstand von Leuten, die den Eindruck vermeiden wollten, daß Revlon sich dem Druck der Tierrechtsbewegung gebeugt habe; doch als es ihm gelang, über die ihm unmittelbar übergeordnete Management-Ebene hinauszukommen, stellte er fest:

> Diese Ansichten waren nicht die der Firmenspitze oder der ihr unmittelbar untergeordneten Ebene ... [Der Vorstand und die oberste Management-Ebene] hatten andere Prioritäten: Revlon gab es seit fünfzig Jahren ... und würde es noch lange geben, und da gebe es auch eine Zeit, wo diese abgedroschene Formel von der ›Verantwortung einer Firma‹ ins Spiel komme.[42]

Im November war klar, daß Revlon ernstlich daran dachte, Geld in die Finanzierung von Alternativen zu stecken. In einem Brief an Roger Shelley, in dem er ihn mit »Lieber Roger« anredete (in den anderthalb Jahren der Diskussion und Korrespondenz mit seinem Vorgänger hatte es immer »Sehr geehrter Herr Johnson« geheißen), schrieb Henry, er sei »nachdrücklich ermutigt und dankbar für Dein aktives Interesse an der Entwicklung von Alternativen zum Draize-Test«. Der Brief beschrieb die Situation der Firma positiv und verstand sie als eine Gelegenheit für den Branchenführer, den »Pionier der Verbindung phantasievoller, eleganter Wissenschaft mit einer wirksamen und kostengünstigen Sicherheitsprüfung« abzugeben.[43]

Um so weit zu kommen, war die Entwicklung eines Vertrauensverhältnisses zwischen Henry und Shelley entscheidend gewesen. Barnaby Feder kommentierte:

> In jedem Geschäft ist es so: Wenn man mit Leuten zu tun hat, die andere Werte oder Ziele haben als man selbst, sieht es allmählich so ähnlich wie Erpressung aus. Man möchte dann wissen: ›Wenn wir zu einer Einigung kommen, ist dann Schluß? Oder ist es nur der erste Schritt, und es hört einfach nie auf?‹[44]

Henry hatte Shelley davon überzeugen können, daß er nichts anderes wollte, als daß Revlon den ersten Schritt tue. Wenn das geschehen wäre, würde die Kampagne aufhören. Um die höchste Ebene des Revlon-Managements davon zu überzeugen, nahm Shelley Henry zu einer Besprechung mit:

> [Es brauchte] sehr wenig Überzeugungsarbeit meinerseits, besonders nachdem einige der Spitzenleute von Revlon Henry kennengelernt hatten ... Auf der Chefetage des General-Motors-Gebäudes, wo die Verwaltung von Revlon saß, gab es damals niemanden, der Henry nicht persönlich kennen und schätzen lernte.

Entscheidend war, daß Shelley Henrys Auffassung gelten ließ, daß beide Seiten etwas gewinnen könnten:

> Wir kamen zu dem Ergebnis, daß ein Weg, wie Revlon möglicherweise eine führende Stellung in der Branche würde einnehmen können, darin bestand, daß die Firma etwas tat, was noch niemand zuvor getan hatte, nämlich eine Universität zu beauftragen, eine Alternative zum Draize-Augenreiz-Test zu entwickeln.[45]

Henry veranlaßte durch sein Netzwerk von wissenschaftlichen Beratern, vor allem Andrew Rowan, daß Revlon Briefe von Wissenschaftlern erhielt, daß sie an daran interessiert seien, erfolgversprechende Ansätze einer Entwicklung von Alternativen zum Draize-Test zu erforschen, wenn die Finanzierung gesichert sei. Nach der Erwägung mehrerer Vorschläge entschieden Henry und Shelley sich für die Rockefeller University im Nordosten New Yorks als ideale Basis. Sie hatte sich aus dem Rockefeller-Institut für medizinische Forschung entwickelt und konzentrierte sich ausschließlich auf die Ausbildung höherer Semester und die biomedizinische Forschung. Die 16 Nobelpreise, die ihre Wissenschaftler bereits erhalten hatten, bezeugten hinreichend ihre internationale Spitzenstellung. Wenn eine so hervorragende Institution die Führung bei der Erforschung von Alternativen zu Tierversuchen übernahm, bedeutete das die Erfüllung von Henrys schönsten Hoffnungen. Der Status des Empfängers dieser Forschungsgelder war nicht nur deshalb wichtig, weil die Chance, daß man eine brauchbare Alternative zum Draize-Test fand, um so größer war, je besser die Institution war, in der die Forschung durchgeführt wurde, sondern auch, weil die In-Vitro-Toxikologie, die bis dahin nicht als ernstzunehmendes Forschungsfeld galt, durch die Rockefeller University einen noch nie dagewesenen Auftrieb erfuhr. Henry sagte später: »Das machte die Suche nach Alternativen, die anfangs als eine verrückte antivivisektionistische Frage angesehen wurde, zu einer Angelegenheit, die von einer Firma mit vielfachem Milliardenumsatz in großem Maßstab unterstützt und an einer der angesehensten medizinischen Forschungsstätten des Landes durchgeführt wurde.«[46]

Henry und Shelley gingen zu Dr. Dennis Stark, dem Leiter des Labortier-Forschungszentrums an der Rockefeller University, und teilten ihm ihre Absichten mit. Als sich Stark an einen Forschungsauftrag von Revlon interessiert zeigte, vermittelte Shelley eine Unterredung zwischen Bergerac und Dr. Joshua Lederberg, Präsident der Rockefeller University und Nobelpreisträger. Als Ergebnis sagte Revlon über drei Jahre insgesamt 750 000 Dollar zu – das war mehr als das hundertstel Prozent der Einnahmen, das Henry ursprünglich angestrebt hatte. Bergerac hielt den Forschungsauftrag für so wichtig, daß er ihn in eine Vorstandssitzung einbrachte, wo er einstimmig gutgeheißen wurde.[47]

Es wird Geschichte gemacht

Shelley organisierte eine große Pressekonferenz im Plaza-Hotel, bei der Bergerac einem Vertreter der Universität den ersten Scheck überreichen würde. Dieser Tag, der 23. Dezember 1980, war kalt, es schneite, und Shelley fürchtete, daß niemand von der Presse erscheinen würde; doch seine Besorgnis erwies sich als unbegründet: Etwa 200 Journalisten und Fernsehteams kamen und hörten, wie Bergerac sagte, Revlon sei es äußerst wichtig, eine Alternative zu den Tierversuchen zu finden, und der Forschungsauftrag sei »ein Beweis für das soziale Gewissen von Revlon«.[48] Darüber hätte Henry gelächelt, doch er war nicht dabei. Revlon hatte ihn nicht eingeladen, und er nahm den Ausschluß vom Höhepunkt seiner Kampagne taktvoll hin. Der nächste Teil von Bergeracs Rede war das Ergebnis eines Vorschlags von Henry. Er diente als Ausgangspunkt für Henrys nächste Aufgabe und bot Revlon eine elegante Möglichkeit, mit den anderen Kosmetikfirmen abzurechnen, die bei den Angriffen auf Revlon geschwiegen hatten:

> Draize ist kein Problem von Revlon, es betrifft alle Kosmetikfirmen. Diese rufe ich daher auf, uns als echte Partner bei diesem Forschungsprogramm beizutreten. Ich weiß, daß die Generaldirektoren von Avon, Bristol-Myers, Elizabeth Arden, Gillette, Johnson & Johnson, Estée Lauder, L'Oréal, Max Factor, Maybelline, Noxell und Procter & Gamble ebenso wie wir an der Sicherheit der Verbraucher und Verbraucherinnen interessiert sind, und ich bin sicher, daß sie sich beteiligen werden.[49]

Für Shelley war es ein denkwürdiger Tag:

> Die Haltung der Firma war ... großer Stolz auf das, was wir taten. Alle in unserer Firma fühlten sich gut, als sie an diesem Tag nach Hause gingen, weil ihre Kinder sie nicht mehr anstarren und für jemanden halten würden, der mit Kaninchen abwegige Sachen macht.[50]

Die Koalition zur Beendigung der Draize-Blendungstests an Kaninchen brachte ihre eigene Pressemitteilung heraus. Journalisten, die die triumphierende Verkündung eines großartigen Sieges der Tierrechtsbewegung über ein Großunternehmen erwartet hatten, waren überrascht, als sie lediglich eine Stellungnahme zu lesen bekamen, die Revlon von Anfang bis Ende für seine »Initiative«, seinen »bahnbrechenden Schritt« und den »historischen Durchbruch« beglückwünschte. Das Wort »Sieg« kam nicht vor, und ebensowenig irgendeine Andeutung, daß die Entscheidung von Revlon die Reaktion auf irgendwelche Drohungen oder Druckmittel gewesen sei:

> Wir beglückwünschen Revlon und die Rockefeller University, sie machen Geschichte. Dies ist die erste Verbindung zwischen einem Großunternehmen und einem führenden Forschungszentrum, um barbarische Tierversuche durch phantasievolle, humane Wissenschaft zu ersetzen ... Dies kann der Anfang vom Ende des Leidens vieler Millionen lebender Tiere bei den Sicherheitstests sein.[51]

Die Erklärung schloß: »Wenn wir alle an einem Strang ziehen ... wird sich das Versprechen dieses historischen Anfangs erfüllen« und dankte Michel Bergerac, Roger Shelley und den leitenden Leuten der Rockefeller University »für die rasche und umsichtige Aufstellung eines brauchbaren Programms«.

Über Revlon hinaus

Henry hatte sich Revlon gegenüber verpflichtet, daß die Kampagne aufhören würde, sobald die Firma die geforderte Verpflichtung eingegangen sei. Doch die Kampagne war so gut gelaufen, daß einige aus der Tierrechtsbewegung sie weiterführen wollten, solange bei Revlon noch Draize-Tests durchgeführt würden. In England gelobte Jean Pink, daß »die Demonstrationen weitergehen«.[52] Für Henry bedeutete das eine Gefährdung seiner Glaubwürdigkeit, die er für weitergehende Ziele brauchte. Daher legte er Pink und den amerikanischen Gruppen, die Revlon unbedingt weiter bedrängen wollten, nahe, daß – wie Bergerac in seiner Rede gesagt hatte – jetzt die anderen Kosmetikfirmen am Ball seien. Statt weiter gegen Revlon zu arbeiten, solle sich die Koalition jetzt Avon vornehmen.

Henry schrieb dann an David Mitchell, den Vorsitzenden von Avon Products, Inc.:

Zweifellos hat Revlon mit seinem Forschungsauftrag an die Rockefeller University über 750 000 Dollar Maßstäbe gesetzt ... Revlon hat gezeigt, daß ein Großunternehmen die Weitsicht haben kann, konstruktiv, innovativ und sachorientiert zu reagieren. Von Avon erwarten wir nicht weniger.[53]

Der Brief verband die Ermutigung mit einer geschickt verschleierten Androhung von Demonstrationen. Angesichts der Ereignisse bei Revlon bedurfte es bei Avon keiner großen Überredungskünste. Am 18. März 1981 gab die Firma bekannt, daß sie ebenfalls 750 000 Dollar einem von der Branchenorganisation CTFA geschaffenen Fonds zur Erforschung von Alternativen zum Draize-Test zur Verfügung stellen werde.

Henry wandte sich als nächstes an die Firma Bristol-Myers, der eine Kampagne schaden konnte, weil sie mit ihrer Marke Clairol ebenfalls im Kosmetikbereich aktiv war, gleichzeitig aber einen weit größeren Geschäftsbereich im Pharmaziesektor hatte. Henry wollte es über diese Firma schaffen, die pharmazeutische Industrie an der Suche nach Alternativen zu beteiligen. Bristol-Myers zeigte sich jedoch zögerlicher als Avon, Geld in die Erforschung von Alternativen zu stecken. Man fühlte sich als Objekt eines Erpressungsversuchs und wollte zunächst nur 200 000 Dollar in den CTFA-Fonds stecken. Das genügte Henry nicht, weil diese Summe nach dem von Revlon und Avon gesetzten Maßstab nicht der Größe der Firma entsprach. Auch Jean Pink, die an den Verhandlungen beteiligt war und sich um eine Spende für den Fonds für die Ersetzung von Tieren bei medizinischen Experimenten (FRAME) bemühte, war damit nicht zufrieden. An einem Punkt hatte Henry eine Anzeige über Bristol-Myers fertig und konnte sie jederzeit drucken lassen. Am 21. August 1981 schrieb er einen seiner deutlichsten Briefe an Richard Gelb, den Vorsitzenden von Bristol-Myers:

> Letztes Jahr waren in den Laboratorien von Bristol-Myers Tausende unschuldiger Tiere eingesperrt, darunter 77 Menschenaffen, 236 Hunde, 219 Katzen, 1507 Meerschweinchen, 106 Hamster, 2845 Kaninchen und ungezählte weitere Nagetiere – alle verurteilt zu einem Leben oder Tod voller Schmerzen.
>
> Und während die Tiere im Todeskampf leiden, hat Bristol-Myers mehr als eine halbe Milliarde Dollar für Werbung ausgegeben. Wir meinen, daß die meisten Menschen an Fair play und anständige Werte glauben, daran, daß weder Menschen noch andere Lebewesen geschädigt werden dürfen. Und das bedeutet, daß Sie, wenn Sie planmäßig Tiere blenden, vergiften und vergasen, die Pflicht haben, etwas von Ihren Gewinnen darauf zu verwenden, das Leiden der Tiere zu Ende zu bringen, für das Sie verantwortlich sind, und die archaischen Tests zu modernisieren, mit denen Ihre Verbraucher ›geschützt‹ werden.
>
> Wir glauben auch, daß die meisten Menschen auf der ganzen Erde bereit wären, auf zwei Minuten Ihrer Fernsehwerbung zu verzichten

– 1 Million Dollar –, damit dem intensiven Leiden der Tiere ein Ende gesetzt werden könnte.

Wir haben drei Monate lang in Gesprächen mit Ihren Leuten versucht, einen kooperativen Ansatz herzustellen. Doch für Bristol-Myers scheint das Leiden von Tieren ein Spiel zu sein – das man mit schlauen Tricks spielt ... Und Bristol-Myers hat eine üble Bilanz aufzuweisen. Sie waren die hartnäckigste und auch noch die letzte Firma, die die Tierheime des Staates New York nach den verlorengegangenen und total verängstigten Lieblingen irgendwelcher Kinder durchkämmte. Doch von Ihrem Standpunkt aus war dieser Sklavenhandel höchst einträglich. 1977 raubten Sie der Central New York Society for the Prevention of Cruelty to Animals 558 Hunde und 163 Katzen ... Sie bezahlten 7,14 Dollar pro Hund und 3,44 Dollar pro Katze; im Handel hätten Sie 130 Dollar pro Hund und 22 Dollar pro Katze bezahlen müssen. Merkwürdigerweise ist Ihr gutes Geschäft mit abhanden gekommenen Haustieren bisher nicht veröffentlicht worden.

Seien Sie bitte versichert, daß über Ihre Verpflichtung gegenüber den Labortieren die Akten nicht geschlossen sind. Wir werden jede Möglichkeit verfolgen, um Bristol-Myers zur Anerkennung seiner moralischen Verpflichtungen zu bewegen.[54]

Auf diesen Brief folgten weitere Treffen und Gespräche mit der Firma. Im November zogen sich die Schlußverhandlungen – mit Telefonkontakt zu Jean Pink in England – bis in die späte Nacht hinein, und schließlich sagte Bristol Myers zu, 500 000 Dollar zur Verfügung zu stellen, davon 100 000 an FRAME [in England]. Daraufhin beschlossen Henry und Jean gemeinsam, ihre Pläne für eine öffentliche Kampagne gegen die Firma fallenzulassen.[55]

Bristol-Myers hatte zunächst nur unter stärkstem Druck einen Beitrag zur Suche nach Alternativen geleistet, trat jedoch später mit großer Überzeugung für Alternativmethoden ein. Die Firma gründete 1983 ihre eigene biochemische und zelltoxikologische Abteilung, die Reagenzglas-Methoden zur Untersuchung von Arzneimitteln entwickeln sollte. Sie finanzierte Symposien und trug zur Gründung der Industrial In-Vitro Toxicology Group bei, einer branchenweiten Vereinigung für alle, die an der Entwicklung, Validierung und Anwendung tierfreier Prüfverfahren arbeiten. Auch Avon begeisterte sich später für die Förderung von Alternativen. Für Henry bewies das, daß der Schritt in Richtung Alternativen wirklich eine Situation schuf, in der beide Seiten etwas gewannen.

Unterdessen begab sich Henry am 11. Mai 1981 mit der ASPCA-Juristin Elinor Molbegott und Vertretern der Humane Society of the United States und der Anti-Cruelty Society zu einer Unterredung mit Richard Gross, dem Leiter der Kommission für Verbrauchsgüter-Sicherheit (CPSC), und bat ihn, die Richtlinien für den Draize-Test so abzuändern, daß die Unternehmen nicht mehr behaupten könnten, sie müßten den Test durchführen, weil er von der CPSC verlangt werde. Gemäß CPSC-Protokoll endete die Besprechung »mit der Vereinbarung, daß sich CPSC-Mitarbeiter an den Entwurf eines Briefes betreffend die Annehmbarkeit gleichwertiger Verfahren anstelle des Draize-Tests machen werden«. Erst im Januar 1982 wurde dieser Brief fertig und er besagte, die CPSC würde »geeignete« Daten anstelle des Draize-Tests anerkennen. Das war ziemlich unbestimmt, doch der erste Schritt war getan, und die Koalition konnte jede Firma widerlegen, die unter Berufung auf die CPSC-Vorschriften behaupten würde, sie sei staatlich zum Draize-Test verpflichtet.[56] Später gab die CPSC neue Richtlinien für den Draize-Test heraus, die dazu führten, daß die Firmen nur noch halb so viele Kaninchen brauchten, um geeignete Daten vorzulegen. Die CPSC empfahl auch die Anwendung bestimmter Schmerzmittel und hörte damit auf, selbst routinemäßig Draize-Tests durchzuführen.[57] Die Veränderung des staatlichen Standpunkts ging enttäuschend langsam vor sich, doch sie wirkte sich auch außerhalb der Kosmetikindustrie aus und rettete damit noch eine wesentlich größere Anzahl von Tieren vor der Qual des Draize-Tests.

Der brancheneigene CTFA-Fonds wuchs immer noch weiter. Bald hatten auch Estée Lauder, Max Factor, Chanel und Mary Kay Cosmetics ihren Beitrag geleistet. Die CTFA kündigte an, den Fonds zur Gründung eines Zentrums für Alternativen zum Tierversuch zu verwenden. Dazu sollte anfangs eine Million Dollar und später nochmals ein etwa gleich großer Betrag zur Verfügung gestellt werden. Das Projekt wurde ausgeschrieben, und der Zuschlag ging an Dr. Alan Goldberg, einen Forscher an einer der angesehensten medizinischen Fakultäten des Landes, nämlich derjenigen der Johns Hopkins University in Baltimore, die am 21. September 1981 die erste Million erhielt.

Henry beobachtete das neue Institut genau. Er wußte, daß ein solches Zentrum leicht eigene Machtinteressen entwickeln konnte, die nicht unbedingt mit den Zielen derer übereinstimmen mußten, die auf seine Gründung hingearbeitet hatten. Zunächst schien auch genau dies einzutreten. Goldberg, der Leiter des Instituts, verbrachte mehr Zeit damit, weitere Spenden aufzutreiben und eine Stiftung zu gründen, als damit, das Forschungsprogramm zum Laufen zu bringen. Henry fand, das müsse sich ändern. Doch statt direkt an ihn zu schreiben, schickte er den Entwurf eines Briefes an Goldberg zahlreichen seiner Kollegen und auch anderen, die an der Gründung des Zentrums beteiligt gewesen waren, und bat um Kommentare. Der Entwurf war im Tonfall nicht zurückhaltend. Zu Goldbergs Spendenbemühungen schrieb Henry: »Wir fragen uns, ob Sie im Sinne des besten langfristigen Interesses der Labortiere, der beteiligten Kreise aus der Branche und der wissenschaftlichen Gemeinschaft handeln, oder ob Sie einen schnellen Gewinn mit dem Verkauf von Informationsmappen zu Niedrigpreisen machen wollen.« Der Briefentwurf äußerte sich ebenso kritisch über die Verwendung der bereits eingegangenen Gelder:

> Der Zweck dieser Gründung – darin sind wir uns wohl einig – war die Aufstellung innovativer Forschungsprogramme, die schnellstmöglich verwendbare Ergebnisse liefern sollten. Doch wenn wir die Berichte betrachten, soweit sie von Ihnen zugänglich gemacht worden sind, erkennen wir keine Anzeichen – oder auch Pläne – für innovative Programme.
>
> Im Gegenteil, es scheint so zu sein, daß eine erhebliche Geldsumme zur ›Aufpolsterung‹ bestehender Programme verwendet worden ist, die bereits durch die NIH bestens ausgestattet sind und die ohnehin durchgeführt worden wären.
>
> Das Ergebnis dieser Vorgehensweise scheint zu sein, daß die finanziellen Leistungen von CTFA wirkungslos gemacht werden, da den bestehenden Programmen nichts Neues hinzugefügt wird.

Der Entwurf schloß mit dem Hinweis, die von Goldberg eingesetzten Kontroll- und Beratungsgremien bestünden vorwiegend aus seinen Freunden und Kumpanen und sollten durch ein unabhängiges Wissenschaftlergremium ersetzt werden.[58]

Aus dem Entwurf wurde nie ein fertiger Brief, und er wurde nie an Goldberg abgeschickt. Vielmehr hörte – wie Henry geplant hatte – Goldberg wochenlang Beunruhigendes über diesen Entwurf von seinen Kollegen, die ihn mit der Bitte um einen Kommentar erhalten hatten. Es gab keine direkte Konfrontation, aber Goldberg verstand die Botschaft und beachtete sie. Die Beziehungen zwischen Henry und Goldberg waren eine Weile gespannt, aber das Zentrum wurde führend in der Entwicklung tierfreier Testverfahren, und Henry unterstützte es uneingeschränkt. Bei der Zehnjahresfeier konnte Goldberg über Henrys Strategie lachen, die ihn auf den richtigen Weg gebracht hatte.

William Douglas, der Fachmann für Zellkulturen von der Tufts University, den Henry im Herbst davor in Washington getroffen hatte, hatte sich ebenfalls bei der CTFA beworben und erhoffte sich die Million Dollar für sein Universitätsinstitut für Zellkulturen. Sein Antrag kam unter die drei besten Kandidaten, unterlag aber dem größeren Prestige der medizinischen Fakultät der Johns Hopkins University. Doch Douglas ging nicht ganz leer aus, er erhielt 200 000 Dollar von der New England Anti-Vivisection Society (NEAVS) für die Entwicklung eines Augenreiz-Tests mit Zellen aus der menschlichen Hornhaut. Der Präsident der NEAVS, Richter Robert Ford, überreichte am 8. April 1981 auf einer Feier an der medizinischen Fakultät von Tufts einen ersten Scheck über 100 000 Dollar. Das Mitteilungsblatt der NEAVS, *Reverence for Life*, nannte das »einen historischen Augenblick«: »Nie zuvor hat sich eine Tierrechtsorganisation mit einer medizinischen Forschungsanstalt zur Entwicklung einer Alternative zu Tierversuchen in der Forschung und bei der Produktprüfung zusammengetan.«[59]

Die NEAVS förderte auch im Mai 1982 die erste Ausgabe eines Mitteilungsblatts für neue alternative Methoden in der Toxikologie mit dem Titel *In Touch*. William Douglas gehörte zu den Herausgebern, und er schrieb auch für die erste Nummer den Hauptbeitrag über die Suche nach Alternativen zum Draize-Test. Der Beitrag enthielt ein Foto, auf dem Douglas mit freundlichem Lächeln auf die Arbeit eines Kollegen und einer Kollegin sieht, und die Frau gerade durch ein Mikroskop blickt. Die Unterschrift lautete: »Stan Spilman, Jane Aghajanian und Bill Douglas bei der Forschung an der Tufts University.«[60] In Wirklichkeit war die abgebildete Frau Diane Romeo, eine viel jüngere Nachwuchswissenschaftlerin als Aghajanian. Der Fehler war kein Zufall. Denn Frau Aghajanian hatte nichts mit dem von NEAVS finanzierten Projekt zu tun, doch Douglas hatte anstelle Diane Romeos ihren Namen in den Forschungsantrag aufgenommen, um für die Stelle ein höheres Gehalt rechtfertigen zu können.

Diese kleine Manipulation erwies sich als eine von Douglas' läßlicheren Sünden. Eines Morgens, als Jane Aghajanian Rechnungen für das NEAVS-Forschungsprojekt prüfte, stieß sie auf die Rechnung einer Apotheke für eine große Menge »biologischer Flüssigkeitssammeleinheiten«. Als sie sich fragte, was das sein könne, bemerkte sie, daß jemand auf einer Empfangsbestätigung das Wort »Ramses« notiert hatte –, das ist eine bekannte Kondommarke. Das war merkwürdig, doch Jane Aghajanian dachte, Douglas verwende die Kondome zu irgendeinem wissenschaftlichen Zweck und leitete die Rechnung zur Bezahlung weiter. Doch bald ereigneten sich noch merkwürdigere Dinge. Douglas sagte ihr, das Labor würde eine fortgeschrittene Studentin namens Robin Benedict einstellen, die für einen Kollegen am nahen Massachusetts Institute of Technology

(MIT) arbeite. Danach belastete Douglas die NEAVS-Gelder mit Reisekosten in außergewöhnlicher Höhe, unter anderem für Reisen Benedicts nach Washington, D.C., und Chicago für Fortbildungskurse. Daß fortgeschrittene Studenten oder Studentinnen mit Reisekostenerstattung auf Fortbildungskurse in einen anderen Bundesstaat geschickt wurden, das hatte es noch nicht gegeben. Als Douglas' Mitarbeiter auf weitere verdächtige Abrechnungen in einer Gesamthöhe von mehr als 10 000 Dollar stießen, ging einer von ihnen mit den Dokumenten zu Richter Ford. Dieser hatte Douglas noch bei der letzten NEAVS-Jahresversammlung gelobt und ging nicht zur Polizei, sondern gab die Dokumente an die Tufts University weiter, so daß die Sache ohne öffentliches Aufsehen geklärt werden konnte. Bei einer Untersuchung wurden noch mehr betrügerische Abrechnungen aufgedeckt. Douglas wurde sofort suspendiert und bekam Hausverbot. Henry merkte, daß etwas nicht stimmte, als sich Douglas bei ihm meldete und ihn aufforderte, sich an den Dekan zu wenden, damit er seine Arbeit fortsetzen könne. Doch davon konnte keine Rede sein. Angesichts einer drohenden Strafverfolgung erklärte sich Douglas bereit zu kündigen.

Eine kurze Zeit überlegte Douglas, mit seiner Forschung an eine andere Universität zu gehen. Doch diese Pläne gerieten ins Stocken, als Robin Benedict als vermißt gemeldet wurde. In den Zeitungen hieß sie die »vermißte Schönheit« und wurde mit einem hervorragenden Universitätsprofessor in Zusammenhang gebracht. Stück für Stück kam die Geschichte ans Tageslicht. Robin Benedict war eine sehr attraktive 21jährige Prostituierte. Sie besaß keinerlei Qualifikation in Biologie und studierte nicht am MIT. Eines Abends verschwand sie, einer Freundin hatte sie gesagt, sie besuche Douglas, der einer ihrer regelmäßigen Kunden war. Douglas sagte der Polizei, er sei in der Tat einer ihrer regelmäßigen Kunden, fügte aber hinzu, an der Beziehung sei mehr als dieser Umstand vermuten lasse. Sie seien eng befreundet und verbrächten oft den ganzen Tag miteinander, wobei nur ein geringer Teil sexuelle Aktivität beinhalte. Trotz dieser »engen Freundschaft« berechnete Robin Benedict für die gesamte Zeit, die sie mit ihm verbrachte, ihre üblichen 100 Dollar pro Stunde – die großenteils den NEAVS-Mitteln entnommen wurden.

Douglas bestritt nicht, daß Robin Benedict ihn an dem Abend, an dem sie verschwunden war, in seiner Wohnung besucht hatte – seine Frau sei abwesend gewesen, sagte er –, doch sie sei dann wieder gegangen. Diese Geschichte fing an zweifelhaft zu erscheinen, als ein Mann, der die Mülleimer in den Straßen durchstöberte, ein blutbeflecktes Hemd fand, in das ein schwerer Hammer eingewickelt war. Das Hemd gehörte Douglas, und den Hammer hatte er, wie sich herausstellte, von seinem Schwiegervater geliehen. Als sich die Indizien gegen Douglas verdichteten – ohne daß die Leiche gefunden wurde –, vereinbarte er mit der Staatsanwaltschaft ein strafminderndes Geständnis und bekannte sich des Totschlags schuldig. Nach seiner Darstellung hatte er sie getötet, nachdem sie ihn mit dem Hammer angegriffen hatte. Dann hatte er die Leiche in einen Müllcontainer geworfen, der später zu einem Abladeplatz transportiert und entleert worden war.

Douglas wurde zu achtzehn Jahren Gefängnis verurteilt. Er trat während seiner Haft mit Henry in Verbindung und bat ihn, bei seinen Hafterleichterungsterminen für ihn auszusagen. Henry lehnte ab. Douglas verbüßte die achtzehn Jahre und ist jetzt wieder frei. Die Tufts University ersetzte NEAVS die widerrechtlich verwendeten Mittel. Die Leiche von Robin Benedict wurde nie gefunden.[61]

Henry im Alter von zwei Jahren mit seinen Eltern an der belgischen Küste.

Renée, Susan und Henry in New York.

Dieses Foto erschien in der Zeitung der Berliner Kommandantur *The Berlin Observer* am 4. Dezember 1953 unter der Überschrift: »Der leitende Bildungsoffizier lobt das hiesige Programm«. Die Bildunterschrift lautete: »Soldat Henry Spira … bei der Meldung vor Oberst Edward R. Ott im Informations- und Bildungsraum der Kompanie.«

Auf See:
Henry im Juni 1966.

Henry schrieb eine Menge für linke Organe, und die Zeitung des Komitees für NMU-Demokratie wurde von ihm herausgegeben und zum großen Teil geschrieben.

»Ich dachte eigentlich, ich hätte Wichtigeres zu tun als mit dieser Katze zu spielen, aber es war nur eine Sache von ein paar Minuten, bis sie mich verführt hatte ...« Henry Spira mit Savage, der Verführerin, die ihm ein Freund aufhängte, der nach Europa ging.

»Der genialste Mensch, den ich kenne«, so beschrieb Henry Leonard Rack, hier mit Henry in einer typischen Strategieplanungssitzung. Rack war ein naturwissenschaftlich orientierter Psychiater und lieferte das biomedizinische Fachwissen für Henrys erste Kampagnen. Er starb im Januar 1990.

Which do you pet and which do you eat?

Why?

Welches streichelst du und welches ißt du? Warum? – Zwanzig Jahre, nachdem Henry Vegetarier geworden war, faßt diese Anzeige die Empfindung zusammen, die ihn dazu brachte, nicht mehr »mit einem Tier zu schmusen und in andere Messer und Gabel hineinzustecken«.

Henry spricht im Sommer 1976 zu Protestierenden am Amerikanischen Naturgeschichtlichen Museum. (Foto: Dan Brinzac)

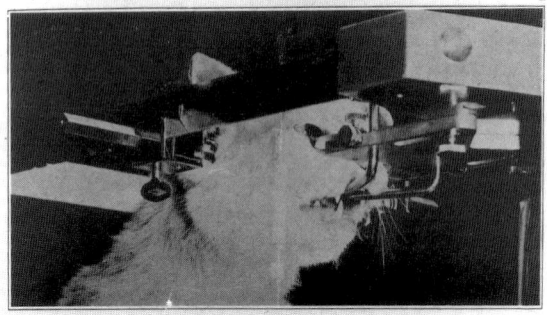

Diese ganzseitige Anzeige – die erste, die Henry organisierte – wurde von Pegeen Fitzgeralds Millennium Guild finanziert und erschien in der *New York Times* vom 3. Mai 1977.

Der Kongreßabgeordnete Ed Koch besucht im Amerikanischen Naturgeschichtlichen Museum die Laboratorien, in denen die Katzenexperimente stattfinden. Von links nach rechts: Koch; Thomas D. Nicholson, der Direktor des Museums; Henry Spira; ein unbekannter Journalist; Jerome G. Rosen, der Forschungsleiter, Madeline L. Cooper, die Katzenvivisektorin.

Auf der Konferenz »Die Ethik und die Tiere« in Blacksburg (Virginia) im Mai 1979. Von links nach rechts: Peter Singer, Tom Regan, James Rachels, Stephen Clark (alles Philosophen, die über Tiere und Ethik geschrieben haben) und Henry Spira.

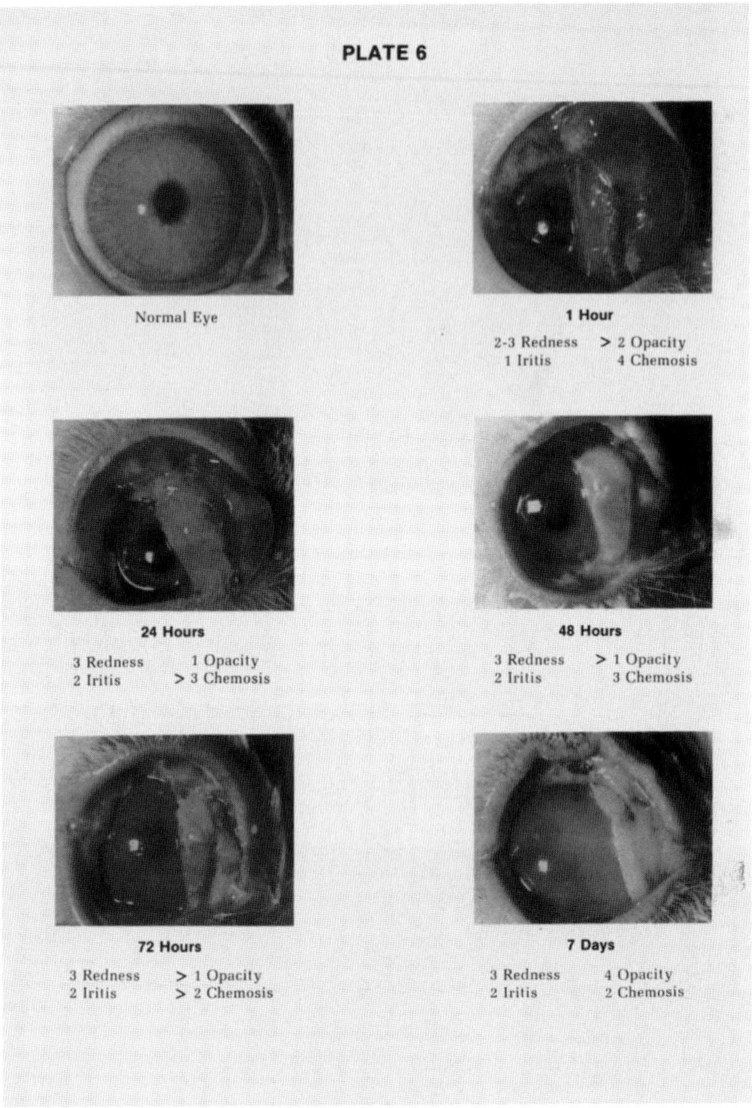

PLATE 6

Normal Eye

1 Hour
2-3 Redness   > 2 Opacity
1 Iritis   4 Chemosis

24 Hours
3 Redness   1 Opacity
2 Iritis   > 3 Chemosis

48 Hours
3 Redness   > 1 Opacity
2 Iritis   3 Chemosis

72 Hours
3 Redness   > 1 Opacity
2 Iritis   > 2 Chemosis

7 Days
3 Redness   4 Opacity
2 Iritis   2 Chemosis

Auf Anforderung verschickte die Kommission für Verbrauchsgüter-Sicherheit der US-Regierung diesen Satz Farbbilder als Vergleichsstandards für die Schädigung der Kaninchenaugen beim Draize-Test nach verschiedenen Zeitspannen. Henry sah in den Bildern nützliche Hilfsmittel für die Kampagne.

»Ich wußte, daß die Aktien an diesem Tag fielen ...«, sagte Roger Shelley, bei Revlon als Vizepräsident für die Beziehungen zu den Investoren zuständig, über den Augenblick, als er diese Anzeige sah, die am 15. April 1980 in der *New York Times* erschien. Sie löste Entwicklungen aus, die zur Beendigung der Draize-Tests in der Kosmetikindustrie der Vereinigten Staaten führten.

Diese Anzeige erschien im *Trentonian* und gab Henry Gelegenheit, zu 7 Millionen Fernsehzuschauern der Today Show zu sprechen.

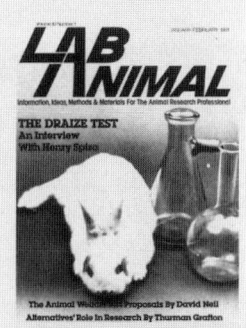

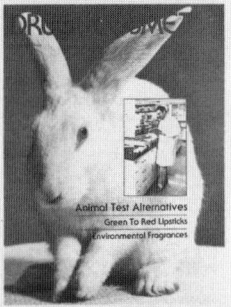

Neun Titelgeschichten aus Zeitschriften, die sich an Wissenschaftler, Ärzte und die chemische Industrie wenden und die wachsende Aufmerksamkeit hinsichtlich Alternativen zum Tierversuch in den frühen 80er Jahren erkennen lassen.

FRANK, ARE YOU TELLING THE TRUTH ABOUT YOUR CHICKENS?

Is Frank Perdue's advertising just a pile of poultry puffery hiding the brutal realities of an inhumane industry?

For nearly 20 years, Frank Perdue has crowed about the creature comforts of his chickens, painting a picture of pampered pets living in "resorts" which he likes to describe as "chicken heaven." He says in one ad that they "eat better than you do" and in another that "your kids never had it so good!" This farmyard fantasy has clearly helped Mr. Perdue to parlay the misery of millions of chickens into a jumbo nest egg. And many of us have been happy to sit back and pay up to 20 cents more per pound to gobble up this feathery fiction.

In reality, life in Mr. Perdue's chicken "resorts" begins with painful dismemberment and ends with electrocution—with a lifetime of stress crowded in between. Resort life for a "pampered" Perdue chicken begins painfully with dismemberment as the young bird's beak is burned off with a hot knife. Mr. Perdue is not, strictly speaking, a farmer at all. He breeds chicks that are "designed"—genetically speaking—to grow as rapidly as possible on the least amount of food. This technique often produces chickens that are so oversized for their age that they are unable to support their own weight and live out their lives on painfully crippled legs. Mr. Perdue's main business is slaughter and packaging. The actual raising of chickens is left to contract growers to whom the debeaked chicks are trucked when they are a few days old.

After having their beaks burned off with a hot knife, chickens struggle through life—often with less than one square foot of living space per bird. Contract growers typically crowd 25,000 birds into one long windowless shed (and sometimes as many as 75,000 or more). In these conditions each bird can expect about one square foot of living space for its entire life. Obviously as the bird reaches its full size of about four pounds, living conditions and the attendant problems become even more stressful. Attacks on each other, cannibalism, disease and sudden death are all by-products of this severe overcrowding and the "farmer" resorts to drugs and debeaking to discourage these man-induced "vices".

Mr. Perdue proudly markets his birds as oven stuffers," but the bird in your oven may have four times the space it had when it was alive! The unnatural density of today's poultry sheds and filthy litter which can not be cleaned while so many birds occupy the shed) often results in overheating, suffocating air which, when combined with abnormally warm weather, can lead to death and disease. Technology frequently allows just one person to "take care of" tens of thousands of chickens and provides little opportunity for real interaction between farmer and bird. On a daily basis he may move through the shed to remove dead chickens, but the sudden intrusion of strangers or even a loud noise can set off mass hysteria which moves in waves from end to end of the barn as the jittery chickens pile up against the walls ten deep with hundreds dead or injured.

Yellow skins or purple prose? Mr. Perdue says his birds are healthier because of their yellow skins—consumer studies say nonsense, and the regulatory groups say fowl! Mr. Perdue copied the yellow skin gimmick from a company in Maine which found it could change a few more cents per pound after putting skin coloring additive in their chicken feed. He has since been restrained from making any health claims based on yellow skin. A lot of strange things go into Mr. Perdue's chicken feed, including ground up dead chickens. Not surprisingly, Mr. Perdue has chosen to focus on marigold petals.

Back at Mr. Perdue's plant, chickens approach the gates of "chicken heaven" pinned upside down as their heads are dragged through an electrified water trough prior to having their throats cut. The farms of yesterday with contented animals in natural surroundings are almost extinct. They have been replaced by corporate factories—cramped indoor facilities—where nature, biological necessity and any reasonable consideration towards animals are spurned in favor of the massive profits that can be realized by treating animals as a commodity. And the high mortality rates associated with intensive confinement are merely considered an "incidental cost" in an insensitive business. Is there anyone who has exploited this inhumane system more profitably than Mr. Perdue with his misleading depiction of "Chicken Heaven"?

Mr. Perdue appears to be equally callous to his workers. And when they tried to organize, he quickly winged his way to the mob for help. Recent reports on National Public Radio and in the Washington Post depict a work environment at Perdue's Lewiston, NC plant where employees unable to function due to work-related injuries were routinely fired. According to a National Health Service doctor, up to 30 percent of the workers in that factory are afflicted with repetitive motion syndrome, a potentially crippling disorder of the hands or wrists, caused by having to cut up to 75 chickens per minute. A Perdue personnel memo stated that it was normal procedure for about 60 percent of workers to go to the nurse for pain killers and to have their hands bandaged. Donna Bazemore, a former employee, told NPR that she'd seen women urinating and vomiting on the work line because they were not allowed to leave it to go to the bathroom. None of the Perdue factories is unionized. And in 1986, Frank Perdue told the president's commission on organized crime that he sought help from organized crime figures to keep it that way.

Here's how you can help

Mr. Perdue's chicken literature says that when you're unhappy you should "squawk to Frank". You can write to Mr. Perdue at: PERDUE FARMS INC., P.O. BOX 1537, SALISBURY, MD 21801. **Tell Mr. Perdue that you will not buy his chickens until he does the following:**

1. Tells the truth
Provides a complete list of his slaughterhouses and contract farms, and allows the media unannounced access to film and report what life is really like for the Perdue chicken. Stops misrepresenting the realities of factory intensive poultry "farming" in his advertising.

2. Gives the birds some quality of life
Guarantees each bird two feet by two feet of living space. Doesn't sound like much to ask, does it?

3. Starts a research program
Investigates more humane methods of raising poultry. Almost all animals including calves, pigs and cattle raised for food suffer on factory farms. Your involvement and opinion can change this inhumane system.

You can run this ad. This ad was produced by the Coalition for Non-Violent Food, a project of Animal Rights International, and is not copyrighted. We invite you or your organization to run it with your name. Contact us if you would like a camera-ready copy of this ad.

```
-------------------------------------
| Animal Rights Int'l. (ARI)        |
| Henry Spira, Coordinator          |
| Box 214, Planetarium Stn.         |
| New York, NY 10024                |
|                                   |
| ☐ Send me more information about  |
|   what I can do to stop the       |
|   suffering of factory farm animals. |
|                                   |
| ☐ Here's my tax deductible        |
|   contribution to ARI to rerun    |
|   this and related ads.           |
|                                   |
| Name (please print)_____  |
| Address_____   |
| City_____State____Zip Code___  |
-------------------------------------
```

Diese ganzseitige Anzeige in der *New York Times* war der Startschuß von Henrys Kampagne gegen Frank Perdue.

There's No Such Thing As Safe Chicken

Eight out of ten USDA-approved chickens are contaminated with salmonella and campylobacter bacteria . . . Each year, these bacteria sicken at least 4 million Americans and kill 2,000. Raw poultry is now the most common source of these bacteria . . . Poultry producers say cleanliness is the consumer's problem . . . But should we have to treat chicken like hazardous waste?

Senator Howard Metzenbaum, USA Today (6/28/91)

The final product is no different than if you took a bird . . . stuck it in the toilet and then ate it . . . (p. 236*)
*Gerald Kuester
Former USDA Microbiologist*

The first thing they go through is the scald tank. There it's nothing but boiling fecal soup. . . . It's a mass accumulation of bacteria on top of bacteria.
Today, basically, the consumers eat it. (pp. 341-342*)
USDA Poultry Inspectors

Workers get sick to their stomachs in the drain. The drain is a lot less sanitary than anyone's toilet. The Perdue inspectors told us to take (chickens that fell) out of the drain and send them back down the line . . . (p. 70*)
Former Perdue Worker

The waste is not always even from the chickens . . . (workers) sometimes have to relieve themselves on the floor. Chickens regularly fall off the line and into all the muck . . . supervisors have workers put them back on the line . . . (p. 70*)
Former Perdue Worker

. . . cancerous birds come through with tumors regularly, sometimes all day long . . . right after I'd put them in the condemned barrel foremen have the floor workers hang the birds back on the (processing) line . . . (p. 61*)
Former Perdue Quality Control Inspector

I've heard that Frank Perdue ads talk about how tough his quality control inspectors are. He wouldn't dare run those ads in North Carolina . . . (p. 71*)
Former Perdue Worker

Can you imagine Frank Perdue's face when you go to him and say, "I want to put a warning on your chicken that says 'This chicken may be contaminated'?" (p. 346*)
*Jim Vance, Co-anchor
News 4 WRC-TV (NBC) (4/26/91)*

You are risking more than your health every time you eat chicken. You are supporting an industry which cripples workers, destroys the environment and creates an unending horror for birds. Twenty-five thousand birds at a time, are crammed into a dark warehouse, with less than one square foot of living space per bird, choking from accumulated ammonia fumes.

Perdue workers, mostly poor minority women, have to cut up to 90 chickens per minute, for minimal pay. When this unnatural speedup cripples the workers' arms and hands, they are fired and left to fend for themselves. The government has fined Perdue for deliberately concealing worker injuries and for polluting the Virginia waterways. Perdue is a pioneer of intensive chicken confinement, which means misery for the birds and an epidemic of dirt and disease for consumers.

One More Thing To Worry About . . .

Rather than clean up the industry, current proposals call for covering up the dirt and disease by irradiating the birds. But using nuclear waste to irradiate chickens effectively turns consumers into individual toxic waste dumps. While this may help to dispose of nuclear waste, it introduces additional unknown health risks and encourages the poultry industry to further lower already abominable standards.

You can run this ad. This ad was produced by the Coalition for Non-Violent Food, a project of Animal Rights International, Henry Spira, coordinator, and is not copyrighted. For additional information about Frank Perdue and the poultry industry send a SASE to: ARI, Box 214, Planetarium Stn., New York, NY 10024. Your tax deductible contribution to ARI will make it possible to rerun this and related ads.

*Testimony from the June 28, 1991 Hearing of the Committee on Labor and Human Resources, U.S. Senate on *Poultry Safety: Consumers at Risk*.

Die berühmte Anzeige mit dem Huhn im Kondom erschien in Zeitungen und Zeitschriften und wurde auf T-Shirts gedruckt, doch die *Catholic Review* von Baltimore retuschierte das Kondom weg.

»Ihr Gebrüll war draußen auf dem Parkplatz zu hören«, schrieb die Nutztier-Sachverständige Temple Grandin über Ochsen, die vor dem Schlachten an der Kette hochgezogen werden. Diese Praxis hörte auf, als Henry an Markenfirmen herantrat, die Fleisch von auf diese grausame Weise geschlachteten Tieren verwendeten.

Auf einer Konferenz über Landwirtschaft und Tierrechte im Juli 1989 in Albany, N.Y., wurde Henry gesagt, daß keine Fragen aus dem Publikum zugelassen seien. Er rief »Lassen Sie das Publikum zu. Lassen Sie das Publikum über die Kälberhaltung entscheiden« und erzeugte einen Tumult. Dieses Bild erschien am 7. August 1989 in *Country Folks West*, Seite A2.

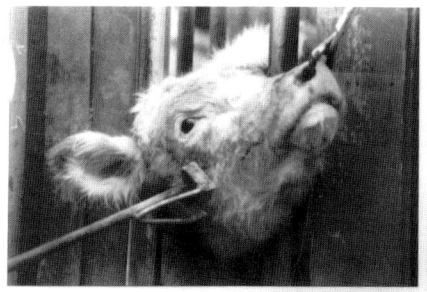

THIS IS WHAT USDA POLICY LOOKS LIKE.

CAN YOU IMAGINE WHAT IT *FEELS* LIKE?

Or what it sounds like. Or smells like. Imagine a red-hot frying pan pressed against your cheek, — the searing pain, the heat and smoke of sizzling flesh. Even the melt down of your eye.

Face Branding Is Barbaric!

Hidden from the public, this organized atrocity is how the USDA currently identifies Mexican steers. Now the USDA proposes to expand this horror to all Mexican cattle in a pathetic gesture at monitoring tuberculosis.

In branding, the terrorized steer is first trapped between bars. Then his head is immobilized with steel pincers painfully clamped on to his nostrils and pulled to one side. If that's not enough the cowboy steps on the steer's face with his boot. As the red hot iron is pressed into his face, the steer bellows, his eyes bulge as he disappears into a cloud of his own burning flesh.

It's Completely Unnecessary!

There are far less painful ways of satisfying the USDA's desire to trace Mexican cattle. Experts say face-branding is not only barbaric but unnecessary. Far more humane alternatives have been suggested, including punching a distinctive symbol in the ear, notching the ear or branding near the edge of the hide on the rear.

In an age of DNA fingerprinting, why is the USDA using pre-historic brutality to identify cattle? Why is the USDA attempting to expand face branding when we should be outlawing such barbarisms? Is it just bureaucratic inertia, the convenience of doing things the way they've always been done at the USDA? Is it possible that Secretary Espy is not even aware of his organization's face branding program?

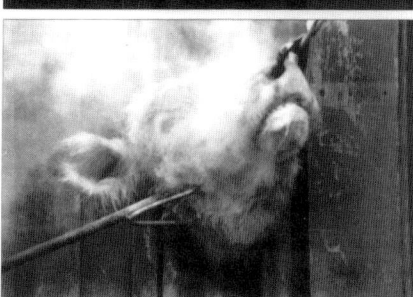

Stop The Face Branding Now!

Secretary of Agriculture Mike Espy: You can halt the red hot irons with one decisive word, — STOP! Face-branding is wrong. It's unethical. And there are easy alternatives.

This ad was produced by the Coalition for Non-Violent Food, a project of Animal Rights Int'l, Box 214, Planetarium Stn., New York, NY 10024, Henry Spira, Coordinator.

(left) A terrified young steer disappears in a cloud of smoke from his own burning flesh. Trapped between metal bars, his head is immobilized by metal pincers clamped to his nostrils and pulled to the side. He is now at the mercy of the USDA's red-hot iron. (Photos February 1994)

Diese dramatische Anzeige brachte das US-Landwirtschaftsministerium dazu, die Kennzeichnung von Rindern durch Brandzeichen im Gesicht nicht wie geplant zu erweitern, sondern ganz abzuschaffen.

It could save your life! Has anyone ever died from salmonella or E. coli after eating their companion animal? But thousands of Americans die from toxic meat, poultry and eggs each year. And millions become seriously ill, according to the Centers for Disease Control (CDC). Because raising food animals in dark, squalid cages where they can't even turn around, lie down or breathe normally isn't just cruel and abusive. It's a recipe for lethal disease.

You'll be taking a stand against cruelty. Right up to the moment you slip your furry friend into a hot dog roll, he'll have led a pampered and happy life. No such luck for the eight billion farm animals consumed in the U.S each year! Their lives are a never ending nightmare. The millions who drop dead from stress are considered just a routine business expense.

You'll help save the environment. Factory farms destroy the environment. The dumping of millions of tons of animal waste and rotting body parts is poisoning once pristine waterways and underground water supplies. Putrid air is making entire communities uninhabitable.

You'll help exploited workers. Eating Rover or Muffin won't leave you feeling that you contributed to the abuse of the human victims who cut up slaughtered animals. Many workers, particularly in the poultry industry, are crippled by having to cut up to 90 chickens a minute. When they can no longer work, they are discarded like worn out tires.

You'll help solve the dog and cat overpopulation problem. Unwanted dogs and cats are put to death by the millions. Until we can implement a national spay/neuter program and stop the endless cycle of unwanted animals starving in the streets, why not just attack the problem with a hot skillet and a dash of garlic?

Finally, let's not allow anything as irrational as personal attachment to stand between us and a *real* hot dog. Loving and cuddling some animals while ignoring the suffering of others, who feel exactly the same pain, is what's *really* irrational. We are programmed from our first meals to pet some animals and eat others. But, a meatless diet can save your health, the environment and the lives of farm animals. Best of all, with your new non-violent diet you can keep cuddling your four legged friend while sending a powerful message to the meat industry's moguls of misery.

Why Would Anybody Eat Their Best Friend?

This ad was produced by the COALITION FOR NONVIOLENT FOOD, a project of ANIMAL RIGHTS INT'L, P.O. Box 214, Planetarium Stn., New York, NY 10024, Henry Spira, Coordinator.

Eine der amüsanteren Anzeigen Henrys und Mark Grahams, aber mit ernstem Hintergrund. Eine Boulevardzeitung verwendete später das Foto ohne Genehmigung als Illustration zu einem Artikel, der eine angebliche neue japanische Speisen-Extravaganz anprangerte: »geräuchertes Hündchen auf Brötchen«.

4 Konflikte und Fortschritte

> Wenn jemand sich daran macht, Alternativen zu entwickeln, dann sind das Leute aus der Wissenschaft. Wenn man die Aufsichtsbehörden dazu bringen will, ihre Vorschriften zu ändern, dann müssen das Tierforscher tun und nicht wir. Ich meine, diese Leute werden gebraucht, wenn man wirklich etwas verändern will ... Sie lassen sich nicht umprogrammieren, indem man ihnen sagt, wir sind Heilige und ihr seid Sünder, und mit genug Prügel werdet ihr es schon noch lernen.
>
> *Henry Spira*

Über den Draize-Test hinaus

1982 hatte die Draize-Kampagne einige Wirkungen zu verzeichnen. Im Juli berichtete Revlon über die Gründung eines Gremiums, das dafür sorgen sollte, daß keine unnötigen Draize-Tests mehr durchgeführt würden, und ein Ergebnis sei, daß die Zahl der jährlich verwendeten Kaninchen von 2210 im Jahr 1979 auf 1431 im Jahr 1981 zurückgegangen sei. Avon führte in allen Fällen, die den Tieren wahrscheinlich unangenehme Empfindungen verursachten, die lokale Betäubung ein. Bristol-Myers gab an, weniger Tiere zu verwenden als in den klassischen Draize-Tests. Alle drei Firmen finanzierten weiterhin die Erforschung von Alternativen zum Draize-Test.

Henry und auch Jean Pink waren bemüht, den unbezweifelbaren Erfolg der Kampagne weiter zu nutzen. Aber wie? Die Draize-Tests würden nicht völlig verschwinden, bevor eine nachweislich mindestens ebenso zuverlässige Alternative entwickelt war, und das würde noch einige Jahre dauern. Das Engagement der Menschen gegen den Draize-Test so lange wachzuhalten, war unmöglich. Und die großen Firmen der Kosmetikindustrie waren, da sie die Erforschung der Alternativmethoden bezahlten, kein Angriffsziel mehr. Henry wußte schon seit einiger Zeit, worauf sich die nächste Kampagne richten würde. Schon 1978 hatten Henry und Leonard Rack in einem frühen Entwurf zu ihrer ersten Denkschrift an Revlon nicht nur die Notwendigkeit der Ersetzung des Draize-Tests, sondern auch des noch viel weiter verbreiteten LD50-Tests erwähnt – der Test ist nach seinem Ziel benannt, nämlich die für 50 Prozent der im Versuch befindlichen Tiere letale (tödliche) Dosis einer Substanz festzustellen. Ob nun 40 Ratten oder 200 Mäuse oder 20 Hunde verwendet werden – die Tiere erhalten eine bestimmte Dosis der zu prüfenden Substanz, bis die Hälfte von ihnen gestorben ist.

Um 1980 wurde der LD50-Test allein in den Vereinigten Staaten jährlich an 4 bis 5 Millionen Tieren durchgeführt, womit er etwa 20mal so gebräuchlich war wie der Draize-Test. Um zu begreifen, wieviel Leiden das bedeutet, muß man bedenken, daß es allen Tieren sehr schlecht ging, ehe die einen starben und die anderen sich erholten. Die Tests dauern gewöhnlich 14 Tage, aber einige auch bis zu 6 Monaten. Zu den häufig beobachteten Symptomen gehören Krämpfe, Atemnot, Erbrechen, innere Blutungen, Tremor und Lähmung. Wenn die Tiere die Substanz nicht mit dem Futter aufnehmen wollen, wird sie ihnen mit einer Röhre in die Speiseröhre eingegeben. Das geschieht auch bei verhältnismäßig harmlosen Substanzen, die in ungeheuren Mengen verabreicht werden müssen, damit die Hälfte der Tiere daran stirbt.

Bei all dem Leiden, das er verursachte, hatte die zunehmende Anwendung des LD50-Tests keine vernünftige wissenschaftliche Grundlage. Sie beruhte vielmehr auf einer bürokratischen Vorliebe für mathematische Genauigkeit, auch wenn sie völlig sinnlos ist. Der LD50-Test wurde 1927 entwickelt, um die Wirkung von Medikamenten wie Insulin oder Digitalis zu messen, bei denen heilsame und tödliche Dosis nahe beieinander liegen. Da die Substanzen damals nicht in chemisch reiner Form erhältlich waren, mußte man eine Möglichkeit finden, ihre genaue Stärke zu bestimmen. Doch daß der Test ein mathematisch definiertes Ergebnis lieferte, machte ihn für andere Zwecke attraktiv, und bald war er die Standardmethode zur Bestimmung der Giftigkeit aller neuen chemischen Substanzen oder Produkte. Vom Lippenstift zum Ofenreiniger, vom Farbenverdünner zum destillierten Wasser, von Lebensmittelfarbstoffen zum künstlichen Schnee für Weihnachtsbäume – alles bekam einen LD50-Wert aufgrund von Tierversuchen mit normalerweise mindestens zwei Tierarten.[1] Bei dieser Anwendungsweise ist die mathematische Genauigkeit eine Illusion. Die (auf eine Einheit des Körpergewichts bezogenen) LD50-Werte variieren unvoraussagbar zwischen verschiedenen Arten und selbst zwischen verschiedenen Stämmen von Ratten; deshalb ist die Übertragung auf den Menschen durchaus ein Problem. Und vor allem: Beim Menschen möchte man ja nicht wissen, welche Dosis zum Beispiel eines Nahrungsmittelfarbstoffs in 14 Tagen die Hälfte der Verbraucher umbringt, sondern welche Höchstdosis langfristig in irgendeinem Sinne unschädlich ist. Das kann nur ein kleiner Bruchteil der LD50-Dosis sein, aber welcher, das dürfte jeweils von vielen Faktoren abhängen. Deshalb hielten, ebenso wie beim Draize-Test, auch Leute, die nicht grundsätzlich gegen Tierversuche waren, im allgemeinen den LD50-Test für veraltet. Dr. Gerhard Zbinden, ein Toxikologie-Berater der Weltgesundheitsorganisation (WHO), hatte geschrieben: »Die meisten Fachleute hielten das moderne toxikologische Routineverfahren für eine unwirtschaftliche Anstrengung, bei der wissenschaftliche Findigkeit und gesunder Menschenverstand durch die gedankenlose Erfüllung von Standardprotokollen ersetzt wird.«[2] Das brauchte Henry nur prägnanter zu formulieren, um es für seine Kampagne nutzen zu können: »Der Test widerspricht dem gesunden Menschenverstand. Muß man wirklich wissen, wieviel Stück reiner Ivory-Seife nötig sind, um einen Hund umzubringen?«[3]

Ein Aspekt dieser neuen Initiative machte Henry Sorgen. Bei der Museumskampagne hatte er betont, die Proteste würden nicht aufhören, bis die Experimente völlig aufhörten, und er hatte Wort gehalten. Auch die Kampagnen gegen Amnesty International und den Metcalf-Hatch Act waren erfolgreich abgeschlossen worden. Doch der Draize-Test wurde immer noch durchgeführt. Stieg Henry aus, ohne gewonnen zu haben? Im Januar 1982 schrieb er an Mitglieder der Koalition zur Beendigung der Draize-Blendungstests an Kaninchen: »Unsere Erfolgsbilanz wird sich fortsetzen. Wir bleiben bei einer Kampagne, bis sie gewonnen ist.« Er versprach, daß die Koalition bis zur Abschaffung des Draize-Tests bestehen bliebe, doch ihre Dynamik sollte gegen andere Tierversuche eingesetzt werden.

Im Rahmen seines Versprechens, die Dynamik der Draize-Kampagne aufrechtzuerhalten, aber auf ein neues Ziel zu richten, ging Henry vorzeitig in Rente. Er mochte die Lehrtätigkeit noch, aber sie war nicht sein größtes Anliegen. Von diesem Zeitpunkt an war er Vollzeit-Aktivist für die Tiere. Neben den 6000 Dollar im Jahr aus seinem Pensionsfonds und – seit er 65 war – seiner gesetzlichen Rente zahlte er sich von seiner Organisation Animal Rights International (ARI) 15 000 Dollar und maximal 4800 Dollar Spesen. Glücklicherweise brauchte er keine Zeit auf das Sammeln von Spenden zu verwenden, weil er eine kleine Gruppe von Menschen zusammengebracht hatte, die ARI mit erheblichen Beträgen unterstützten. So stieß zum Beispiel 1980 Helaine Lerner auf eine Broschüre, die zu einer Demonstration gegen Revlon bei Bloomingdale aufrief. Sie wußte damals nichts vom Draize-Test und war über die Abbildung von eingespannten Kaninchen entsetzt. Sie ging zu der Demonstration und fragte anschließend Henry, wie sie helfen könne. Sie und ihr Mann Sid engagierten sich beide, sie wurden Berater bei Henrys Kampagnen und bezahlten Anzeigen und andere Ausgaben. Sie findet das viel wirksamer, als großen Organisationen Geld zu geben, wo es »vielleicht in einem tiefen Loch verschwindet und man nie weiß, was es bewirkt hat«. Später fand auch Barbara Clapp ihren Weg zu Henry, nachdem sie ihm zunächst testamentarisch Geld zukommen lassen wollte. Er sagte ihr, sie solle lieber jetzt etwas Geld spenden und selbst beurteilen, wie er es verwende. Das tat sie und war von den Ergebnissen so angetan, daß sie dann mit Henry bei Projekten, die sie besonders interessierten, zusammenarbeitete und sie finanziell unterstützte. Manchmal schlug sie selbst eines vor oder brachte Henry mit Leuten zusammen, die ihrer Meinung nach ebenfalls etwas beizutragen hatten. Henry wiederum hielt seine Spender über seine Tätigkeit auf dem laufenden, er rief sie häufig an oder schickte ihnen Berichte und Zeitungsausschnitte und bekam von Ihnen Rückmeldungen und Ideen.[4]

Während der Kampagne gegen den Draize-Test hatte Henry den Wert eines internationalen Ansatzes kennengelernt. Die Toxikologen sind eine internationale Gemeinschaft, und die Erzeugnisse der Firmen werden international verkauft. Wenn in einem Land mit einem bedeutenden Markt für ein amerikanisches Produkt ein bestimmter Test vorgeschrieben ist, wird er durchgeführt, auch wenn er in den Vereinigten Staaten nicht verlangt wird. Die Kampagne gegen den LD50-Test mußte also eine internationale Kampagne sein. Im Mai 1981 fuhr Henry auf Einladung von Animal Aid nach England, und auf einer Versammlung in Birmingham sagten er und Jean Pink einer jubelnden Gruppe von Sympathisanten, sie würden gemeinsam eine internationale Kampagne für die Abschaffung des LD50-Tests durchführen.[5] Wie die Draize-Test Kampagne sollte sie von einer Koalition getragen werden. Zur Gründung des amerikanischen Zweiges der Koalition zur Abschaffung des LD50-Tests brauchte nur der Name auf dem Briefkopf der bisherigen Koalition geändert zu werden. Der Lenkungsausschuß und die unterstützenden Organisationen blieben dieselben.

Für die Arbeit gegen den LD50-Test nahm Henry einen weiteren Berater zu der lockeren Gruppe von Leuten hinzu, die er von Zeit zu Zeit anrief, um seine Ideen zu besprechen: Myron Mehlman war der Direktor der Abteilung für Toxikologie und Umweltbelastungen bei Mobil Oil in New York, und Henry hörte, daß er eine Überprüfung der Verwendung von Tieren in seinem Labor angeordnet hatte. Mehlman wollte die langfristigen Wirkungen chemischer Substanzen ermitteln, ohne sie, wie üblich, drei bis fünf Jahre lang an Tieren auszuprobieren. Unter seiner Leitung wurde Mobil Oil schon früh führend beim Übergang zu Computermodellen, Zellkulturen und bakteriologischen Verfahren zur Ermittlung der Toxizität von Materialien.[6] Mehlman war bereit, mit Henry zu sprechen, und bald trafen sie sich häufig bei einem Kaffee nach dem Arbeitstag. Mehlman meinte, die Verwendung von Tieren in der Toxikologie könne ohne wesentlichen Informationsverlust leicht um 90 Prozent, auf manchen Gebieten um 98 Prozent gesenkt werden. Das bestätigte

Henrys Vermutung, daß der LD50-Test nur aufgrund eines »kulturellen Rückstands« noch der standardmäßige Toxizitätstest war. Wie beim Draize-Test wurden weniger schmerzhafte Verfahren nur deshalb nicht angewendet, weil, wie der von Senator Durenberger zitierte Beamte gesagt hatte, »noch niemand daran gedacht hat«.

Wie also konnte man dafür sorgen, daß jemand daran dachte? Henry war noch auf der Suche nach dem besten Ansatzpunkt, da kündigte die Pennsylvania Animal Rights Coalition am 14. Oktober 1982 eine Demonstration gegen Tierversuche vor der internationalen Direktion von SmithKline Beckman in Philadelphia an. Die Pennsylvania Animal Rights Coalition war im Januar 1982 zwecks Zusammenarbeit mit Henrys Koalition gegründet worden, hatte aber diese Demonstration selbständig geplant, nachdem ihr Dokumente bekannt geworden waren, die zeigten, daß im Jahr 1980 SmithKline, der pharmazeutische Zweig von SmithKline Beckman, 31 839 Tiere verwendet hatte. Diese Firma war ein angreifbares Ziel, wie sich eine Führungskraft erinnert: »Wir hatten gerade ein neues Hotel in der Nähe unserer Direktion gebaut, deshalb waren wir nicht gerade glücklich über die Vorstellung, daß Demonstranten davor auf- und abgehen könnten.«

Henry nahm Verbindung mit SmithKline auf, er schickte ihnen ein Exemplar des Pennsylvania Animal Rights Coalition-Mitteilungsblattes über die geplante Demonstration und einen Brief, in dem er der Firma vorschlug, sich doch positive Schritte zu überlegen, die die Demonstration abwenden könnten. Direktor Jim Russo beriet sich mit Frankie Trull, dem Geschäftsführer der Gesellschaft für Biomedizinische Forschung, und dieser riet zu einem Gespräch mit Henry, denn dieser würde »nicht draußen stehen und mit dem Finger zeigen und sagen, die sind alle fürchterlich schlecht«, sondern versuchen, den Standpunkt der Firma zu verstehen. SmithKline folgte Trulls Rat und erklärte sich mit einem Gespräch einverstanden. Henry stellte zusammen mit der Pennsylvania Animal Rights Coalition ein Bündel von Vorschlägen zusammen, bei deren Annahme er sich für die Absage der Demonstration einsetzen würde. Am 5. Oktober traf sich Henry mit Stanley Crooke, dem Vizepräsidenten für Forschung und Entwicklung bei SmithKline & French Laboratories, der für die Forschung zuständigen Tochtergesellschaft. Nach mehr als zweistündiger Diskussion wurden alle Vorschläge angenommen und am 8. Oktober von Crooke schriftlich bestätigt:

> Ich werde in meiner Organisation die Dringlichkeitsstufe der Bemühungen zur Verringerung des Einsatzes von Tieren anheben, indem ich

sie im Laufe dieses Monats auf der nächsten Sitzung des Exekutivausschusses zur Diskussion stelle und die Entwicklung eines formellen Planes verlange.

Wir haben zugesagt, die Entwicklung eines Symposiums zu empfehlen, das gemeinsam von Ihrer Organisation und der Vereinigung der Pharmazieproduzenten oder einer Firmengruppe aus der Pharmazie finanziert wird. Das Symposium soll sich mit der Verringerung der Verwendung von Tieren beschäftigen und versuchen, wissenschaftliche und verwaltungsmäßige Empfehlungen für das weitere Vorgehen in dieser Hinsicht zu entwickeln.

Wir werden uns auf geeigneter Ebene weiter um eine Zusamenarbeit zwischen der Branche und der FDA [Behörde für Nahrungs- und Arzneimittel] im Hinblick auf die Verwendung von Tieren bemühen. Wir werden uns auch weiterhin bemühen, im Rahmen der zuständigen Fachorganisationen unsere Arbeiten bekanntzumachen, wenn sie zur Verringerung der Verwendung von Tieren bei Einhaltung der wissenschaftlichen und verwaltungsmäßigen Anforderungen beitragen können.[7]

Die Demonstration wurde abgesagt.[8]

Die in Crookes Brief erwähnte Vereinigung der Pharmazieproduzenten (Pharmaceutical Manufacturers Association, PMA) vertrat 149 auf Forschungsbasis arbeitende amerikanische Pharmafirmen, auf die zusammen der größte Teil der in den Vereinigten Staaten neu entwickelten verschreibungspflichtigen Arzneimittel entfiel. Crooke war Mitglied der Abteilung für Forschung und Entwicklung bei der PMA. Er teilte Henry mit, daß bei der PMA schon die Frage des klassischen LD50-Tests diskutiert worden sei und eine Empfehlung vor der Veröffentlichung stehe, daß der Test von den Bundesbehörden nicht mehr verlangt werden solle. Am 11. Oktober bat Henry in einem Schreiben die PMA um eine kritische Betrachtung aller Testverfahren. Die Reaktion kam dank Crooke rasch. Am 21. Oktober 1982 kam eine Mitteilung heraus, daß »der klassische LD50-Test, der viele Tiere verwendet, um einen LD50-Wert mathematisch genau zu bestimmen, nicht zu rechtfertigen ist ... Die Zulassungsvorschriften sollten das berücksichtigen.«[9]

In rascher Folge kamen ähnliche Verlautbarungen von anderen Organisationen, darunter die CTFA, die Vereinigung der Seifen und Reinigungsmittelhersteller und die Nationale Gesellschaft für Medizinische Forschung.[10] Im Februar 1983 schrieb Henry an Dr. David Rall, den Direktor des Nationalen Toxikologieprogramms des Gesundheits- und Sozialamts, und bat ihn um »Übernahme einer führenden Rolle bei der Überprüfung der massenhaften Anwendung des klassischen LD50-Tests und der Förderung von Änderungen der Zulassungsvorschriften«. Am 3. März antwortete Rall und nannte den Test »einen Anachronismus«, der »nicht viel nützliche Information über die Gesundheitsrisiken von Chemikalien für Menschen liefert«. Er fügte hinzu, daß das Nationale Toxikologieprogramm den LD50-Test nicht anwende.[11]

Jetzt konnte Henry einen Angriff auf die Bürokratie starten. Bei der Tombola einer Gemeinde-Wohltätigkeitsveranstaltung in Trenton (New Jersey) hatte er ein kostenloses Inserat in einer Lokalzeitung gewonnen. Am 3. Mai 1983 erschien im *Trentonian* eine ganzseitige Anzeige mit dem Foto eines Hundes, der traurig zwischen Gitterstäben durchblickt. Über dem Foto stand die Überschrift: »Würden Sie jemanden bezahlen, damit er dieses Tier tötet?« Neben dem Foto stand: »Der LD50-Test bringt Millionen von Versuchstieren einen schrecklichen Tod ... Und Sie bezahlen ihn!« Dann wurde der LD50-Test beschrieben und die Leser und Leserinnen wurden aufgefordert, an ihre Kongreßabgeordneten zu schreiben und sie aufzufordern, bei der zuständigen Zulassungsbehörde die Beendigung des LD50-Tests zu verlangen.

Die Anzeige war nicht nur für die Einwohner von Trenton gedacht. Die *Today Show* auf NBC war an einer Behandlung des LD50-Tests interessiert, und die Anzeige stellte einen Anlaß dar. Am Tag nach ihrem Erscheinen trat Henry in der *Today Show* auf und berichtete Jane Pauley und 7 Millionen Zuschauern über den LD50-Test, für den er ausschließlich die Bürokratie verantwortlich machte:

Henry: Es ist nicht so, daß irgend jemand Spaß daran hätte, wenn er Tiere leiden sieht ... Aber da ist diese ungeheure bürokratische Trägheit. So ist es die letzten 55 Jahre gemacht worden – wie soll man da einer Bürokratie Beine machen, auch wenn die Industrie sagt, man braucht [den LD50] nicht, wenn die Vereinigung der Pharmazieproduzenten sagt, man braucht ihn nicht, wenn die Vereinigung der Kosmetik-, Toilettenartikel- und Parfümhersteller sagt, man braucht ihn nicht, wenn die Nationale Gesellschaft für Medizinische Forschung sagt, man braucht ihn nicht ...
Jane Pauley: Wer sagt denn, daß man ihn braucht?
Henry: Ich weiß nicht, wie Sie dieses Programm vorbereitet haben, aber ich stelle mir vor, Sie hätten Ihre liebe Not gehabt, jemanden von der Zulassungsbehörde hierher zu bekommen ...
Jane Pauley: EPA, FDA?

Henry: … der den LD50-Test verteidigt.
Jane Pauley: Das ist richtig. Wir haben es versucht.
Henry: Sie weigern sich, ihn in der Öffentlichkeit zu verteidigen, aber sie verlangen ihn. Auch wenn er vielleicht gar nicht in den Vorschriften steht.
Jane Pauley: Darauf haben sie hingewiesen, daß es keine schriftlich festgehaltene Vorschrift ist.
Henry: Und doch ist es so, daß noch niemand ohne den LD50-Test eine Substanz zugelassen bekommen hat, das ist absolute Routine.

Doch nicht alles in dem Interview lief nach Henrys Wünschen. Jane Pauley hielt ihm eine der wirklichen Schwierigkeiten vor, der sich eine Kampagne gegen den LD50-Test gegenübersah.

Jane Pauley: Wenn wir mal Klartext reden, interessiert sich irgend jemand wirklich für Ratten? Wenn wir Ihre Anzeige nochmal sehen könnten … [die Anzeige erscheint auf dem Bildschirm] … Sie nehmen einen Beagle. Tatsache ist aber, daß der Test fast ausschließlich mit Ratten gemacht wird, denn die sind billiger. Ist es also nicht etwas irreführend, mit einem Beagle-Gesicht an unsere Gefühle zu appellieren?
Henry: Da ist schon was dran. Die meisten Tiere sind Nagetiere, keine Frage. Es gibt auch ein paar Hunde, ein paar Menschenaffen, ein paar Meerschweinchen usw. … Wir versuchen eine Verbindung dazu herzustellen, daß die allermeisten Menschen es wirklich vorziehen würden, wenn keinen Tieren etwas angetan würde, und ein Hund gehört zur Familie, er ist ein beliebtes Tier usw. Aber ich glaube, daß die Menschen auch …
Jane Pauley: Sie manipulieren also bewußt? Ist das die Strategie?
Henry: Also, wenn die Leute eine Anzeige mit einem Nagetier sehen, hat man's schwer, im Grunde … Ich meine, eigentlich sollte es keine Rolle spielen, wie beliebt ein Tier ist, sondern ob es den Unterschied zwischen Schmerz und Lust spürt.

Die Anzeige erschien auch in der *Washington Post*, und Henry trat noch mehrmals in den Medien auf. Viele Menschen folgten der Aufforderung, an die Bundesbehörden zu schreiben, die den LD50 verlangten. In einem Artikel in *Science* stand: »Ein unglücklicher Beamter vom Amt für gefährliche Substanzen beim Verkehrsministerium sagte, sein Amt sei im letzten Jahr mit mehr als 1000 Protestbriefen gegen den angeblich von ihm verlangten LD50-Test überschwemmt worden.«[12]

Unterdessen hielt der europäische Zweig der Kampagne mit dem Fortgang in Amerika Schritt. Im August 1983 berichtete der Fachausschuß für Arzneimittelprüfung der Europäischen Kommission, die Zahl der in Europa getöteten Versuchstiere könne um ein Viertel gesenkt werden, wenn die EWG-Richtlinie von 1975 geändert werde, die für alle neuen Arzneimittel den LD50-Test forderte. Die Fachleute sagten, der Test sei schwerfällig und solle durch eine genauere Untersuchung der Toxizitätsmechanismen ersetzt werden.[13]

Der New Yorker Kongreßabgeordnete Bill Green verfaßte einen Brief, der von 73 weiteren Kongreßmitgliedern unterzeichnet wurde und der die Bundesbehörden zur Abschaffung des LD50-Tests aufforderte. Da Green dem Ausschuß angehörte, der den Zulassungsbehörden ihre Mittel zuwies, hatte er ihnen gegenüber einiges Gewicht. Der Druck aus dem Kongreß und der Öffentlichkeit in Verbindung mit der zunehmenden Einigkeit in Wissenschaftskreisen gegen den LD50-Test veranlaßte die Behörde für Nahrungs- und Arzneimittel (FDA) zu einer Arbeitssitzung am 9. November 1983, an der Beamte der FDA und aus fünf anderen Bundesbehörden sowie Wissenschaftler und Vertreter der Kosmetik- und Arzneimittelindustrie teilnahmen. Henry war dort, und auf sein Drängen auch zwei langjährige und führende Mitglieder der Tierschutzbewegung, Cleveland Amory und Christine Stevens.

Auf der Sitzung stand ein Beamter der Zulassungsbehörden nach dem anderen auf und sagte dasselbe, was Henry ein Jahr lang gesagt hatte. Die FDA, sagte Gary Flamm, einer ihrer Beamten, »hat keine Vorschriften, die den LD50-Test verlangen ... Der LD50-Test hat nur beschränkten Wert, und wir sähen lieber andere Verfahren.« In einem Bericht aus dem CTFA-Mitteilungsblatt hieß es: »Es bildete sich die einhellige Meinung heraus, daß der klassische LD50-Test bei der Sicherheitsprüfung nur ›beschränkten‹ Wert hat, und daß Grenzwerttests oder Untersuchungen über den Dosisbereich, die weniger Tiere benötigen, ausreichende Daten über die orale Toxizität liefern können.«[14] Ein Vertreter der PMA sagte später: »Auf dieser Sitzung hat die FDA zum ersten Mal ihren Standpunkt klar ausgesprochen.«

Der *New Scientist* bezeichnete die Sitzung als »einen wichtigen Sieg« für die Bewegung zur Beendigung unnötiger Tierversuche. Dennoch löste die Sitzung nicht die Gegensätze innerhalb der Bundesbürokratie im ganzen auf: das Umweltschutzamt (EPA) verlangte weiterhin eine Form des LD50-Tests für Schädlingsbekämpfungsmittel und giftige Substanzen, und das Verkehrsministerium verlangte eine abgewandelte Form des LD50-Tests für die Entscheidung, wie bestimmte Substanzen, zum Beispiel Chemikalien, zu transportieren seien.[15] Die Behörden versprachen formellere Verlautbarungen über ihre Standpunkte, und diese kamen im Laufe des Jahres 1984 heraus.[16] Dann schloß sich die EPA an und teilte mit: »[Die EPA] rät ab von der Verwendung von Tieren bloß zur Berechnung eines LD50-Werts«, stattdessen sollte ein »Grenzwert«-Test mit weniger Tieren durchgeführt werden.[17]

Das kleinere Übel

Die wachsende Einigkeit außerhalb wie innerhalb der Zulassungsbehörden gegen den klassischen LD50-Test war willkommen, doch als Leute aus der Tierschutzbewegung die Implikationen zu überblicken begannen, geriet Henry von gewissen Seiten unter Beschuß. Jane Pauley legte ihm das Problem während der erwähnten *Today Show* vor:

> *Henry*: Die Wissenschaftler sagen … man kann die gleichen Daten mit sechs Tieren bekommen wie mit zweihundert.
> *Jane Pauley*: Sie sind also nicht völlig gegen Tierversuche mit tödlichen Dosen? Sie sagen nur, man soll nicht Millionen töten, wenn ein paar hunderttausend genügen?
> *Henry*: Also, ich meine, es ist fast wie bei einer Triage nach einer Katastrophe. Wir stehen vor einer bestimmten Menge Schmerz und Tod. Wie läßt sie sich am schnellsten verringern? Im Augenblick ist das … Schluß mit dem klassischen LD50-Test, der 60 bis 200 Tiere verbraucht; man kann stattdessen zum Beispiel mit einer ungefähren tödlichen Dosis arbeiten, für die man sechs Tiere braucht, denn man bekommt auf jeden Fall nur einen Dosisbereich, und niemand ist wirklich daran interessiert, daß [genau] die halbe Population getötet wird.

Für viele Tierrechts-Aktivisten war das Ketzerei. Alle Tierversuche waren eine Verletzung von Tierrechten und sollten unterbleiben. Henry hatte ein ebenso radikales Endziel wie die anderen, doch er hielt es einfach für unrealistisch, es in der nahen Zukunft erreichen zu können. Was sollte er also machen? Sollte er sagen, der Test einer ungefähren letalen Dosis, bei dem etwa sechs Tieren steigende Dosen der Prüfsubstanz verabreicht wurden, sei nicht besser als der LD50-Test – und damit die sehr realistische Aussicht aufgeben, die Zahl der Tiere, die bei Sicherheitsprüfungen einen qualvollen Tod erlitten, um 90 Prozent zu verringern? Wozu wäre das gut? Würde das die völlige Abschaffung der Tierversuche auch nur einen Schritt vorantreiben? Es gab keinen Grund, das zu glauben. Henrys sämtliche Erfahrungen in der Menschenrechtsbewegung sagten ihm, daß der Wandel schrittweise zustandekam und nicht mit einem einzigen revolutionären Streich. Wenn die Weigerung, bestimmte Tierversuche noch hinzunehmen, die völlige Abschaffung von Tierversuchen keinen Schritt vorantrieb, warum sollte man dann diesen Standpunkt einnehmen? Ging es dabei vielleicht bloß um moralische Reinheit? Eine solche Moral lag Henry fern. Er dachte: Die Tiere leiden jetzt, und wenn wir etwas dahingehend verändern können, daß einige nicht leiden, dann sollten wir es tun.

Solange sich Henrys Kampagnen gegen amerikanische Großunternehmen richteten und Erfolg hatten, hatte er nur wenige Kritiker, und es war leicht, sie nicht zu beachten. Doch sie hielten sich im Hintergrund und waren bereit, sofort wieder in Erscheinung zu treten, wenn die Dinge weniger gut liefen.

Procter & Gamble

Henry wollte nicht nur die Zulassungsbehörden vom LD50-Test abbringen, sondern auch die großen Firmen einbeziehen. Nachdem er so vielen Kosmetikfirmen Mittel zur Entwicklung von Alternativen zum Draize-Test entlockt hatte, wäre ein ähnliches Vorgehen beim LD50-Test ziemlich leicht gewesen. Doch er erwog einen anderen Ansatz:

> An diesem Punkt wurde uns klar, daß wir den Schlüssel gefunden hatten, um von so ziemlich jeder Firma Geld zu bekommen, die Tierversuche durchführt und vor den Verbrauchern sauber dastehen möchte. Doch dann beschlossen wir, unser Tun zu überdenken ... wir dachten, unsere Strategie sei vielleicht nicht der beste Weg, um die Gesamtmenge von Schmerz und Tod rasch zu verringern. Wir überlegten, daß der eigentliche Sachverstand für Verringerung und Ersetzung vielleicht in den Firmen selbst und nicht in den Universitäten sitzt. Die Universitäten haben schließlich ein Interesse daran, mehr Geld zu bekommen und weitere Forschung zu betreiben. Das läßt sie möglicherweise nach raschen Erfolgen streben, auf die sie verweisen können, aber andererseits vielleicht auch wieder nicht. Und überhaupt wollten wir nicht unbedingt unbezahlte Spendensammler für sämtliche medizinische Fakultäten der Vereinigten Staaten sein. Daher änderten wir unsere Strategie. Wir gingen zu Procter & Gamble und sagten ihnen, wir hätten kein Interesse an Geld; wir wollten ein Programm innerhalb der Firma zur Ver-

ringerung und Ersetzung von Tierversuchen, und das sollte veröffentlicht werden, damit andere Firmen sich daran orientieren konnten.[18]
Hatte Revlon schon den Anschein einer Riesenfirma erweckt, als Henry den Draize-Test angriff, so war das doch nichts gegen Procter & Gamble, den Hersteller von Waschmitteln wie Tide, von Seifen wie Ivory, Zahnpasten und rezeptfreien Arzneimitteln. Procter & Gamble war ein wirklicher multinationaler Konzern, der 260 verschiedene Marken in 140 Firmen herstellte. Seine Haltung zur Verringerung der Verwendung von Tieren wäre von entscheidender Bedeutung in einer riesigen Branche, die bisher noch keine Bekanntschaft mit der Tierrechtsbewegung gemacht hatte.
Henry schrieb zunächst einige Briefe, die höflich abgetan wurden. Dann kaufte er eine Aktie der Firma und ging 1982 auf die Jahresversammlung in der Firmenzentrale in Cincinnati (Ohio):

Man muß sich vorstellen, P & G ist eine gewaltige Institution, schon physisch ist es wie eine eigene Stadt. Wenn man auf die Toilette geht, sind alle Seifenstücke gleich, die legen also großen Wert auf Berechenbarkeit. Ich gehe also auf die Aktionärsversammlung, alle haben Anzug und Schlips an und so, und ich ein Paar leichte, offene Schuhe, Khakihosen und ein offenes Hemd, und ich hebe die Hand. Der Typ sagt mir, ich spräche nicht zur Tagesordnung. Ich habe viel Erfahrung mit einem Mikrofon aus der Seeleutegewerkschaft, und ich kenne meine Rechte mit einem Mikrofon, und ich weiß, wie man dran bleibt, und da ist diese Dame, die auf jede Aktionärsversammlung geht, und sie fängt an zu erzählen, wie sie sich mit dem Vorsitzenden getroffen und einen Cocktail getrunken hat, und dies gesagt hat und das gesagt hat, und die denken sich, die gehört zur Veranstaltung, und sie hatte vor mir gesprochen, also konnte er mir eigentlich nicht sagen, ich spräche nicht zur Tagesordnung, was ich zu sagen hätte, hätte nichts zu tun mit dem, was er angesprochen hatte, nachdem diese Dame gesprochen hatte, und das sagte ich auch ... Ich hatte einen Zettel mit den ganzen Zahlen über die Tiere, die sie verwendeten, und ich fragte sie nach dem allem. Sie nahmen sich ungeheuer viel Zeit zur Vorbereitung auf die ganzen Fragen, die gestellt würden, aber auf diese Frage hatten sie sich eigentlich nicht vorbereitet, also wußte der Typ nicht mehr ein noch aus. Ich zog weiter Papiere und Dokumente und Zeugs hervor. Und am Ende sagte er, er würde eine Zusammenkunft zwischen mir und den Leuten von P & G arrangieren; bevor er also das Podium verließ, trat ich ihm in den Weg und sagte: ›Mit wem werde ich zu tun haben?‹

Am Tag nach der Aktionärsversammlung schrieb Henry an den Vorsitzenden Owen Butler einen freundlichen Brief, der so begann:

Habe mich gefreut, Sie kennenzulernen, und danke für die Möglichkeit, einige unserer Anliegen auf der gestrigen Jahresversammlung anzusprechen. Wie Sie andeuteten, haben wir gemeinsame Interessen, die Verwendung von Versuchstieren zu verringern und zu ersetzen und dabei die Effizienz der Testsysteme zu erhöhen.[10]

Henry beendete den Brief mit der Bemerkung, »gemäß unserem Gespräch nach der Versammlung« würde er mit Geoffrey Place Kontakt aufnehmen, dem Vizepräsidenten für Forschung und Entwicklung. Im Januar 1983 traf er mit Place und Wissenschaftlern von P&G zusammen. Die Wissenschaftler beschrieben die Arbeit, die sie bereits auf dem Gebiet tierfreier Testverfahren geleistet hatten, da dies die entscheidende Seite der Toxikologie war, die Aussicht auf raschere, billigere und verläßlichere Prüfung neuer Erzeugnisse bot. Sie sagten auch zu, in der Branche eine aktivere Rolle zu übernehmen und tierfreie Tests beziehungsweise die Verringerung der Zahl der Tiere oder der Schwere ihres Leidens zu unterstützen, wenn man nicht ganz auf Tiere verzichten zu können glaubte.

Procter & Gamble trug seine Bemühungen im Mai 1983 auf einem Symposium am »Zentrum für Alternativen zum Tierversuch« [an der Johns Hopkins University] vor; der klassische LD50-Test sollte durch einen sogenannten »Hoch/Tief«-Test ersetzt werden, bei dem hohe und niedrige Dosen abwechselnd einer wesentlich kleineren Zahl von Tieren verabreicht werden, um den ungefähren Bereich zu bestimmen, in dem eine Substanz ein Tier vergiftet. Im September rief die Firma mit dem Artikel »Taking Animals Out of the Laboratory« in ihrer Hauszeitschrift diese Problematik ihren Mitarbeitern stärker ins Bewußtsein. Gemäß diesem Artikel stimmte Henry öffentlich dem Vorgehen des Großkonzerns zu:

Nachrichten über die Bemühungen der Firma haben nicht nur die wissenschaftliche Gemeinschaft, sondern auch die Führer der Tierrechtsbewegung erreicht. ›Die ernsthaften Initiativen und das Engagement von Procter & Gamble, die Verwendung und das Leiden von Versuchstieren zu verringern und zu ersetzen, sind zukunftweisend und praktisch zugleich – in der Überzeugung, daß es machbar ist, wenn konkrete Planung und dann Ausführung folgen‹, sagt Henry Spira, Koordinator einer landesweiten Koalition von Tierrechtsgruppen. ›Wir hoffen und erwarten, daß andere Ihrem Beispiel folgen werden.‹[20]

Wie im Fall Revlon war Henry bereit, seine Zustimmung zitieren zu lassen, wenn sich eine Firma in die richtige Richtung bewegte. Er sah, daß sich P & G hinter die Forderung nach Alternativen stellte, und zwar nicht nur so viel wie unbedingt nötig, sondern mit Überzeugung, und er wollte die Firma ermutigen, noch weiter zu gehen. Und das war, wie er es in dem Zitat zu Beginn dieses Kapitels ausdrückte, nicht zu erreichen, indem man sagte: »Wir sind Heilige und ihr seid Sünder, und mit genug Prügel werdet ihr es schon noch lernen.« Doch vielen aus der Tierbewegung fiel es schwer, sich von der Einstellung »wir sind Heilige und ihr seid Sünder« zu lösen.

Dramatische Ereignisse und stetiger Fortschritt

Alex Pacheco hatte zusammen mit Ingrid Newkirk in Washington, D.C., eine Gruppe gegründet, die sich People for the Ethical Treatment of Animals (PETA) nannte. 1981 leistete er freiwillig Dienst als Assistent am Institute for Behavioral Research in Silver Spring (Maryland). Dort sammelte er Beweise für die schreckliche Vernachlässigung und Mißhandlung der Affen, an denen Versuche durchgeführt wurden. Das führte zur ersten Polizeiaktion in einem amerikanischen Laboratorium, zu einem Verfahren gegen den Institutsleiter Dr. Edward Taub und zum Anfang einer langlebigen Geschichte über die Haltung der »Affen von Silver Spring«. Der Fall schärfte das öffentliche Bewußtsein von der wahren Natur der Tierversuche und ließ PETA von heute auf morgen in die führende Gruppe der amerikanischen Tierrechtsorganisationen aufsteigen.[21]

Die amerikanische Tierrechtsbewegung erreichte 1984 neue Höhepunkte, als Mitglieder der im Untergrund arbeitenden Animal Liberation Front (ALF) in das Labor von Dr. Thomas Gennarelli an der medizinischen Fakultät der University of Pennsylvania einbrachen. Sie stahlen 34 Videobänder, die die Experimentatoren selbst aufgenommen hatten. Die Bänder zeigten Paviane, die ohne Narkose auf einem Operationstisch festgeschnallt waren, und deren Köpfe heftig hin und her bewegt wurden, um ihnen schwere Gehirnschäden beizubringen. Die Aufnahmen zeigten auch, wie sich die Experimentatoren über die verängstigten Tiere lustig machten, und einer sagte sogar: »Paßt mal auf, daß die Antivivisektionisten diesen Film nicht in die Finger kriegen.« Als Auszüge dieser Bänder im Fernsehen gezeigt wurden, waren Millionen von Zuschauern empört. PETA veranstaltete eine einjährige Kampagne, um die Schließung von Gennarellis Labor zur Erzeugung von Kopfverletzungen zu erreichen. Die Kampagne erreichte am 15. Juli 1985 einen Höhepunkt, als sich 100 Menschen an einem Sit-in bei Gennarellis Geldgebern beteiligten, den National Institutes of Health (NIH). Am vierten Tag des Sit-in kündigte der Gesundheits- und Sozialminister an, daß die Experimente aufhören würden.[22]

Es folgte eine Welle der Medienpublizität. Eine Schlagzeile in der *New York Times* lautete: »Tierrechte: eine wachsende Bewegung in den Vereinigten Staaten«.[23] In *Newsweek* hieß es: »Die Tierrechtsgruppen gewinnen an Einfluß und Achtung.«[24] Es gab Titelgeschichten über die Tierbewegung in den Magazinen von *New Woman* bis *Hustler* und von *Omni* bis zur Zeitschrift der Chemieindustrie *Chemical Week*. Auch das Fernsehen brachte viele Sendungen darüber.[25]

Die neue wissenschaftliche Kultur bei den Sicherheitstests, die Henry in Gang gebracht hatte, führte nicht zu dramatischen Schlagzeilen, aber zu wesentlich weniger Tierleiden. Das vermerkte Bernard Dixon, der Herausgeber der populären englischen Wissenschaftszeitschrift *New Scientist*, in einem Aufsatz in *The Sciences*, einem Organ der New Yorker Akademie der Wissenschaften:

Die Tierrechte sind zu einem Modethema geworden, und das hat die Suche nach Alternativmethoden stark angeregt. Wissenschaftler, die vor nicht allzulanger Zeit noch behaupteten, solche speziellen Schritte [zum Auffinden von Alternativen zu Tierversuchen] seien unrealistisch und unnötig, beginnen sich jetzt einem völlig neuen Kreuzzug anzuschließen.[26]

In den folgenden Jahren blühte das bisher vernachlässigte Gebiet der Alternativen und der In-vitro-Toxikologie auf. Es fanden viele Konferenzen und Symposien statt, die Zahl der Veröffentlichungen war enorm und spezielle neue wissenschaftliche Zeitschriften wurden gegründet. 1984 stellte Bristol-Myers, nach anfänglichem Widerstreben inzwischen begeisterter Vorkämpfer tierfreier Testverfahren, dem Zentrum für Alternativen zum Tierversuch an der Johns Hopkins University weitere 200 000 Dollar für Forschungen für die pharmazeutische Industrie zur Verfügung, und Revlon stellte der Rockefeller University weitere 250 000 Dollar für Versuche zu einigen aussichtsreichen Alternativen zum Draize-Test zur Verfügung.[27]

Mehrere große Firmen verminderten ihre Tierversuche. Bristol-Myers ersetzte den klassischen LD50-Test durch den Grenzwerttest, bei dem die zu prüfende Substanz bis zu einer bestimmten Grenze – zum Beispiel 10 Gramm pro Kilogramm Körpergewicht – verabreicht wurde, und wenn das in einer Gruppe von 6 bis 20 Tieren keine schädlichen Wirkungen zeigte, ging man davon aus, daß keine Notwendigkeit bestand, die

Dosis so weit zu erhöhen, bis die Hälfte der Tiere sterben würde. So kam man ohne die Absurdität aus, Tieren riesige Mengen harmloser Substanzen zwangsweise zu verabreichen – etwa vergleichbar damit, daß ein Mensch kiloweise Zahnpasta verschlucken oder täglich Hunderte von Flaschen Mineralwasser trinken müßte. Im April 1984 gab Avon bekannt, daß 1983 die Gesamtzahl der bei Sicherheitstests verwendeten Tiere gegenüber dem Vorjahr um 31 Prozent gesenkt worden sei, nachdem sie 1982 gegenüber 1981 um 33 Prozent gesunken war. Revlon berichtete von einer Senkung um 20 Prozent, Colgate-Palmolive nannte 50 Prozent im Vergleich von 1982 und 1983, und 1986 konnte die Firma auf eine Reduzierung von 80 Prozent gegenüber 1981 verweisen.[28] Ab Oktober 1984 gab es in der Bristol-Myers-Zweigfirma Mead Johnson keine Kaninchen mehr – zuvor waren jährlich 300 zur Prüfung intravenöser Medikamente verwendet worden. Die Tests an Kaninchen waren durch ein billigeres, schnelleres und empfindlicheres Verfahren mit einem Enzym aus Pfeilschwanzkrebsen ersetzt worden. (Diese Tiere wurden, wie die Firma angab, nach einer Blutentnahme wieder unversehrt auf dem Meeresgrund ausgesetzt.) Die Nahrungs- und Arzneimittelbehörde hatte den Test anerkannt und stimmte mit Bristol-Myers' Beurteilung seiner Vorteile überein.[30] Im Juni 1985 gab die CTFA eine Mitteilung heraus, in der es hieß, daß die gesamte Kosmetikindustrie vom klassischen LD50-Test auf den Grenzwerttest übergegangen sei. Dadurch sei die Zahl der bei Tests zur akuten oralen Toxizität verwendeten Tiere um schätzungsweise 75 bis 90 Prozent zurückgegangen.[31] Im Oktober 1985 hatte Procter & Gamble den klassischen LD50-Test »praktisch aufgegeben« und verwendete anstelle der 40 bis 50 für den LD50-Test erforderlichen Tiere nur noch 6 bis 10 für seinen Hoch/Tief-Test.

Henry berief im Januar 1984 eine öffentliche Zusammenkunft nach New York ein, »um den letzten Schlag gegen den LD50-Test zu organisieren«. Ich war damals Gastdozent in Boulder (Colorado) und flog auf Henrys Drängen nach New York, um auf der Zusammenkunft zu sprechen. Auch Henry sprach, daneben Vertreter vieler spontan entstandener Tiergruppen aus dem ganzen Land und langjährige Unterstützer der Koalition wie die Wissenschaftler Andrew Rowan und Leonard Rack, die Rundfunksprecherin Pegeen Fitzgerald, der Schriftsteller Cleveland Amory und der Kongreßabgeordnete Bill Green. Hinter dem Podium hing ein riesiges Transparent mit der Abbildung eines Grabsteins mit der Inschrift:

LD50
1927–1984

Diese Grabschrift war allerdings etwas verfrüht. In einer Gesellschaft, in der Firmen ständig Angst vor millionenschweren Schadenersatzklagen haben müssen, wenn sie sich nicht nach den üblichen Prüfvorschriften richten, erwies es sich als äußerst schwierig, die Firmen zur völligen Aufgabe der herkömmlichen Tierversuche zu bewegen. Noch 1989 sprachen Henry und Leonard Rack schriftlich vom »Herunterfahren« des klassischen LD50-Tests und des Draize-Tests und nicht von der Abschaffung.[32]

Meinungsverschiedenheiten in der Bewegung

Die großen Kosmetikfirmen machten nach Henrys Ansicht angemessene Fortschritte bei der Reduzierung der Tierversuche; doch einige in der Tierbewegung sahen das anders. Henrys Kampagnen gegen die Kosmetikfirmen waren so erfolgreich gewesen, nicht nur hinsichtlich der Veränderungen bei den Firmen, sondern auch hinsichtlich der Unterstützung der Öffentlichkeit, daß viele Führer neuer und radikaler Tierrechtsgruppen auf diesem Wege weitergehen wollten. Für sie war jede Firma ein Angriffsziel, die noch Tierversuche durchführte. Im Oktober 1985 startete PETA eine »Mitleid-Kampagne«, deren Logo ein Kaninchen im Draize-Test zeigte und auf die großen Kosmetikfirmen einschließlich Avon und Bristol-Myers abzielte. Nachdem die Kampagne in *Animals' Agenda* vorgestellt worden war, setzte sich Henry damit in einem Brief an den Herausgeber auseinander:

> Ich meine, daß die von *Agenda* geforderten weiteren Ultimaten an die Kosmetikindustrie durchaus schädlich wirken können. Mir scheint, wenn eine Branche oder Firma auf uns eingeht, sollte uns daran liegen, daß es auch so bleibt und wir diese Aufgeschlossenheit anderen als Beispiel vorhalten können. Warum sollten wir unsere Kräfte gegen Leute einsetzen, die mit uns an gemeinsamen Zielen arbeiten?
>
> Auf die Kosmetikindustrie entfallen weniger als ein Prozent der bei Produktprüfungen verwendeten Tiere. Doch sie hat das ganze Gebiet der tierfreien Toxikologie in Form des Johns-Hopkins-Zentrums für Alternativen zum Tierversuch und des Revlon-Projekts zur Entwicklung von Alternativen an der Rockefeller University aufgetan. Und diese Anstrengungen haben auf wichtige Forschungsstätten in der ganzen Welt ausgestrahlt. Tatsächlich haben die Kosmetikindustrie und führende Hersteller von Haushaltprodukten wie Procter & Gamble mit ihrem Einfluß auf andere Industriezweige mehr Tiere vor Schmerzen und Leiden bewahrt als die Kosmetikindustrie selbst verbraucht.

Warum kümmern wir uns nicht um andere Branchen, die viel mehr Tiere einsetzen und noch keine Reaktion gezeigt haben? Da sind die pharmazeutische und die chemische Industrie, das Schulwesen und die Landwirtschaft, die immer noch für das Leiden von vier Milliarden Tieren pro Jahr verantwortlich sind. Ultimaten an die kooperationswillige Kosmetikindustrie könnten sich für weitergehende Verhandlungen als schädlich erweisen, doch die Investition angemessener und frischer Energie in diese bisher vernachlässigten Gebiete könnte neue Siege ermöglichen. Setzen wir unsere Kräfte doch dort ein, wo sie wirklich etwas verändern können.[33]

Die Beziehungen zwischen Henry und einigen anderen Organisationen, vor allem PETA, verschlechterten sich 1987, als PETA Procter & Gamble-Aktien kaufte und auf der Jahresversammlung den Antrag stellte, die Verwendung lebender Tiere bei der Produktprüfung einzustellen. Draußen demonstrierten 75 Tierrechtsaktivisten, und ein gemieteter Hubschrauber zog ein Band mit der Aufschrift »Schluß mit der Produktprüfung an Tieren« hinter sich her. Drinnen entfiel fast die Hälfte der zweistündigen Sitzung auf die Diskussion des Antrags. Als Henry hörte, daß PETA die Versammlung zum Großereignis machen wollte, entschloß er sich, auf der Seite der Firma zu stehen, die die Verwendung von Tieren bei der Produktprüfung zwischen 1984 und 1986 um 60 Prozent und insgesamt um 22 Prozent verringert hatte, obwohl sie eine Pharmafirma übernommen hatte. Henry flog nach Cincinnati und nahm an der Aktionärsversammlung teil und hörte, wie die PETA-Sprecherin Susan Rich sagte, P & G sei wegen der Reduzierung der verwendeten Versuchstiere zu loben, doch die Zahlen müßten noch weiter sinken. Sie schätzte, daß jährlich immer noch 70 000 bis 100 000 Tiere eingesetzt würden. Dann stand Henry auf. Er sagte, er unterstütze das im Antrag formulierte Ziel, schmerzhafte Tierversuche auslaufen zu lassen, fügte aber hinzu:

> Ich unterstütze nicht die Kampagne von PETA, die P & G als Bösewicht hinstellen möchte, während P & G bei der Entwicklung, Einführung und Förderung von Alternativen zur Verwendung von Tieren bei der Produktprüfung bisher am besten dasteht. Mir scheint, wenn eine Firma auf unsere Anliegen eingeht, hat es keinen Sinn, sie fertigzumachen. Vielmehr sollten wir sie bestärken, weiterhin kooperativ zu sein, und dieses Beispiel anderen vorhalten.

Es wäre ganz falsch, der Branche den Eindruck zu vermitteln, es sei völlig nutzlos, sich mit der Frage der Tierrechte zu befassen und auf sie einzugehen – daß sie sich, wenn sie auf uns eingehen, nur zu einem noch besseren Angriffsziel machen.

Henry sprach dann über die positiven Initiativen von P&G und beglückwünschte die Firma zu ihrem Engagement bei der Entwicklung und Einführung von Alternativen. Seine Ausführungen machte er in einer Presseerklärung den Medien zugänglich, und die »taktischen Meinungsverschiedenheiten innerhalb der Tierrechtsbewegung« wurden in der *New York Times* und anderen Medien erwähnt.[34] Für den PETA-Antrag stimmten nur die Inhaber von 2,2 Prozent des Aktienkapitals.

Ingrid Newkirk, die nationale Vorsitzende von PETA, reagierte mit einem Brief an alle Berater, die auf Henrys Briefkopf standen. Dem Brief waren Henrys Presseerklärung auf der P&G-Versammlung beigefügt und ein Dokument »Gemeinsamer Einsatz für den Wandel: ein Aktivisten-Manifest« von dem Philosophen und Aktivisten Brian Klug. Es rief zur Vermeidung von Konflikten innerhalb der Bewegung auf, und in Ingrid Newkirks Brief hieß es, Henrys Gesichtspunkte »hätten vorgebracht werden können, ohne eine andere Gruppe anzugreifen … Ich hoffe, daß Sie dieses Verhalten unbefriedigend finden.«[35] Ein weiterer Angriff kam von Helen Jones, der Präsidentin der International Society for Animal Rights. Sie hatte ursprünglich Henrys Kampagne gegen das Amerikanische Naturgeschichtliche Museum unterstützt, aber dann wegen Meinungsverschiedenheiten hinsichtlich der richtigen Taktik zurückgezogen[46] und ihre Gesellschaft fortan aus seiner Koalition herausgehalten. Jetzt machte sie in ihrem Mitteilungsblatt auf die Vorgänge bei der P&G-Versammlung aufmerksam und legte den Mitgliedsorganisationen von Spiras Koalition zur Abschaffung des LD50 nahe, deswegen auszusteigen.[37]

Weder Newkirks noch Jones' Versuche, Henrys Unterstützer zu beeinflussen, hatten irgendwelchen Erfolg. Keiner seiner Berater empfahl einen Kurswechsel oder die Einstellung der Kritik an PETA, und keine Gruppe trat aus der Koalition aus. Trotzdem fragten sich viele Tieraktivisten, warum gerade diese Person, die in der Bewegung so große Einigkeit geschaffen hatte – durch die Koalitionen gegen die Beschlagnahmung von Tierheim-Tieren, den Draize-Test und den LD50-Test – jetzt auf der Seite einer Firma stand, die noch Tierversuche durchführte, und sich gegen andere Tierrechtsgruppen wandte. Doch Henry meinte, manche Organisationen konzentrierten sich auf die Kosmetikfirmen und P&G nicht deshalb, weil sie die schlimmsten Tierschinder wären, sondern weil sie bequeme und bekannte Angriffsziele darstellten – und weil Spender dafür Geld hergaben. Noch beunruhigender war von Henrys Standpunkt aus der Gesichtspunkt, den er auf der P&G-Versammlung vorgetragen hatte: Wenn Firmen nach der Erfüllung der Forderungen einer Kampagne weiterhin angegriffen wurden, entfiele für sie jeder Grund, ihm irgendwelche Zugeständnisse zu machen.

Ein Jahrzehnt später wurde immer noch über die Haltung gegenüber Procter & Gamble gestritten. Die Gegner der Firma sahen sich im Mai 1997 bestätigt, als Michele Rokke, eine verdeckt arbeitende PETA-Aktivistin, berichtete, was sie in ihrer achtmonatigen Tätigkeit im Labor von Huntington Life Sciences in Millstone (New Jersey) gesehen hatte. Dort wurden Tests für viele große Firmen durchgeführt, darunter auch P&G. Nach einem Bericht von Associated Press machte Rokke »von den behaupteten Mißständen Videoaufnahmen, auf denen zu sehen war, daß das Personal Affen zerschnitt, während sie noch lebten, sie in Käfige hineinwarf und sie aufhängte, während man ihnen Flüssigkeiten in die Nase pumpte«. PETA richtete eine 37seitige Beschwerdeschrift gegen Huntington an das US-Landwirtschaftsministerium (USDA) und plädierte auf Verstoß gegen das Tierschutzgesetz.[38] P&G war offensichtlich über diese Enthüllungen irritiert und stellte die Zusammenarbeit mit dem Labor ein.

Auf der anderen Seite verbucht P&G, seit 1984 die Verwendung von Tieren bei der Sicherheitsprüfung von Verbrauchsgütern (außer Arzneimitteln) um 85 Prozent gesenkt zu haben – obwohl die Firma in diesem Zeitraum auf das Dreifache anwuchs. Die Firma hat sich darauf festgelegt, Tests an Tieren schließlich ganz abzuschaffen, und sie hat durch ihre führende Rolle bei der Suche nach Alternativen gezeigt, daß das keine leeren Worte sind. Seit 1984 hat P&G nach eigener Rechnung 64 Millionen Dollar für die Entwicklung, Validierung und Anerkennung tierfreier Testverfahren aufgewendet – ungefähr dreimal so viel wie irgendeine andere Firma oder Institution –, und die hauseigenen Wissenschaftler haben mehr als 450 Arbeiten über Alternativmethoden veröffentlicht. 1990 schuf P&G ein internationales Programm für Alternativen zum Tierversuch, das jährlich Forschungsaufträge in Höhe von 450 000 Dollar zur Entwicklung neuer alternativer Testverfahren vergibt. P&G trug dem Umstand Rechnung, daß eines der Haupthindernisse für die größere Verbreitung von Alternativen deren Nichtanerkennung durch die Zulassungsbehörden ist und finanzierte Konferenzen zur Entwicklung anerkannter Grundsätze für die Validierung von Alternativen. P&G war die einzige Firma, die sich vor dem Kongreß für die Gesetzgebung einsetzte, die die US-Regierung anweist, die Entwicklung, Validierung und verwaltungsmäßige Anerkennung von Alternativmethoden aktiv zu unterstützen. Das führte zur Bildung des U.S. Interagency Coordinating Committee for Validation of Alternative Methods, das alternative Methoden prüft und sie den Zulassungsbehörden zur Annahme empfiehlt. Um die Information über Alternativen zu Tierversuchen den Forschern in der ganzen Welt zugänglich zu machen, hat P & G die Entwicklung von »Altweb« finanziell unterstützt, der »Alternatives to Animal Testing Website«, und zwar in Zusammenarbeit mit dem Zentrum für Alternativen zum Tierversuch an der Johns Hopkins University. Ein neues Feld bei der Suche nach Alternativen eröffnete P & G auf der Aktionärs-Jahresversammlung im Oktober 1997 mit der Ankündigung, für die Entwicklung eines Computermodell-Netzes namens BioNOME (Biology Network of Modeling Efforts) dem Supercomputer Center an der University of California in San Diego eine Million Dollar zur Verfügung zu stellen. Damit sollten biologische Reaktionen auf neue pharmazeutische Substanzen vorausgesagt werden. Die stellvertretende Direktorin für die Sicherheit von Mensch und Umwelt bei P & G, Katherine Stitzel, gab zu, daß das Superrechnerprojekt noch ganz am Anfang stehe, meinte aber: »Wir sehen keine andere Möglichkeit, die Verwendung von Tieren völlig einzustellen. Und wenn wir nicht anfangen, kommt es nie so weit.«[39]

Zu weiteren Spannungen zwischen PETA und Henry – und diesmal nicht nur Henry – kam es 1987, als PETA die Übernahme der New England Anti-Vivisection Society (NEAVS) und der Toronto Humane Society einfädelte. Diese beiden alten und im allgemeinen konservativen Organisationen verfügten über ein Vermögen von etwa 22 Millionen Dollar – Geld, das nach Meinung von PETA nicht wirksam genug für die Tiere eingesetzt wurde. Das mag durchaus zutreffend gewesen sein, aber Henry und auch die Führer verschiedener anderer Tierrechtsgruppen machten sich Sorgen, daß PETA – eine Organisation, die nicht so demokratisch aufgebaut war wie einige andere Gruppen, die dadurch Gefahr liefen, geschluckt zu werden – ein ungesundes Übergewicht in der Tierbewegung erlangen würde. Der große Finanzbedarf für die gewaltige Menge bezahlter Mitarbeiter bei PETA war Henry schon lange ein Dorn im Auge, dessen Koalitionen mit jährlich 75 000 Dollar auskamen, während PETA über 6 Millionen ausgab.[40] Es mag Henry auch beeinflußt haben, daß er von NEAVS Mittel für seine Projekte bekam. Wenn der Vorstand von PETA kontrolliert wurde, hatte diese Unterstützung wahrscheinlich ein Ende. Er zögerte also nicht, Ian Harvey, einem Journalisten der *Toronto Sun*, mitzuteilen, daß die Übernahme traditionsreicher und konservativer Gesellschaften durch radikalere Gruppen dazu beitrage, eine »Bürokratie um ihrer selbst willen und zur Selbstbespiegelung der Führung« zu schaffen.[41]

Ingrid Newkirk sah die Lage anders. 1989 sagte sie einem Reporter der *New York Times*, der ein Porträt über Henry schrieb:

> Er verbrüdert sich mit unserem Gegner. Vor sechs oder sieben Jahren hatten wir vieles gemeinsam. Er hat damals ständig Kies angefahren, mit dem andere Leute Straßen bauen konnten, das war sehr wichtig. Doch ich glaube, Henry hat sich durch die Reaktion der Industrie täuschen lassen. Er konnte sich nicht aus dem Sumpf befreien, in den er als Vermittler mit der Industrie geraten war. Die Suche nach Alternativen ist ein ganz durchsichtiger Trick, um den status quo aufrechtzuerhalten.[42]

War die Suche nach Alternativen, auf die Henry im vorherigen Jahrzehnt so viel Energie verwendet hatte, wirklich ein »durchsichtiger Trick, um den status quo aufrechtzuerhalten«? Die Art, wie die führenden amerikanischen Kosmetikfirmen ihre Tierversuche beendeten, wirft Licht auf diese Frage.

Das Ende der Kosmetiktests?

Am 10. Januar 1989 kündigte Noxell, Produzent der Noxzema-Hautcremes und von Mannequin-Kosmetik, als erste amerikanische Kosmetikfirma an, daß bei ihr der Draize-Test durch einen Gewebekultur-Test ersetzt würde. Der Entscheidung vorausgegangen waren zweijährige Untersuchungen, ob sich mit dem »Agarose-Diffusions«-Zelltest Augenreizungen vorhersagen ließen. Henry begrüßte die Entscheidung als einen wichtigen Durchbruch auf dem Weg zur Abschaffung des Draize-Tests.[43]

Weniger als zwei Monate später machte PETA Avon zum Hauptziel einer neuen Kampagne gegen Kosmetiktests an Tieren. PETA rief zu einem weltweiten Boykott von Avon-Erzeugnissen auf und verteilte 3 Millionen Türanhänger, wie sie von den Avon-Vertreterinnen hinterlassen wurden, die aber statt der Aufschrift »Avon calling« (etwa: Avon war hier) mit der Aufschrift versehen waren: »Avon killing« (Avon tötet). Innerhalb eines Monats kündigte Avon an, der Draize-Test würde nicht mehr angewendet, und alle Tierversuche würden eingestellt. Im Juni folgte Revlon. Bis Ende des Jahres hatten elf der größten amerikanischen Kosmetikfirmen alle Testverfahren mit Tieren eingestellt, darunter Chesebrough-Ponds, Fabergé und Christian Dior, und Amway und Mary Kay Cosmetics hatten die Prüfung an Tieren ausgesetzt.

Das hätte für Henry ein Augenblick zum Feiern sein sollen. War das nicht die Krönung von zehn Jahren Arbeit, die mit seinem ersten Brief an Revlon begonnen hatte? Stattdessen hatten die Geschehnisse einen bitteren Beigeschmack. Wer die Geschichte dieser Problematik nicht kannte – und das waren die meisten in der jungen und rasch gewachsenen Tierrechtsbewegung –, hatte den Eindruck, als hätte der PETA-Boykott die Ankündigung von Avon herbeigeführt. Es schien, daß letzten Endes nur die ernsthafte Drohung einer mächtigen Organisation mit Hunderttausenden von Anhängern in den Vereinigten Staaten und anderen Ländern etwas bewirkte.

Doch für alle, die diese Geschichte kannten, sah die Sache ganz anders aus. Die Kosmetikfirmen konnten die Tierversuche nur einstellen, weil Alternativen entwickelt worden waren. Deswegen konnte Noxell auf einen Zellkulturtest übergehen. Avon konnte auf den Draize-Test verzichten wegen »Eytex«, einer In-vitro-Methode, die von National Testing entwickelt worden war, einer von Christopher Kelly gegründeten Firma.[44] Kelly sagte der Zeitschrift *Chemical Week*: Eytex »braucht weniger Zeit, ist besser reproduzierbar und weniger subjektiv als der Draize«. Und es kostete nur 50 Dollar gegenüber 500 für den Draize-Test.[45] Diese Vorteile waren genau das, was sich Henry von den neuen Methoden erhofft hatte, als er Revlon zum ersten Mal aufgefordert hatte, die Erforschung von Alternativen zu finanzieren.

Die Rolle von PETA bei der Beendigung der Kosmetik-Tierversuche bestand also lediglich darin, der Sache den letzten Anstoß zu geben. Die Entwicklung von Alternativen war keineswegs ein »durchsichtiger Trick, um den status quo aufrechtzuerhalten«, sondern eine wesentliche Vorbedingung für den Erfolg des PETA-Boykotts. Doch selbst diese Einschätzung verleiht der Rolle von PETA möglicherweise noch zuviel Gewicht. Eine skrupellosere Analyse trug der *Animal Rights Reporter* vor, eine Zeitschrift mit dem stolzen Untertitel »Eine objektive Analyse der Tierrechtsbewegung«. Doch diese Darstellung ist höchst fragwürdig: Die Zeitschrift wurde von einer Sicherheitsberatungsfirma herausgegeben, die für Firmen arbeitete, die von der Tierrechtsbewegung angegriffen wurden.[46] Trotzdem ist es bezeichnend, daß noch vor Avons Ankündigung, die Tierversuche einzustellen, im *Reporter* über den PETA-Boykott zu lesen war:

Die PETA-Aktion erscheint gleichzeitig als ein Medientrick und als ein Versuch, die Arbeit von Henry Spiras ARI herunterzuspielen … Spira hat eine konstruktive Beziehung zur Führung von Avon hergestellt, und seine Bemühungen waren eindeutig ein Faktor beim allmählichen Abrücken der Firma von Testverfahren mit Tieren.

Jetzt, da Avon vor der völligen Aufgabe der Verwendung von Tieren steht, tritt PETA vor und verkündet einen Boykott. Der Boykott wird es PETA ermöglichen, einen ... ›Sieg‹ für sich zu beanspruchen, wenn Avon bekanntgibt, daß die Produktprüfung an Tieren vollständig eingestellt wurde. Demgegenüber sagen die Vertreter von Avon, der PETA-Boykott werde ihre Entscheidungen nicht beeinflussen. Einer erklärte: ›Die Firma kann nur davon ausgehen, daß PETA zu diesem Boykott aufgerufen hat, um die Pläne von Avon, die Tests einzustellen, für sich selbst verbuchen zu können.‹

Es ist wahrscheinlich, daß PETA behaupten wird, der Konfrontationskurs habe größeren Einfluß auf die Einstellung der Produktprüfung bei Avon gehabt als der stetige und gemäßigte Druck von Spira. Avons Verhalten läßt etwas anderes erkennen.[47]

War es also ein bloßer Zufall, daß Avon das Ende der Tierversuche nur einen Monat nach dem Boykottaufruf von PETA bekanntgab? Das erscheint kaum glaubhaft; auch wenn Avon das Ende zu einem noch unbestimmten Zeitpunkt in der Zukunft vorgesehen hatte, trug der PETA-Boykott sicher dazu bei, daß dieser Zeitpunkt vorverlegt wurde. Versuchten die zitierten Vertreter von Avon lediglich zu bestreiten, von ihrem stärksten Gegner beeinflußt worden zu sein? Das wäre eine Erklärung für die Schnelligkeit, mit der die Ankündigung Avons auf den PETA-Boykott folgte. Doch im Juni 1989 gab Jim Preston, der Präsident von Avon, in einem Interview mit dem *Life*-Journalisten Alston Chase eine andere Erklärung:

Letzten Februar rief mich Susan Rich [die Leiterin der PETA-Kampagne gegen die Kosmetiktests] an und fragte, ob sie vor dem Vorstand der CTFA sprechen könnte. Ich bin der Vorsitzende der CTFA. Ich dachte, hören wir sie eben an, und das geschah ... Als ich vor der CTFA-Sitzung mit ihr sprach, sagte ich ihr, Avon stehe kurz vor einer Ankündigung, die PETA und allen Tierrechtsaktivisten willkommen sein dürfte. Das konnte nur so verstanden werden, daß wir kurz vor der Beendigung der Tierversuche standen.

Der Boykott gegen Avon begann in der folgenden Woche. Und das konnte kein Zufall sein. Sie wollten es auf ihr Konto verbuchen, daß Avon die Tierversuche zur Prüfung seiner Erzeugnisse abschaffte – doch dieses Programm hatte schon acht Jahre zuvor begonnen.[48]

Henry war schon so zynisch gegenüber dem Vorgehen einiger Tierrechtsgruppen geworden, daß er diese Darstellung durchaus glaubhaft fand. Andere hätten seine Bereitschaft, dem Chef einer Kosmetikfirma zu glauben, zweifellos als weiteren Beweis dafür genommen, daß er sich schon viel zu lange »mit unserem Gegner verbrüdert« hatte.

Eine noch nicht abgeschlossene Geschichte

Im April 1992 feierte das Zentrum für Alternativen zum Tierversuch [an der Johns Hopkins University] sein zehnjähriges Bestehen. Das Zentrum war erfolgreich. Es hatte den Kreis seiner Sponsoren auch auf Firmen wie Exxon und IBM ausgedehnt, Bundesbehörden wie das Umweltschutzamt und die NIH waren hinzugekommen, und Kosmetik- und Pharmafirmen unterstützten es nach wie vor. Bei einer Feier im Kunstmuseum von Baltimore wurde Henry in Anerkennung seiner zentralen Rolle beim Entstehen des Zentrums ein Gründerpreis verliehen. Doch Henry sagte seinen Zuhörern, daß er nicht zufrieden sei. Er würdigte zwar die gewaltigen Veränderungen, die im vergangenen Jahrzehnt stattgefunden hatten und lobte deren Urheber, doch er forderte zugleich ein neues Dringlichkeitsbewußtsein. Er sagte: »Ich habe die Koalition gegründet, damit der Draize-Test abgeschafft wird – und nicht verfeinert.«[49]

Doch wie war das zu erreichen? Firmen, die nur Kosmetik- und Toilettenartikel herstellen, können ihre Testprogramme mit Tieren einstellen, weil ihre Produkte verhältnismäßig harmlos sind und die sie betreffenden Vorschriften in den Vereinigten Staaten und anderswo keine Daten aus Tierversuchen verlangen. Für Firmen mit einem breiteren Produktspektrum sind die Vorschriften jedoch wesentlich strenger. In vielen Ländern können Haushaltreiniger und andere Erzeugnisse, die problematische Chemikalien enthalten, nicht transportiert werden ohne eine auf Tierversuchen beruhende Angabe ihres Gefährlichkeitsgrades, und Umweltschutzbehörden bestehen wohl auch auf Tierversuchen, um die Umweltverträglichkeit eines Erzeugnisses zu bestimmen. Auch Medikamente sind wesentlich strengeren Maßstäben unterworfen als Kosmetika. Da Firmen wie Procter & Gamble und Unilever ihre Erzeugnisse in der ganzen Welt verkaufen, müssen sie die Vorschriften sämtlicher Länder beachten, in denen sie aktiv sind. Wenn sie also keine Marktanteile verlieren wollen, müssen sie jede noch so außergewöhnliche oder auch veraltete Vorschrift für Produktprüfungen an Tieren erfüllen.

Einige Monate vor der Zehnjahresfeier des Zentrums für Alternativen zum Tierversuch hatte Henry Einladungen von PETA und von der Doris Duke Foundation zur Beteiligung an neuen Kampagnen gegen Kosmetiktests abgelehnt. Das Ziel der Kampagnen war die endgültige Abschaffung des Draize-Tests. Henry sagte beiden Gruppen, die Zeit sei vorüber, als man für die Tiere noch etwas erreichen konnte, indem man »auf Kosmetikfirmen einschlug«. Weder früher noch heute sei ein erheblicher Anteil der Draize-Tests auf die Kosmetikindustrie entfallen. Henry führte

Zahlen aus England an, wonach jedem Tier, das dort bei Kosmetiktests zu leiden hat, 80 000 Versuchstiere in anderen Branchen gegenüberstehen. (Er fügte hinzu, es gebe keine vergleichbaren Zahlen für die USA, doch es gebe keinen Grund zu der Annahme, daß sie wesentlich anders seien.) Trotzdem sei es vor zehn Jahren sinnvoll gewesen, auf Kosmetikfirmen Druck auszuüben und von ihnen die Entwicklung von Alternativen zu verlangen, weil es damals keine Alternativen gab und die Kosmetikfirmen am leichtesten verwundbar und deshalb am einfachsten dazu zu bringen waren, finanzielle Mittel bereitzustellen, damit die Erforschung von Alternativen in Gang kam. Jetzt aber seien Alternativen da und weitere in der Entwicklung, daher liege das eigentliche Problem nicht mehr bei den Kosmetikfirmen:

> Damit der Draize-Test abgeschafft wird, müssen die Zulassungsbehörden jede Menge andere Verfahren anerkennen, und diese Anerkennung muß alle wichtigeren Exportländer einschließen. Die Zulassungsbehörden werden diesen Verfahren aber erst dann zustimmen, wenn es unter den Toxikologen einen klaren Konsens gibt. Und es wird keinen klaren Konsens unter den Wissenschaftlern geben, wenn es nicht zu koordinierten Bemühungen kommt, neuentwickelte Tests zu bewerten, einen nach dem anderen, und dann diese vielen Tests verschiedenen Zwecken in verschiedenen Gruppen von Chemikalien zuzuordnen.[50]

Es gelang Henry nicht, andere Tierrechtsgruppen davon zu überzeugen, daß es nicht sehr erfolgverprechend war, auf dem von ihm einst erschlossenen Weg weiterzugehen. Einige schlossen sich PETA in einer Kampagne gegen den französischen Kosmetikriesen L'Oréal an, der im Unterschied zu den großen amerikanischen Kosmetikfirmen immer noch Tierversuche durchführte. 1993 rief PETA den Sieg aus, als die Firma zusagte, die Tierversuche endgültig abzuschaffen. Doch der Sieg wurde später von der British Union for the Abolition of Vivisection als Täuschung bezeichnet, weil L'Oréal nicht zugesagt hatte, auch auf Bestandteile zu verzichten, die an Tieren erprobt worden waren.[51]

Die vollständige Abschaffung des Draize- und LD50-Tests bleibt ein schwer erreichbares Ziel. 1992 ging die Europäische Gemeinschaft den Vereinigten Staaten einen Schritt voran, indem sie gesetzlich vorschrieb. daß Alternativmethoden anzuwenden seien, wo immer es möglich sei. Sie errichtete auch ein Europäisches Zentrum für die Validierung von Alternativmethoden in Ispra in Italien. Die erste Untersuchung über Alternativen zum Draize-Test wurde 1995 veröffentlicht, stellte aber enttäuschenderweise fest, daß keine der neun Alternativmethoden die

Kriterien zur Ersetzung des Draize-Tests erfüllte; weitere Forschungen seien nötig.[52]

Die Koalitionen zur Abschaffung des Draize-Tests und des LD50-Tests haben also ihre formulierten Ziele noch zu erreichen, sie haben aber dennoch eine gewaltige Veränderung in der Kultur der Produktprüfung und eine gewaltige Reduzierung der Verwendung von Tieren herbeigeführt. 1985 waren von den Tests, die *United States Pharmacopeia* und *National Formulary*, die Handbücher der Standards und Analysemethoden für Arzneimittel und ähnliche Substanzen, verlangten, 11 Prozent Tierversuche; 1993 waren es nur noch 2 Prozent. Das National Cancer Institute ersetzte mehrere Millionen Mäuse bei der Prüfung potentieller Medikamente durch menschliche Zellkulturen, die nicht nur billiger waren, sondern mit denen auch das Problem der Speziesdifferenzen vermieden wurde. Andrew Rowan untersuchte die Gesamtzahl aller in Versuchen verwendeten Tiere und fand in manchen Ländern eine Verringerung um bis zu 50 Prozent seit den 70er Jahren. Daran sind viele Faktoren beteiligt, doch die Ersetzung von Tierversuchen bei der Produktprüfung gehört zweifellos dazu.[53]

In den 90er Jahren hatte Henry eingesehen, daß Tierversuche zur Produkt-Sicherheitsprüfung nicht völlig aufhören würden, solange sich unsere Einstellung zu Tieren nicht auch auf anderen Gebieten ändert. In einem Interview, das im Mitteilungsblatt einer für unbeschränkte Forschung eintretenden Interessengruppe erschien, wurde er gefragt, ob er glaube, daß schließlich alle Tierversuche zur Sicherheitsprüfung von Produkten aufhören würden:

Solange sechs Milliarden Tiere als Nahrung konsumiert werden, glaube ich nicht, daß wir so weit kommen werden, daß kein einziges Tier mehr [zur Produktprüfung] eingesetzt wird. Wenn aber die gesamte Wissenschaft und die Behörden und die Leute, die mit der Produkthaftung zu tun haben, zusammenwirken, dann können wir an der Zahl von 20 bis 60 Millionen Versuchstieren noch einige Nullen wegnehmen und schließlich eine sehr geringe Zahl von Tieren erreichen, die als letzter Ausweg bei Fragen von Leben und Tod herangezogen werden, und alle Kraft darauf richten, daß die Schmerzen und Leiden dieser noch eingesetzten Tiere gemildert werden.[54]

Diese Stellungnahme zeigt, daß Henry sein Engagement für die Reduzierung der Tierversuche bei der Produktprüfung nicht aufgegeben hatte, daß der Schwerpunkt seiner Arbeit jetzt aber bei den Tieren lag, die als Nahrungsmittel dienen.

5 Das vergessene Tierproblem

> Sie haben recht, wenn Sie meinen, die Tierrechtsbewegung habe in den 70er und 80er Jahren einen großen Sprung vorwärts gemacht. Leider stimmt aber auch, daß das nur ein Tropfen auf den heißen Stein war.
>
> Henry Spira [1]

Enthüllungen über den »Hühnerhimmel«

In der ersten Hälfte der 80er Jahre erreichte die amerikanische Tierbewegung eine noch nicht dagewesene öffentliche Aufmerksamkeit, doch sie konzentrierte sich fast ausschließlich auf Versuchstiere und kümmerte sich am Rande etwas um streunende Hunde und Katzen und um Wildtiere. Die sogenannten »Nutztiere« wurden fast vollständig vernachlässigt. Doch auf jedes der damaligen 20 bis 60 Millionen pro Jahr in den Vereinigten Staaten in der Forschung verwendete Tier kamen im gleichen Zeitraum mindestens 200 getötete Nutztiere. Und während die Zahl der Versuchstiere zu sinken scheint, wächst die der Nutztiere rasch. Diese Tiere erleiden vielleicht nicht den akuten Schmerz oder die Not wie Tiere in manchen Experimenten, doch die Hühner, die unsere Eier produzieren, sind in so enge Drahtkäfige eingesperrt, daß sie nicht einmal die Flügel ausstrecken oder sich vor aggressiveren Vögeln im gleichen Käfig zurückziehen können. Hühner für die Fleischproduktion werden zusammengepfercht in großen Schuppen gehalten, und jedes Jahr werden Millionen von ihnen ohne vorherige Betäubung geschlachtet. Kälber, die weißes Kalbfleisch liefern sollen, werden schon ein paar Tage nach der Geburt von ihren Müttern getrennt und in so enge Boxen gesperrt, daß sie sich nicht umdrehen und keinen einzigen Schritt machen können. So verbringen sie den Rest ihres Lebens, und sie werden absichtlich anämisch gemacht, damit ihr Fleisch blaß und zart bleibt. In ihrer Box ist keine Einstreu, weil sie das Stroh aus Verlangen nach Rauhfutter fressen könnten und ihr Fleisch dann ein natürlicheres Rot annehmen würde. Auch trächtige Säue werden in Boxen untergebracht, in denen sie sich nicht umdrehen und herumgehen können und in denen sie ihre Ferkel auf Betonboden ohne Einstreu gebären müssen.

1985 war Henry soweit, daß er sich mit der landwirtschaftlichen Tierhaltung auseinandersetzen wollte. Im Januar dieses Jahres organisierte er eine »Planungs- und Strategie«-Zusammenkunft der Führer aller wichtigen Tiergruppen des Landes (darunter die ASPCA und die Humane Society of the United States und auch Führer neuerer aktivistischer Organisationen wie PETA und Student Action Corps for Animals), und sie waren sich einig, daß es an der Zeit sei, etwas für die Tiere in der Agrarindustrie zu tun.[2] Einem Journalisten sagte Henry, die endgültige Lösung des Problems der Mißhandlung dieser Tiere bestehe darin, daß »Tierrechte und der Verzehr von Tieren nicht zusammenpassen«. Und der Realist in ihm fügte hinzu: »Aber solange es noch weitergeht, möchte man wenigstens die Schmerzen und Leiden verringern.«[3]

Konnten Tiere so aufgezogen werden, daß ihre Grundbedürfnisse erfüllt wurden und gleichzeitig die Wirtschaftlichkeit gegeben war? In Europa gab es vielversprechende Untersuchungen über humanere Methoden der Landwirtschaft, doch in Amerika ging die gesamte Tendenz in die entgegengesetzte Richtung. Die Agrarfabriken wurden immer größer. Bei einigen Eierproduzenten ging die Zahl der in Käfige eingesperrten Hennen jetzt in die Millionen, und Schweinezüchter hatten Zehntausende von Tieren, die alle in Ställen ohne Auslauf im Freien gehalten wurden. Das Tier wurde zu einem Rädchen in der Maschinerie gemacht. Die Rentabilität des Gesamtbetriebs war das allein Entscheidende. Das Wohlergehen des einzelnen Tieres war dafür ohne Bedeutung.

Henry meinte, eine Kampagne wie die gegen Revlon könnte auch hier etwas bewirken, wenn er eine Firma finden würde, die wie Revlon auf ihr Image achten mußte. Eine solche Firma konnte er unter Druck setzen, damit sie die Entwicklung von Formen der Tierzucht finanziell förderte, die den Tieren Bewegungsfreiheit gewährte und ihnen ein einigermaßen artgerechtes Leben ermöglichte. Das Problem war, eine Firma zu finden, die darauf eingehen würde. Wenn die Leute im Supermarkt Fleisch, Geflügel und Eier kauften, nahmen sie einfach das Billigste, das sie bekommen konnten. Im Unterschied zur Kosmetikbranche spielte hier die Markenwerbung keine große Rolle. Doch Frank Perdue ist eine Ausnahme. »Perdue Farms« ist nicht der größte – sondern etwa der drittgrößte – Hühnerproduzent des Landes, aber dank seines Werbeetats von jährlich 20 bis 30 Millionen Dollar der bekannteste. Frank Perdue ist, wie Mark Graham sagte, »ein Geflügelmogul, der so aussah und redete wie sein Produkt«. Seine Werbeagentur machte ihn zum Topverkäufer seiner Hühner; wenn man das Fernsehen anschaltete, trat Frank Perdue auf und sagte in seinem volkstümlichen Stil: »Meine Hühner essen besser als die Leute.« »Hühnerhimmel« nannte er die Verhältnisse, unter denen seine Vögel lebten. In einer ganzseitigen Zeitungsanzeige sagte er den Verbrauchern:

GROSSARTIGE HÜHNER BEKOMMT MAN, INDEM MAN SIE VERWÖHNT

Perdue-Hühner leben so gut, daß sie einfach nur zart werden können. Sie leben in Häusern, die 60 000 Dollar kosten, können acht Stunden schlafen und bekommen fürstliche Mahlzeiten mit Gebäck zum Nachtisch!

Die Anzeige beschreibt dann eingehend die »geräumigen, speziell konstruierten Häuser« mit »teuren getönten Fenstern«, in denen es »keine Überbelegung« gibt und »jeder Vogel reichlich Auslauf hat. Um Freunde zu finden, oder ein ruhiges Plätzchen für sich allein.«[4]

Das war ausgemachter Schwindel. Wie bei Revlon war die Kluft zwischen dem Erscheinungsbild, das die Firma zu pflegen versuchte, und der Wirklichkeit enorm. Das hatte Revlon angreifbar gemacht. Würde es auch bei Perdue so sein?

Im April 1987 schrieb Henry einen höflichen Brief an Frank Perdue und ersuchte um »Initiativen zur Streßverminderung bei Nutztieren«.

Wenn Sie sich an diesen Bemühungen zur Verbesserung der Lebensbedingungen in der industriellen Tierhaltung beteiligen würden, entspräche das in hohem Maße dem Ton und der Stoßrichtung Ihrer Werbung:

›Jedes Perdue-Huhn reist erster Klasse. Das ist nicht mehr (und nicht weniger) als was ein erstklassiges Huhn verdient. (Und warum sollte ein Vogel nicht geschmackvoll behandelt werden? Frank Perdue ist vielleicht zäh, aber kleinlich ist er nicht.)‹

Unsere Koalitionen haben in den letzten zehn Jahren verschiedene Aktionen durchgeführt und als Katalysatoren zur Verringerung des Leidens von Tieren in verschiedenen Zusammenhängen gewirkt.

Wir legen Unterlagen bei, die Sie nicht nur über einige unserer Aktionen informieren sollen, sondern Ihnen auch verdeutlichen können, welche Möglichkeiten unser Vorschlag für Sie birgt.

Wir würden die Möglichkeit eines Treffens und Gedankenaustauschs begrüßen und sehen Ihrer baldigen Antwort entgegen.[5]

Die eigentliche Spitze des Briefes waren die Anlagen: Henrys ganzseitige Anzeigen gegen Revlon. Ähnliches zu vermeiden, war der »Vorschlag«. Doch Perdues Schlagwort hieß: »Man muß ein zäher Kerl sein, wenn man zarte Hühner herstellen will«, und wenigstens dieses Stück seiner Werbung machte er wahr: er ignorierte den Brief.

Henry sammelte Material über Perdue. Mit Mark Graham plante er eine ganzseitige Anzeige mit einer Abbildung Perdues mit überlanger Nase und der Überschrift: »Frank, sagst du die Wahrheit über deine Hühner?«

158 Kapitel 5

Die Anzeige erschien zuerst in der *New York Times* und beschrieb die Wirklichkeit hinter der Perdue-Werbung:

> Das paradiesische Leben eines ›verwöhnten‹ Perdue-Huhns beginnt mit einer schmerzhaften Amputation: dem Küken wird der Schnabel mit einem heißen Messer weggebrannt ... Die Züchter packen gewöhnlich etwa 25 000 (manchmal auch 75 000 oder mehr) Vögel in einen langen, fensterlosen Schuppen. Hier hat jedes Tier während seines gesamten Lebens höchstens einen Zehntel Quadratmeter Lebensraum. Es liegt auf der Hand, daß die Lebensbedingungen und die damit verbundenen Probleme noch belastender werden, wenn das Huhn mit etwa zwei Kilogramm Körpergewicht ausgewachsen ist. Aggression, Kannibalismus, Krankheiten und plötzlicher Tod sind alles Nebenprodukte dieses schlimmen Zusammenpferchens, und der ›Landwirt‹ greift zu Medikamenten und zur Schnabelamputation gegen diese vom Menschen erzeugten ›Unarten‹ ... Die Bauernhöfe von gestern mit zufriedenen Tieren in natürlicher Umgebung gibt es fast nicht mehr. Jetzt gibt es Fabriken – überbelegte Hallen –, wo Natur, biologische Notwendigkeit und eine minimale Rücksicht auf die Tiere nichts gelten wegen der massiven Profite, die möglich sind, wenn die Tiere als bloße Ware behandelt werden ... Hat irgend jemand dieses inhumane System mit größerem Profit zu nutzen verstanden als Frank Perdue mit seiner irreführenden Darstellung des ›Hühnerhimmels‹?[6]

Die Anzeige forderte die Leser und Leserinnen auf, Perdue mitzuteilen, daß sie seine Hühner nicht kaufen würden, solange er die Wirklichkeit der Hühnerproduktion falsch darstelle und bis er jedem Vogel einen Drittel Quadratmeter Lebensraum gebe sowie ein Forschungsprogramm über humane Methoden der Geflügelzucht beginne.

In den Wochen nach dem Erscheinen der Anzeige wandten sich mehrere Fernseh- und Rundfunk-Shows an Henry und brachten Berichte über Perdue. Henry schrieb ihm nochmals und meinte, »konstruktive Verhandlungen sind fruchtbarer als fortgesetzte Konfrontation«. Er verwies auf seine Erfahrung mit Revlon und schlug ein Treffen vor, um über »Möglichkeiten zur Entwicklung realistischer Lösungen für drängende Probleme« zu sprechen, so daß Perdue »eine Pionierrolle ähnlich wie 1979 Revlon spielen« könne. Dieses Mal antwortete Perdue: »Wir respektieren Ihr Recht, auf eine fleischlose Gesellschaft hinzuarbeiten, doch Perdue Farms erkennt keinen Wert in einem Zusammentreffen mit Leuten dieser Zielrichtung, die zudem an der Verbreitung von Halbwahrheiten und Entstellungen beteiligt sind, die an Erpressung grenzen.«[7]

Henry hielt die Perdue-Kampagne vorerst an, sammelte aber weiter Material über Perdues Geschäftspraktiken. Er leitete das Material an den Council on Economic Priorities weiter, der die amerikanischen Firmen jährlich nach dem Ausprägungsgrad ihres »Firmengewissens« beurteilt. Perdue Farms wurde 1990 wegen der Behandlung seiner Mitarbeiter und der Hühner »tadelnd erwähnt«. Anschließend nahm der Council in seine Fragebögen, die an alle großen Firmen geschickt wurden, auch die landwirtschaftliche Tierhaltung auf.

Eine Gelegenheit zu einer zugespitzteren Verwendung des Materials, das Henry gesammelt hatte, bot sich 1991, als die University of Maryland Frank Perdue in ihren Aufsichtsrat berief. Henry und Mark Graham verfaßten eine neue Anzeige, die so begann:

DAS P.-WORT
Es gibt ein Wort für jemanden, der für Geld schlimme Dinge macht.

Perdue.

Über Frank Perdues Berufung in den Aufsichtsrat sagte Präsident William Kirwan vom College Park Campus der University of Maryland, daß *Frank Perdues geschäftlicher Hintergrund der Hochschule zum Nutzen gereichen werde.*

Welchen geschäftlichen Hintergrund meinte er da?

Seine Geschäfte mit der Mafia?
1986 gab Perdue vor der Kommission des Präsidenten zum organisierten Verbrechen zu, daß er, wenn sich seine Arbeiter zu organisieren versuchten, die Hilfe der New Yorker Verbrecherfamilie Gambino in Anspruch nehme.

Das Geschäft, das Leben seiner Arbeiter zu gefährden?
Perdues Betrieb ist schon als gefährlicher als der Bergbau bezeichnet worden. Die Arbeiter und Arbeiterinnen, zumeist arme schwarze Frauen, die gegen Niedriglohn bis zu 90 Hühner pro Minute zerlegen, sind den verschiedensten Gefahren ausgesetzt, etwa Schadstoffen in der Luft, Hauterkrankungen und verkrüppelnden Arm- und Handverletzungen. National Public Radio berichtete, Frauen urinierten am Fließband, weil sie Angst hätten, sich von ihm zu entfernen.

Das Geschäft, den Staat zu belügen?
Nicht genug, daß Perdue die Gesundheit seiner Angestellten gefährdet, er hat auch systematisch Verletzungen seiner Arbeitskräfte vertuscht. Er

ist zu Höchststrafen verurteilt worden, weil er absichtlich Verletzungen seiner Arbeitskräfte vor dem Staat verheimlicht hat.

So ging es in der Anzeige weiter, Perdues falsche Werbeaussagen wurden beleuchtet, seine Verurteilung wegen Verschmutzung der Gewässer von Virginia, seine Mißhandlung der Tiere und wie er einer Anklage wegen Totschlags entging, nachdem er mit hoher Geschwindigkeit in falscher Fahrtrichtung durch eine Einbahnstraße gefahren war und einen tödlichen Unfall verursacht hatte. Der Text endete mit der Frage:

Ist das die Art von geschäftlichem Hintergrund, den die University of Maryland ihren Studenten als Vorbild zeigen möchte?

Oder hat Perdues große Bargeldspende an die Hochschule ihm einen Sitz im Aufsichtsrat erkauft?

Denn wenn die Studentenschaft verkauft wird, gibt es auch dafür ein P.-Wort!

Wie schon über die erste wurde auch über diese Anzeige in den Medien ausführlich berichtet und diskutiert. Perdue ließ von einer Werbeagentur eine Stellungnahme verbreiten, in der er die Frage stellte: »Wollen wir einer kleinen Gruppe, die behauptet, Tiere hätten die gleichen Rechte wie Menschen, gestatten, der Mehrheit ihren Willen aufzuzwingen und Fleisch von Amerikas Eßtischen zu verbannen?« Sein Sprecher behauptete, die Anzeige sei »voll von Fehlinformationen, falschen Behauptungen und Unwahrheiten«, konnte das aber für keine konkrete Aussage der Anzeige nachweisen. Die *Washington Times*, die die Anzeige gebracht hatte, erklärte, ihre Hausjuristen hätten sie anhand von Dokumenten, die Henry vorgelegt hatte, überprüft.[8]

Henry wollte eine weitere Anzeige aufgeben, die auf die Gesundheitsrisiken des Verzehrs von Perdue-Hühnern hinweisen sollte. 1991 bezeugten Sachverständige bei einer Anhörung vor dem Senat, daß bei 8 von 10 Hühnern in den Vereinigten Staaten Salmonellen und andere Bakterien nachweisbar seien. Man schätzte, daß verseuchte Hühner jährlich bei schätzungsweise 4 Millionen Amerikanern zu Erkrankungen führten, die in etwa 2000 Fällen tödlich verliefen. Ein Mikrobiologe, der im US-Landwirtschaftsministerium gearbeitet hatte, sagte vor dem Senatsausschuß: »Das Endprodukt ist nichts anderes, als würde man einen Vogel ... in die Toilette stecken und dann essen.« Und das war gar nicht weit entfernt von dem, was tatsächlich mit einigen Hühnern geschah: Ein ehemaliger Perdue-Arbeiter beschrieb, wie sich die Leute auf dem Boden erleichtern mußten, weil sie nicht vom Fließband weg konnten, und die Aufseher wiesen sie an, Hühner, die in den Dreck am Boden gefallen waren, wieder aufs Fließband zu legen.

Damals war AIDS das große Gesundheitsproblem in den Vereinigten Staaten. Die Gesundheitswerbung konzentrierte sich auf »Sex ohne Risiko«, doch einige Moralisten des rechten Flügels entfachten Streit mit der Behauptung, außerhalb einer monogamen Beziehung gelte: »Sex ohne Risiko gibt es nicht«. Als Henry und Mark Graham in einem Café über eine Anzeige zu den Gesundheitsgefahren durch Hühner nachdachten, zeichnete Graham plötzlich den Umriß eines Kondoms um ein Perdue-Huhn und schrieb darüber: »Ein Huhn ohne Risiko gibt es nicht.« Henry hielt das für einen Geniestreich. Jetzt mußten sie noch – zu einer Zeit, als es noch keine Computergraphik gab – das Bild eines Huhns in einem Kondom zustandebringen. Graham erinnerte sich an den nächsten Schritt:

> Wir gingen nach Greenwich Village und sahen uns nach einem Kondom um, in dem man einen vierpfündigen Vogel unterbringen konnte … Einmal hielten wir uns lange damit auf, den Leuten zu erklären, daß wir ein Huhn in das Kondom hineinbringen müßten, und da schauten sie uns an, als wären wir übergeschnappt. Wir verzichteten danach auf eine Erklärung und fragten einfach: ›Haben Sie extra große Kondome?‹ Es scheint, als würden einen die Leute nach einer solchen Frage mit ganz neuem Respekt ansehen. Schließlich kamen wir in einen Laden, wo der junge Mann sagte, ja, wir haben da eine Marke – ich weiß heute nicht mehr, was es war, aber offenbar irgendein riesiges Produkt –, und er legte mir den Arm um die Schulter und raunte mir geheimnisvoll zu: ›Ich nehm' nur solche.‹

Doch auch von den größten Kondomen von New York zerrissen Dutzende, bevor es gelang, ein Huhn hineinzuwängen. Doch die Spitze des Kondoms lag so dicht an, daß das Kondom nicht erkennbar war; deshalb blies Graham sie mit einer Luftpumpe etwas auf. Endlich gelang die gewünschte Aufnahme. Am 9. September 1992 schlugen die Leser und Leserinnen der *Washington Post* ihre Zeitung auf und schauten auf das Foto eines Huhns in einem Kondom, das Perdue-Label war deutlich sichtbar. War die Aufmerksamkeit erst einmal gewonnen, konnten die Leute im zugehörigen Text lesen, warum »es kein Huhn ohne Risiko gibt«. Henry ließ die Anzeige in vielen anderen Zeitungen und Zeitschriften abdrucken, und sie wurde so zum Gesprächsstoff, daß er T-Shirts mit der Anzeige bedrucken ließ.[10]

Nachdem die Anzeige mit dem Huhn im Kondom in *City Paper* in Baltimore erschienen war, wandte sich der Anzeigenleiter der *Catholic Review*, der Zeitung der katholischen Erzdiözese Baltimore, an Henry, und bot ihm an, die Anzeige zu einem vernünftigen Preis zu bringen. Henry meinte, es könne ein gewisses Medienecho hervorrufen, wenn eine katholische Zeitung eine Anzeige mit einem Kondom veröffentliche, also nahm er das Angebot an und bezahlte die Anzeige. Doch als er die Zeitung aufschlug, stellte er überrascht fest, daß die Kondomspitze wegretuschiert war, so daß es aussah, als sei das Kondom bloß in Zellophan eingepackt.[11]

Henry bemühte sich auch weiterhin darum, Perdue in der Öffentlichkeit zu möglichst viel Negativwerbung zu verhelfen. Für *Her New York* entwarfen er und Graham eine Anzeige über die sexuelle Belästigung, der die Arbeiterinnen bei Perdue ausgesetzt waren (wenn sie sich gegen grapschende Aufseher wehrten, wurden ihnen die erniedrigendsten Arbeiten im ganzen Betrieb zugewiesen).[12] Im März 1993 erhielt eine Freundin von Henry eine Einladung zu einem Vortrag Frank Perdues im New Yorker University Club. Sie gab sie an Henry weiter, und zu Beginn der Diskussion meldete er sich und stellte Perdue ein paar Fragen über seine Geschäftspraktiken. Da brach die Hölle los. Der Veranstalter schrie: »Wie können Sie es wagen!« und sah aus, als würde er Henry gleich physisch angreifen wollen. Zugleich bombardierte Henry Perdue weiter mit Fragen, die dieser nicht beantworten wollte. Schließlich wurde Henry von Mitarbeitern des Klubs umringt und hinauskomplimentiert.

Perdue gab dem Druck nicht nach, doch Henry hielt die Kampagne dennoch nicht für vergeblich:

> Er hat uns nicht das geringste Zugeständnis gemacht. Aber ... nach der Revlon-Kampagne war jeder, mit dem wir sprachen, bereit, auf uns einzugehen, und so führten wir ungefähr zehn Jahre lang keine negative Kampagne gegen irgend jemanden durch, und ich glaube, eine negative Kampagne macht es den Leuten einfacher, auf Anrufe zu antworten ... Ich glaube also, daß die Perdue-Kampagne in diesem Sinne gut funktioniert hat.

Gewalt in der Bewegung

> Es geht nicht um vereinzelte Sadisten, die das Quälen von Tieren befriedigt. Wir müssen Probleme lösen, die mit dem strukturellen sozialen Wandel zu tun haben – es geht buchstäblich um Milliarden von Tieren. Wir bemühen uns um eine Revolution im Denken der Menschen – daß Tiere keine Eßwaren sind und keine Laborwerkzeuge. Die Tierrechtsbewegung muß sich einen wirklichen kulturellen Wandel zum Ziel setzen. Terrorismus und Gewaltandrohung können diesen Prozeß nur behindern.
>
> *Henry Spira*[13]

In den 80er Jahren bekam die Tierbewegung ihr eigenes Imageproblem. Eine Flut militanter Aktionen der Animal Liberation Front (ALF) und anderer Gruppen drohte in gefährliche Gewalt gegen Menschen umzuschlagen, die Tiere ausbeuteten. Die ALF brach in landwirtschaftliche Betriebe und Laboratorien ein und ließ Tiere frei oder brachte sie in Verstecke, wo für sie gesorgt werden konnte. Einrichtungen wurden zerstört, und in einigen Fällen wurden die Wohnungen von Experimentatoren mit Sprüchen besprüht oder verwüstet.

Henry hielt sich nicht völlig von illegalen Aktionen fern – tatsächlich war er am wahrscheinlich ersten Überfall auf eine Tierversuchseinrichtung in den Vereinigten Staaten nicht ganz unbeteiligt. Nachdem die Katzenexperimente am Amerikanischen Naturgeschichtlichen Museum eingestellt worden waren, teilte eine Frau, die für die Kampagne gearbeitet hatte, Henry mit, sie und ein paar andere hätten vor, in ein Labor des Medizinischen Zentrums der New York University an der Ecke Thirtieth Street/First Avenue in Manhattan einzubrechen, um einige Tiere zu befreien und der Öffentlichkeit zu zeigen, was dort vor sich ging. Sie bat Henry um seinen Rat, nicht, ob sie das machen sollte – diese Entscheidung war schon gefallen –, sondern wie man es möglichst wirksam machen könne. Er schlug vor, bereits im voraus einen Medienkontakt herzustellen und für Unterbringungsplätze für die Tiere zu sorgen. Vor dem Einbruch ging die Gruppe in das Labor, um alles auszukundschaften. Das Labor war nicht verschlossen, denn in den frühen Tagen der Tierrechtsbewegung dachten die für die Tierversuchseinrichtungen Verantwortlichen nicht daran, daß jemand bei ihnen einbrechen könnte. Henry begleitete die Gruppe einmal und machte einige Fotos, die später an die Medien weitergegeben wurden. Der Einbruch fand dann am 14. März 1979 statt. Zwei Hunde, eine Katze und zwei Meerschweinchen wurden befreit.[14] Henry hielt Distanz, sammelte aber etwas Geld dafür, daß ein Tierarzt die in den Schädel der Katze implantierten Elektroden entfernte.

Um 1984 waren gesetzwidrige Aktionen gegen Laboratorien, landwirtschaftliche Betriebe und Pelzhandlungen in England fast an der Tagesordnung und nahmen auch in den Vereinigten Staaten immer mehr zu. Bei einer der dramatischsten Aktionen teilten englische Aktivisten den Medien mit, daß vergiftete Mars-Schokoladenriegel in Supermärkten ausgelegt worden seien, um gegen Zahnexperimente an Tieren zu protestieren, die der Hersteller in Auftrag gegeben hatte. Die Giftdrohung stellte sich später als Bluff heraus, doch das löschte bei Millionen von Menschen nicht den Eindruck aus, den Tierbefreiern seien Tiere wichtiger als Kinder.

Um 1985 waren viele innerhalb der Tierbewegung besorgt, daß wenige Fanatiker die öffentliche Sympathie zerstören würden, von der die Aussicht der Bewegung auf weitere Erfolge zugunsten der Tiere abhing. Henry rief mich an und schlug vor, daß wir einen von uns beiden unterzeichneten Brief gegen Gewaltanwendung in *Animals' Agenda*, der führenden Zeitschrift der Tierbewegung, veröffentlichen sollten. So entwarfen wir zusammen einen Brief, der unsere gemeinsame Auffassung zur Gewalt zum Ausdruck brachte:

Angesichts der Sensationsmeldungen in den Medien über Bombendrohungen, Vergiftung von Nahrungsmitteln und Kontamination von Verbrauchsgütern – von denen es heißt, daß sie von Tieraktivisten ausgeführt wurden – halten wir die Zeit für gekommen, über die möglichen Rückwirkungen einer solchen Taktik nachzudenken.

Die gegenwärtige Rechtsstruktur unserer Gesellschaft spiegelt zwar einen verhältnismäßig engen speziesistischen Standpunkt wider, der nachdrücklich in Frage gestellt werden muß, doch es gibt moralische Grundsätze, die nicht verletzt werden dürfen. Die Achtung für die Interessen und Rechte anderer steht dabei obenan. Wir stellen die Tiere nicht vor die Menschen; ihnen allen sollte gleiche und faire Berücksichtigung zuteil werden. Die Bedrohung von Leben und Gesundheit irgendeines menschlichen oder nichtmenschlichen Lebewesens ist ungerechtfertigte Gewalt und läuft unseren Grundüberzeugungen zuwider.

Wir möchten, daß die Menschen ihren moralischen Horizont erweitern und Fairneß akzeptieren; wenn wir gegen unsere eigenen Grundsätze der Gewaltlosigkeit verstoßen, begeben wir uns vielleicht unserer wirksamsten Überzeugungsmittel und laufen Gefahr, uns die Menschen zu entfremden, von denen der Erfolg dieser Bewegung abhängt. Wir sollten dem Vorbild Gandhis und Martin Luther Kings folgen und nicht dem der internationalen Terroristen.[15]

Die Einbrüche gingen zwar weiter, doch so gut wie alle, die illegal vorgingen, zogen eine Grenze zwischen Sachbeschädigung und Gewalt gegen Personen. Und niemand in der amerikanischen Bewegung war auf die sensationelle Neuigkeit vom 11. November 1988 vorbereitet, als Fran Trutt, eine 33jährige Tierrechtsaktivistin aus New York, unter der Beschuldigung des Mordversuchs, des Sprengstoffbesitzes und der Herstellung einer Bombe verhaftet wurde. Die Polizei warf ihr vor, in Norwalk (Connecticut) in der Nähe eines Zugang zu den Büros der Firma U.S. Surgical Corporation eine Rohrbombe mit komplizierter Fernzündung versteckt zu haben – mit der Absicht, sie zu zünden, wenn Leon Hirsch, der Geschäftsführer der Firma, das Haus betreten würde. Die Polizei sagte, diese Bombe und drei weitere, die man in ihrer Wohnung gefunden habe, stammten »von einer Terroristengruppe«.[16]

Hirsch und seine Firma waren Gegenstand von Protesten der Tierrechtsbewegung gewesen, weil ihre Vertreter lebende Hunde benutzten – jährlich etwa 1000 –, um ein von der Firma vertriebenes chirurgisches Drahtklammergerät vorzuführen. Hauptorganisator der Proteste war die Gruppe Friends of Animals aus Connecticut, und Fran Trutt hatte sich an den Protesten beteiligt. Sie war als Hundeliebhaberin bekannt, die streunende Tiere aufnahm und fütterte und manchmal sogar selbst hungerte, um ihre Hunde ernähren zu können.

Drei Tage später hatte Trutt einen Gerichtstermin zur Festsetzung der Kaution. Henry kannte sie nicht und hatte vorher nie etwas von ihr gehört, doch er ging zu dem Termin und war überrascht, sonst keine Tierrechtler vorzufinden. Alle waren, offenbar aus Angst, mit einer Terroristin in Verbindung gebracht zu werden, weggeblieben. Über Henrys Anwesenheit wurde viel berichtet:

> Der bekannte Aktivist Henry Spira von Animal Rights International war bei Fran Trutts Vernehmung zugegen und sagte, er sei erstaunt, daß sonst keine Tierrechtsaktivisten ›da sind als Beobachter, damit sie auch fair behandelt wird‹. Und Spira sagte: ›Die Tierbewegung ist gegen Gewalt und Zufügung von Schaden, aber man kann die Frustration Einzelner verstehen, wenn sie auf die Leon Hirschs der ganzen Welt treffen. Die sind für die Gewalt verantwortlich.‹ Spira vermutet, daß Fran Trutt von Gegnern der Tierrechtsbewegung aufgebaut worden sein könnte. ›Die Frage ist, wer von so etwas profitiert. Die Antwort lautet: die Hirschs der ganzen Welt.‹[17]

Die Kaution wurde auf 500 000 Dollar festgesetzt, die Fran Trutt nicht aufbringen konnte. Sie blieb in Untersuchungshaft, wo sie Henry gelegentlich besuchte. Priscilla Feral, Vorsitzende von Friends of Animals, sagte, Fran Trutt habe nichts mit ihrer Organisation zu tun, die im Rahmen der legalen Möglichkeiten arbeite. Fran Trutt hatte gelegentlich Veranstaltungen anderer Tiergruppen besucht. Dort charakterisierte man sie als »polarisierend« und zu unvernünftigen Forderungen neigend. Pauline Kehlenbach von der Bronx Animal Rights Coalition sagte, Fran Trutt sei »labil, aber zu keinem Mord fähig ... Sie war eine irrationale Person, aber zu so etwas war sie von sich aus nicht fähig.« Fran Trutts Eltern sagten, die Bombe habe nichts weiter als »eine Warnung« sein sollen, ihre Tochter »würde unter gar keinen Umständen jemanden verletzen«.[18]

Mutige Nachforschungen eines Journalisten der Lokalzeitung *Westport News* zeigten bald, daß Henry mit seiner Frage nach den Nutznießern recht hatte. Die Zeitung deckte auf, daß Fran Trutt von einem Mann namens Marc Mead zur Direktion von U.S. Surgical gefahren worden war, der von der für Sicherheitsfragen zuständigen Firma Perceptions International beauftragt worden war, mit Fran Trutt in Kontakt zu kommen und über ihre Unternehmungen zu berichten. Er erhielt pro Woche 500 Dollar plus Spesen und man hatte ihm gesagt, daß alles von U.S. Surgical bezahlt würde. Er war von seiner Kontaktperson bei Perceptions International angerufen und darüber informiert worden, daß sie gerade in einem Pizzalokal telefonierte, und daß er sie kennenlernen könnte, indem er sagte, er brauche das Telefon wegen eines Problems mit seinem Hund. Der Trick funktionierte. Fran Trutt interessierte sich für Meads Problem mit dem Hund, und von da an trafen sie sich zwei- bis dreimal in der Woche. Fran Trutt hatte vor U.S. Surgical schon mehrfach demonstriert und, wie Mead behauptete, ihm gesagt, sie möchte mit Leon Hirsch »abrechnen« für das, was seine Firma mit den Hunden mache. Mead behauptete, er habe keine Ahnung gehabt, was das bedeutete, bis sie ihm eines Tages die Bombe gezeigt habe. (Fran Trutt wiederum behauptete, von Mead das Geld bekommen zu haben, das sie brauchte, um die Bombe zu kaufen.) Mead meldete alles bei Perceptions International und wurde angewiesen, es so einzurichten, daß Fran Trutt die Bombe an einem bestimmten Tag und zu einer bestimmten Uhrzeit zu U.S. Surgical bringen würde. Mead schlug Fran Trutt den Termin vor und bot ihr an, sie in seinem Lieferwagen hinzufahren. Sie war einverstanden, die Polizei wurde benachrichtigt, und Fran Trutt wurde festgenommen, als sie die Bombe an einen Ort legte, den Mead vorgeschlagen hatte. Mead wurde weder festgenommen noch polizeilich vernommen.[19]

U.S. Surgical berief eine Pressekonferenz ein, auf der man bestritt, daß die Firma Fran Trutt »aufgebaut« habe, und die Amerikaner warnte, daß

»Terroristen am Werk sind«. Doch Hirsch beendete die Pressekonferenz abrupt, als die Journalisten unbedingt Einzelheiten über die Verbindung zwischen U.S. Surgical und Perceptions International wissen wollten.[20] Eine Woche später enthüllte *Westport News*, daß sieben Monate vor Fran Trutts Verhaftung eine verdeckte Agentin von Perceptions International, Mary Lou Sapone, schon mit ihr Freundschaft geschlossen hatte. Diese stand schon lange im Verdacht, Animal Friends und andere aktivistische Tiergruppen infiltrieren zu sollen. Sie hatte sie gedrängt, die Schaufenster von Pelzgeschäften einzuwerfen und Farbe auf die Pelze zu schütten, und sie hatte sogar angeboten, die Farbe zu bezahlen. Fran Trutt rief Sapone an, bevor sie aufbrach, um die Bombe bei U.S. Surgical zu legen, und sagte, sie habe Bedenken, mit Mead hinzufahren. »Mead kannst du trauen«, soll Sapone gesagt haben. »Er weiß, was er tut.« Fran Trutt befolgte Sapones Rat. Auch nach ihrer Verhaftung war sie so weit davon entfernt, gegen Sapone einen Verdacht zu hegen, daß sie sie bitten ließ, für ihre Hunde zu sorgen.[21]

Henry war nicht mehr der einzige, der meinte, die Firma habe sich an eine einsame, emotional labile Person herangemacht und sie ermuntert, die Bombe zu legen. Hirsch zielte darauf ab, alle Tierrechtsaktivisten als Terroristen hinzustellen. Henry wandte sich an William Kunstler, einen glänzenden Anwalt, der in vielen Verfahren unbeliebte Angeklagte mit Erfolg verteidigt hatte, und bat ihn, den Fall Trutt zu übernehmen. Er hoffte, Kunstler würde zeigen können, daß die Rolle von U.S. Surgical bei der Vorbereitung des Anschlags sogar noch weiter ging, als bisher bekannt war. Kunstler war bereit, den Fall zu übernehmen, doch zu Henrys Enttäuschung nahm Fran Trutt einen örtlichen Anwalt, den andere Tierrechtsgruppen empfohlen hatten.

Während Fran Trutt in der Untersuchungshaft auf den Prozeß wartete, schrieb Henry einen Leitartikel für *Animals' Agenda*, der sich gegen Gewalt wandte und vor Lockspitzeln warnte:

> Ich meine, daß wir uns unter grundsätzlichen wie auch strategischen Gesichtspunkten gegen Gewalt und Gewaltandrohung wenden müssen, denn: 1. läuft sie der Grundlage der Tierschutzbewegung völlig zuwider, wonach es falsch ist, anderen zu schaden (seien es menschliche oder nichtmenschliche Lebewesen); 2. lenkt sie ab von der massiven institutionalisierten Gewalt, die routinemäßig Milliarden von Tieren angetan wird; und 3. ermöglicht sie den Verteidigern der Tyrannei, sich selbst als Opfer zu präsentieren.[22]

Er schloß damit, die Tierbewegung müsse »einen unnachgiebigen Standpunkt einnehmen und dürfe sich nicht zur Gewalt verführen lassen«.

Das Verfahren gegen Fran Trutt wegen Mordversuchs begann im April 1990. In aufgezeichneten Gesprächen, die dem Gericht vorgespielt wurden, versicherte Mary Lou Sapone Fran Trutt wiederholt ihrer Freundschaft und bot ihr an, bei der Beschaffung von Geld für die Bomben behilflich zu sein; doch Fran Trutt wurde durch die Aufzeichnung einer Äußerung belastet, in der sie sagte, Hirsch »müsse weg«. Das Verfahren endete dramatisch, als Gespräche über Fran Trutts lesbisches Geschlechtsleben abgespielt wurden, in denen sie davon sprach, ihre Freundin umzubringen. Unter Tränen forderte sie ihren Anwalt auf, jetzt ein Arrangement aufgrund eines Schuldbekenntnisses zu akzeptieren; sie wurde zu einem Jahr Gefängnis mit zehn Jahren Bewährung verurteilt. Die Gelegenheit, Sapone, Mead oder sonst jemanden von Perceptions International oder U.S. Surgical ins Kreuzverhör zu nehmen, war verpaßt.[23]

Drei Jahre später saß Henry bei einer Veranstaltung einer Gruppe für »öffentliche Verantwortung in Medizin und Forschung« zusammen mit Leon Hirsch in Boston auf dem Podium. Im Gefolge der Affäre Trutt hatte Hirsch eine Interessengruppe für Tierversuche namens »Amerikaner für den medizinischen Fortschritt« (Americans for Medical Progress) gegründet, die den Tieraktivisten terroristische Methoden zur Beendigung der Forschung an Tieren vorwarf. Hirsch sprach als erster und erwähnte das Interesse seiner Firma an Alternativen. Henry forderte ihn auf, einen Teil des Werbeetats von »Amerikaner für den medizinischen Fortschritt« ab jetzt nicht mehr für Angriffe auf die Tierbewegung, sondern zur Förderung von Alternativen einzusetzen. Hirsch erwiderte, er wäre gerne bereit, auch Werbetexte für brauchbare Alternativen zur Verwendung von Tieren in Forschung und Testverfahren in Erwägung zu ziehen. Die übrige Zeit der Veranstaltung verbrachten Henry und Hirsch damit, Notizen über mögliche Werbetexte auszutauschen. Bei seinen abschließenden Bemerkungen löste Hirsch Heiterkeit aus, als er davon sprach, wie unglaublich dieses Zusammenwirken sei.[24]

Zu Beginn der 90er Jahre erlitt die Tierbewegung einen Rückschlag. Gesundheits- und Sozialminister Louis Sullivan nannte 25 000 Tierrechtsaktivisten, die sich am 10. Juni 1990 in Washington, D.C., zu einem friedlichen »Marsch für die Tiere« versammelten, »Terroristen«. Am nächsten Tag marschierten Großmütter auf mit Transparenten »Ich bin eine Terroristin«. Als Sullivan auf seiner absurd übertriebenen Rhetorik beharrte, setzte Henry eine ganzseitige Anzeige in die *Washington Times*. Sie enthielt die Frage »Sind Sie ein Terrorist?« und die Antwort: Nach Sullivan, ja, wenn Sie gegen unnötige Grausamkeit gegen Tiere sind. In der Anzeige wurde auch die Frage gestellt, warum Sullivan den eigentlichen Problemen seines Ministeriums auswich, wozu auch gehörte, daß die Vereinigten Staaten hinsichtlich der Gesundheitsfürsorge nicht einmal unter den ersten 20 Industrieländern rangierten.[25] Von da an wurde Sullivans Sprache etwas weniger hysterisch.

Das Ende des Hochziehens an der Kette

Die jüdischen und moslemischen Schlachtvorschriften verbieten die Betäubung vor dem Schlachten. Dennoch sollte die von beiden Religionen vorgeschriebene Art der Tötung zu raschem Bewußtseinsverlust führen. In den amerikanischen Schlachthäusern wurde aber der allergrößte Teil des Leidens bei dieser Art der Schlachtung durch die Hygienevorschrift verursacht, daß ein geschlachtetes Tier nicht in das Blut eines vorher geschlachteten fallen darf. Da der Boden eines Schlachthauses gewöhnlich mit Blut bedeckt ist, wenden Schlachthäuser, in denen große Tiere wie Rinder getötet werden, die Methode an, diese an einer um ein Hinterbein gelegten Kette mit dem Kopf nach unten aufzuhängen. Tiere, die nicht nach religiösen Vorschriften geschlachtet werden, werden vor dem Hochziehen betäubt, und bevor sie wieder zu Bewußtsein gelangen, wird ihnen die Halsschlagader durchgeschnitten. Doch beim Schlachten nach jüdischen und moslemischen Vorschriften werden die Kühe und Ochsen bei vollem Bewußtsein mit der Kette am Hinterbein gefesselt und vom Boden gerissen, bevor man sie tötet. Ochsen können bis 1000 Kilogramm wiegen, und man kann sich leicht den Schock und Schmerz vorstellen, den sie spüren, wenn ihnen plötzlich die Füße vom Boden gerissen werden und man sie an einem Bein kopfunter aufhängt.

1987 stieß Henry auf einen Artikel in der Branchenzeitschrift *Meat and Poultry*, in der eine Nutztier-Sachverständige schrieb:

> Das Hochziehen nichtbetäubter Tiere an der Kette zur Schlachtung nach religiösen Vorschriften ist ein stark reformbedürftiger Punkt auf unserem Gebiet.
>
> Ich bin in Hunderten von Schlachthäusern gewesen, aber nach dem Besuch eines Schlachthauses, in dem fünf große Ochsen in einer Reihe aufgehängt waren, um geschlachtet zu werden, hatte ich Alpträume. Sie schlugen gegen die Wände, und ihr Gebrüll war draußen auf dem Parkplatz zu hören.[26]

Die Verfasserin war Temple Grandin, in vieler Beziehung ein bemerkenswerter Mensch. Als Kind war sie still, zurückgezogen und manchmal destruktiv und gewalttätig; sie wurde als autistisch diagnostiziert, und man glaubte, daß sie vielleicht ihr Leben in einer Anstalt verbringen werden müsse. Sie lernte mit ihrer Behinderung umzugehen, obwohl sie nicht über das übliche Spektrum an Gefühlen verfügt und Probleme hat, sich in andere hineinzuversetzen und ihre Motive und Intentionen zu verstehen. (Oliver Sacks berichtet über sie in dem Buch *An Anthropologist on Mars* – mit der Formulierung im Titel beschrieb Grandin ihre Unfähigkeit, die Nuancen dessen zu verstehen, was die meisten von uns als gewöhnliches soziales Verhalten ansehen.) Als auf einer Farm aufgewachsenes Kind hatte sie schon immer eine gute Beziehung zu Tieren. Dieses Interesse veranlaßte sie, sich auf dem College wissenschaftlich mit Tieren zu befassen, und nach der Promotion bekam sie eine Stelle als Dozentin an der Colorado State University. Daneben hat sie eine Beratungsfirma. Viele Leute finden ihre Fähigkeit, sich in ein Tier hineinzuversetzen, geradezu unheimlich; sie spielt bestimmt eine wichtige Rolle bei ihren Hinweisen darauf, wie Tiere durch schlecht durchdachte Gerätschaften und Einrichtungen nervös und schwer handhabbar werden können. Ihre Autobiographie ist unter dem Titel *Emergence: Labeled Autistic* erschienen und sie hat über hundert Arbeiten geschrieben, einige über Autismus, andere über das Verhalten von Tieren und ihre Handhabung.[27]

Nach der Lektüre von Grandins Artikel beauftragte Henry sie, einen Bericht über die »Beschränkungen im Vorfeld des Schlachtens für Schlachtungen nach religiösen Vorschriften« abzufassen. Der Bericht gab einen Überblick über die Praxis und argumentierte, sie widerspreche der humanen Absicht sowohl der jüdischen als auch der moslemischen Schlachtvorschriften, die eigentlich sicherstellen sollten, daß die Schlachtung rasch und ohne Leiden für das Tier vor sich gehe. Grandin beschrieb brauchbare Alternativen zum Hochziehen an der Kette, darunter ein »Aufrecht-Bändigungs-System«, das sie entwickelt und 1986 in einem Schlachthaus im Norden des Staates New York eingerichtet hatte, und das die religiösen und hygienischen Vorschriften erfüllte, ohne die Tiere der Qual des Aufgehängtwerdens auszusetzen. Außerdem wurden Verletzungen des Personals durch die um sich schlagenden hängenden Tiere entscheidend verringert. In den folgenden Jahren übernahmen einige Schlachthäuser dieses Schlachtsystem, doch mehrere der größten des Landes blieben bei der alten Praxis.

Temple Grandins Bericht verwies darauf, daß viele Rabbiner, die nicht unmittelbar mit dem Schlachten zu tun hatten, nichts vom Hochziehen an der Kette wußten, und regte an, daß Basisinitiativen von jüdischer Seite auf Schlachthäuser Druck ausüben sollten, damit sie die Schlachtmethode änderten. So sprach Henry im Februar 1988 mit einem Rabbi, der Verbindungen zur Benjamin N. Cardozo-Rechtshochschule hatte, die sich schon mit Fragen bestimmter Formen der Verwendung von Tieren in der Forschung befaßt hatte. Doch er zeigte keinerlei Verständnis für dieses Problem, und Henrys Pläne, mit Unterstützung von jüdischer Seite vorzugehen, kamen nicht voran. Im Januar 1991 schrieb Henry an Milton Schloss, den Aufsichtsratsvorsitzenden von John Morrell & Co. in Cincinnati, einem der größten Schlachthäuser. Henry wählte diese Firma, weil sie für ihre fortschrittliche Einstellung bekannt war und sich schon verschiedentlich von Temple Grandin hatte beraten lassen. Dennoch wurde in der Niederlassung von Morell in Alabama immer noch das Schlachten mit der Ketten-Methode praktiziert. Henry schrieb auch an Mike Fagel von Aurora Food Services in Illinois, der dem Sicherheitsausschuß der amerikanischen Fleischindustrie angehörte; er dachte, daß jemand, der sich mit Arbeitsschutz beschäftigt, vielleicht auch das Leiden der Tiere berücksichtige, und falls nicht, dann vielleicht doch aus Gründen der Arbeitssicherheit für die Aufgabe dieser Schlachtmethode gewonnen werden könnte. Um diese Führungsleute stärker für ein Tätigwerden in seinem Sinne zu interessieren, legte Henry seinen Briefen wie stets »einige Hintergrundmaterialien über uns und unsere Anliegen« bei, darunter auch die Anzeigen gegen Revlon und Perdue.

Zwei Wochen später flog Henry nach Cincinnati, um Schloss in der Firmenzentrale von Morrell zu treffen. Schloss sagte ihm, daß er Grandin damit beauftragt hatte, die Verhältnisse in Alabama zu verbessern. Ab Ende Mai waren dort Aufrecht-Bändigungs-Systeme in Betrieb. Fagel war sogar noch schneller. Kaum einen Monat nach Henrys Brief hatte Aurora das Hochziehen an der Kette abgeschafft.

Andere Schlachthäuser reagierten nicht so rasch. Als ein Brief an Federal Beef Processors in West Fargo (North Dakota) ohne Raktion blieb, brauchte Henry irgendein Druckmittel. Er erinnert sich:

> Es hatte schon viele Kampagnen [gegen das Hochziehen] gegeben, die zu nichts geführt hatten. Und zwar deshalb, weil den Schlachthäusern ihr Image ziemlich gleichgültig ist. Also wandten wir uns an einige ihrer Großkunden und übten so Druck auf die Schlachthäuser aus.

Zu diesen Großkunden gehörte im Fall Federal Beef die Firma Hebrew National, der landesweit führende Händler koscherer Wustwaren und anderer Fleischerzeugnisse. Henry schrieb an den Geschäftsführer Harvey Potkin einen Brief, der die üblichen Anlagen enthielt und in dem er ihn über die Schlachtpraktiken seines Zulieferers für koscheres Fleisch informierte und eine Unterredung vorschlug. Potkin antwortete, er habe sich mit Federal Beef in Verbindung gesetzt, und man habe dort zugestimmt, einen Weg zu suchen, um das Hochziehen der Tiere zu vermeiden. Henry wartete zwei Monate und fragte dann bei Potkin an, welche Fortschritte es gebe. Dieser teilte ihm telefonisch mit, er werde selbst nach West Fargo fliegen. Er stellte dort fest, daß Federal Beef nicht ernsthaft an die Sache heranging und wechselte nach seiner Rückkehr zu einem Lieferanten, der diese Art der Schlachtung nicht anwandte.

Henry schrieb auch an die Sinai Kosher Sausage Corporation, um Einfluß auf einen ihrer Lieferanten, die Long Prairie Packing Company, zu gewinnen. Dieses Mal versuchten beide Seiten, ihn zu ignorieren, doch glücklicherweise war Sinai gerade von der wesentlich größeren und bekannteren Sara Lee Corporation übernommen worden, deren Werbeslogan lautete: »Es gibt niemanden, der Sara Lee nicht mag.« Henry schrieb an den Geschäftsführer John Bryan: »Eine breite öffentliche Beachtung des Hochziehens an der Kette könnte viele Leute dazu bringen, auf einmal Sara Lee doch nicht zu mögen.« Sechs Wochen später installierte Long Prairie ein passendes Aufrecht-Bändigungs-System.

Als letztes der großen Schlachthäuser schloß sich Brown Packing Company in Illinois an. Im April 1994 wurden Bändigungs-Systeme nach Grandins Entwurf installiert. Ein paar kleine Firmen könnten durch Henrys Netz geschlüpft sein, doch das Hochziehen großer nichtbetäubter Tiere war so gut wie vorbei.

Brandzeichen im Gesicht: die Änderung der staatlichen Richtlinien

Henrys nächste Kampagne für Nutztiere wurde durch eine unbedeutende Notiz im *Federal Register* ausgelöst, dem amtlichen Blatt für vorgesehene Verwaltungsänderungen. Gemäß dieser Notiz wollte das US-Landwirtschaftsministerium ein bestehendes Programm erweitern, das festlegte, daß aus Mexiko eingeführten Rindern der Buchstabe M mit einem heißen Eisen ins Gesicht eingebrannt werden mußte. Bis dahin galt diese Regelung nur für Ochsen, doch im November 1993 schlug das Ministerium vor, auch Kühe mit dem Brandzeichen zu versehen. Da jährlich etwa eine Million Rinder aus Mexiko eingeführt wurden, bedeutete das, daß täglich etwa 2700 Tiere ein Brandzeichen im Gesicht erhalten würden. Das Brandzeichen war Teil eines Programms, die Tuberkulose aus den amerikanischen

Rinderbeständen fernzuhalten: Durch das Brandzeichen sollten Rinder mexikanischer Herkunft leicht zu identifizieren sein, damit im Falle einer Erkrankung auch der Ursprung der Krankheit klar erkennbar war.

Henry meinte, daß auch wenn Rinder nicht so viel öffentliche Sympathie genossen wie Katzen oder Kaninchen, die Kennzeichnung mit heißen Brandeisen im Gesicht von der breiten Öffentlichkeit nicht einfach hingenommen würde. Er beauftragte Temple Grandin, eine kurze Stellungnahme zu schreiben und darin weniger schmerzhafte Verfahren wie Brandzeichen am Rumpf und Ohrmarken vorzuschlagen, und schickte diese an das Landwirtschaftsministerium. Er berichtet, was dann geschah:

> Wir versuchten, mit den Leuten im Landwirtschaftsministerium ins Gespräch zu kommen. Sie setzten eine Zusammenkunft an. Dann sagten sie sie wieder ab – und da sagten wir uns, daß diese lasche Einstellung nicht in Ordnung sei, wo doch täglich 3000 Tieren das Gesicht versengt wurde. Wir brauchten Fotos von der Prozedur, damit die Menschen den Schrecken im Gesicht dieser Tiere wirklich sehen und empfinden konnten, wenn ihnen das heiße Eisen auf die Backe gedrückt wird. Damals arbeitete ich mit einer jungen Frau namens Maureen Cunnie zusammen, die mit einem befreundeten Fotografen namens David Kagan an die mexikanische Grenze fuhr. Die beiden erschmeichelten sich den Zugang zu einer Brandzeichen-Einrichtung und machten Bilder.

Sie kamen mit einer Sequenz von Bildern zurück, aus denen Mark Graham eine außerordentlich wirkungsvolle ganzseitige Anzeige machte: vier Schwarzweißfotos stehen am Rand der Seite untereinander. Sie zeigen einen verängstigten Ochsen mit eingespanntem Kopf und einer Metallzange in den Nasenlöchern, das Brandeisen nähert sich seiner Wange; dann trifft es auf das Fleisch, und eine Qualmwolke steigt auf. Der Text lautet: »So sieht das Verfahren des US-Landwirtschaftsministeriums aus. Können Sie sich vorstellen, wie es sich anfühlt?« Die Leser und Leserinnen wurden aufgefordert, sich telefonisch oder schriftlich an den Landwirtschaftsminister Mike Espy zu wenden, »bevor noch ein einziges weiteres Kalb im Gesicht verbrannt wird«, und das Ende dieser barbarischen Identifikationsmethode zu verlangen. Die Anzeige erschien am 15. März 1994 in der *New York Times*. Innerhalb von zwei Tagen hatten mehr als 1000 Leser und Leserinnen angerufen, und weitere Anrufe und Briefe gingen ein, als die Anzeige in anderen Zeitungen erschien. Ein Mitarbeiter von Espy sagte, dieser habe in dieser Sache mehr Anrufe erhalten als in irgendeiner anderen seit seinem Amtsantritt.

Henry beschloß, es sei jetzt an der Zeit, die Sache mit Espy selbst zu besprechen. Es war nicht einfach, zu ihm durchzudringen. Er rief mehrmals an, konnte aber nicht einmal Espys Vorzimmer erreichen. Dann erinnerte er sich an einen Artikel aus dem *Wall Street Journal*, in dem von Espys »Politik der offenen Tür« für Landwirte die Rede war, die Probleme hatten. Er faxte Espys Büro das Zitat aus dem Artikel, bekam aber immer noch keine Antwort. Im *Wall Street Journal* war auch die Rede davon gewesen, daß das Landwirtschaftsministerium den größten Hühnerproduzenten des Landes, die Firma Tyson, »mit Samthandschuhen« anfaßte; Henry rief also nochmals an und verlangte Espys Vorzimmer. Als er nach seinem Namen gefragt wurde, sagte er: »Don Tyson«. Blitzschnell wurde er durchgestellt, und eine beflissene Stimme sagte: »Mr. Tyson?« »Nein, hier ist Henry Spira. Ich dachte, ich komme mit dem anderen Namen durch.« Die Reaktion war äußerst heftig, und dann wurde er wegen falscher Angaben aus der Leitung geworfen. Als Henry das Vorzimmer gefragt hatte, warum er nie eine Antwort bekommen habe, hieß es: »wegen Umorganisation des Terminkalenders des Ministers«. Später bekam er einen Anruf von jemandem aus der Generalinspektion des Landwirtschaftsministeriums, der ihm wegen des falschen Namens eine formelle Anzeige androhte. Henry sagte ihm, er solle das nur machen. Es geschah nie etwas.[28]

Espy vermied es weiterhin, Henry zu treffen, aber die empörte öffentliche Reaktion auf die bisher als Routine betrachtete Brandzeichnung beeindruckte das Landwirtschaftsministerium doch. Die Pläne zur Erweiterung des Programms wurden gestrichen. Dann wurden Reaktionen aus der Öffentlichkeit zur Frage der völligen Einstellung erbeten. Henry brachte die gleiche Bilderserie in einer neuen Anzeige, diesmal mit der Überschrift: »Das US-Landwirtschaftsministerium möchte wissen, wie Sie darüber denken. Sagen Sie es ihm. Und zwar schnell.« Es gingen etwa 12 000 schriftliche Stellungnahmen ein, die so gut wie alle die Abschaffung verlangten. Im Dezember 1994 kam das Ministerium der Forderung der Öffentlichkeit nach und schaffte die Kenzeichnung mexikanischer Rinder durch Brandzeichen im Gesicht ab. Einer Million Tiere jährlich wurde eine sehr schmerzhafte Prozedur erspart. Doch das nationale Seuchenverhütungsprogramm verlangte noch immer die Brandzeichnung mancher einheimischer Rinder. Das Ministerium fügte sich jedoch schließlich der Logik seiner eigenen vorherigen Entscheidungen und verfügte laut *Federal Register* vom 19. September 1995 in einer »endgültigen Regelung« die völlige Abschaffung der Kennzeichnung von Rindern durch Gesichts-Brandzeichen.

Henrys Antwort war eine weitere ganzseitige Anzeige. Jetzt schaute ein wesentlich zufriedenerer Ochse die Leserin an und fragte: »Wer hört auf mich?« Darunter stand die Antwort: »Das US-Landwirtschaftsministerium!« Anschließend wurde in der Anzeige allen gedankt, die sich gegen die Gesichts-Brandzeichen eingesetzt hatten, sowie dem Landwirtschaftsministerium für seine Aufgeschlossenheit. Von dieser Geste waren die Leute im Ministerium offenbar angetan: Als Henry später einmal dort war, sah er seine Anzeige an der Wand hängen.

Henry wollte den einmal zustande gekommenen Kontakt zum Landwirtschaftsministerium nutzen und sprach mit Beamten über die Möglichkeit, das Wohlergehen der Tiere zu einem festen Programmpunkt der Arbeit des Ministeriums zu machen. Als Ergebnis berief Patricia Jensen, damals Ministerialdirektorin für Marketing- und Durchführungsprogramme, die Interagency Animal Well-Being Task Force des US-Landwirtschaftsministeriums, die sich mit der Aufgabe befaßte, freiwillige Richtlinien zur Verbesserung der Situation von Nutztieren aufzustellen.

Eine Helen-Keller-Vogeljagd?

Am Freitag, dem 15. September 1995, fand Henry in seinem Briefkasten einen Umschlag ohne Absender. Darin war eine Fotokopie einer Einladung zu einer Veranstaltung »Schießen für das Augenlicht«, einer »1000 Enten- und Fasanen-Treibjagd« zugunsten von Helen Keller International. Die Organisation war nach jener berühmten blinden und tauben Frau benannt, die ihr Leben der Sammlung von Geld für Blinde und andere Bedürftige geweiht hatte. Die Organisation hatte in 23 Ländern Programme zur Verhütung und Heilung von Blindheit und zur Rehabilitation von Blinden, »der am meisten Benachteiligten in der menschlichen Familie«. Der Umschlag enthielt auch eine Liste des Kuratoriums von Helen Keller International, der Berater und Sponsoren.

Henry machte sich an die Arbeit und schrieb einen Brief an den Geschäftsführer John Palmer, Kopien des Briefes gingen an die übrigen leitenden Leute:

Sehr geehrter Herr Palmer,

HELEN KELLERS GUTER NAME

Helen Keller ist gewiß einer der bemerkenswertesten Menschen, die dieses Land je hervorgebracht hat. Sie steht für Mut, Feingefühl, unbändigen Willen – ein Triumph des Geistes.

Sie werden daher verstehen, wie enttäuscht wir waren angesichts eines Exemplars Ihrer Einladung zu einem Tötungstag am 27. Oktober in Dutchess County als Dank für Spenden an Helen Keller International [HKI]. Hätte nicht Helen Keller fast jeden Preis gezahlt für einen flüchtigen Blick auf die Naturwunder, die Sie so gleichgültig in ihrem Namen wegpusten lassen wollen, um Spenden zu bekommen? Ist das nicht eine Verhöhnung von Helen Kellers Liebe zum Leben – eine Karikatur, die die Öffentlichkeit und Ihre Geldgeber verurteilen würden?

Wir halten die in- und ausländischen Programme von HKI für bewundernswert. Aber Töten zum Spaß ist keine Methode zur Bekämpfung der schrecklichen Tragödie der Blindheit. Gibt es denn keine kreativeren Möglichkeiten, die Sehkraft und das Leben der »am meisten Benachteiligten« zu retten, als das Unternehmen finanziell zu unterstützen, die Allerwehrlosesten zum Vergnügen zu töten?

Wir glauben, daß durch eine Zusammenkunft mit Ihnen viel erreicht werden könnte. Wir können auf eine Bilanz verweisen, aus der hervorgeht, daß wir den konstruktiven Dialog der öffentlichen Konfrontation stets vorgezogen haben. Leider verlangt im vorliegenden Falle der bevorstehende Termin Ihrer Veranstaltung ein sofortiges Gespräch, wenn eine beiderseitig befriedigende Lösung gefunden werden soll. Ich werden Sie anrufen, sobald Sie diesen Brief erhalten haben.

Der Brief wurde mit Kopien der Anzeigen gegen die Gesichts-Brandzeichen und Kopien von Artikeln, die Henrys Tätigkeitsbilanz thematisierten, am Montag, dem 18. September, mit Kurier Helen Keller International zugestellt Zwei Stunden später rief Henry Palmer an und bat ihn um eine erste Reaktion. Palmer bat um Bedenkzeit und wollte sich am folgenden Mittwoch wieder melden.

Am Mittwoch dankte Palmer Henry für seine »Bewußtmachung«. Er bot eine schriftliche Stellungnahme an, daß es keine weiteren Schießveranstaltungen geben würde. Henry bestand aber darauf, daß auch die Veranstaltung am 27. Oktober abgesagt werden sollte. Palmer sagte, er habe Schwierigkeiten mit einem seiner Kuratoriumsmitglieder – wohl jenem, das diese Spendenaktion initiiert hatte. Henry bot an, ihm einige Entwürfe zu Anzeigen zu faxen, die erscheinen würden, falls die Schießveranstaltung nicht abgesagt würde. Die Anzeigen hatten Überschriften wie »Helen Keller war ein Wunder. Kein Killer« und »Gewehre erzeugen Blindheit. Sie heilen sie nicht«. Henry stellte auch klar, daß er an die Medien herantreten würde, wenn die Veranstaltung nicht bis spätestens Freitag, den 22. September, abgesagt worden sei.

Palmer rief ihn am 21. September an und teilte mit, daß das Programm »Schießen für das Augenlicht« gestrichen worden sei und keine ähnlichen Vorhaben mehr angesetzt werden sollten. Henry dankte ihm in einem Brief und legte eine persönliche Spende als Zeichen seiner Unterstützung der Arbeit von Helen Keller International bei.

Henrys Tätigkeitsbilanz war für einen bemerkenswert raschen Sieg verantwortlich gewesen; zunächst hatte sie dazu geführt, daß ihm der unbekannte Informant eine Kopie der Einladung zugestellt hatte (Palmer war neugierig, wie Henry von der Veranstaltung erfahren hatte, da die Einladungen nur an einen kleinen ausgewählten Kreis gegangen waren), und dann hatte sie Helen Keller International klargemacht, daß Henry der Organisation wesentlich mehr Schaden zufügen konnte, als die Spendenaktion einbringen würde. Henry erfuhr nie, wer ihm die Einladung zugeleitet hatte.

Der Big Mac

Anfang der 90er Jahre wurden in den Restaurants von McDonald's jährlich mehr als eine Milliarde Eier und über 200 Millionen Kilogramm Rindfleisch serviert. Diese Mengen und der Symbolstatus der Hamburgerkette machten McDonald's zu einem naheliegenden Angriffsziel, um Veränderungen für die Nutztiere zu erreichen. Wenn McDonald's ein hundertstel Prozent seiner Einnahmen für die Finanzierung eines Forschungszentrums ausgeben würde, das der Suche nach Alternativen zu den streßverursachenden beengten Haltungsformen der Agrarindustrie gewidmet wäre, konnte das noch viel mehr zur Verringerung von Leiden beitragen als der ähnliche Prozentsatz, den Revlon für die Entwicklung von Alternativen zum Draize-Test ausgegeben hatte. Doch McDonald's wird eine aggressive und politisch ziemlich rechts stehende Firmenkultur zugeschrieben. Es würde auf keinen Fall leicht sein, sie dazu zu bewegen, die Tiere ernstzunehmen.

Henrys Eröffnungszug war eine verhältnismäßig harmlose Unterredung mit dem Rechtsbeistand und geschäftsführenden Vizepräsidenten von McDonald's, Donald Horwitz, im Februar 1989 in den Räumen der American Society for the Prevention of Cruelty to Animals. Der Zweck des Treffens war, der Firma vorzuschlagen, die Auswirkungen der industriellen Haltungsformen auf die Tiere zu untersuchen, deren Fleisch und Eier sie verwendete, und daran anschließend weniger streßbehaftete Zucht- und Haltungsmethoden zu entwickeln. Horwitz schien in bemerkenswertem Maße bereit, darauf einzugehen. Er sagte zu, daß McDonald's seine Lieferanten in den Vereinigten Staaten und Kanada genau prüfen und die Verhältnisse in Europa in Betracht ziehen würde, wo es gesetzliche Minimalanforderungen für die Tiere in der Landwirtschaft gab, die weiter gingen als alles in den Vereinigten Staaten. Und aus dieser Untersuchung sollten Anhaltspunkte für das weitere Vorgehen abgeleitet werden.

Horwitz wandte sich an die Lieferanten und scheint einige negative Reaktionen zu dem Plan bekommen zu haben. Er schlug Gespräche zwischen den Befürwortern einer Reform der Tierhaltung in der Landwirtschaft und den Tierproduzenten vor. Das führte zu einer Arbeitstagung über Fragen des Tierschutzes in der Landwirtschaft im November 1990, die von McDonald's und seinen Lieferanten finanziert und vom Tufts University Center for Animals and Public Policy organisiert wurde, die Leitung hatte Henrys Freund Andrew Rowan. Bei der Veranstaltung schien es, als würden sich Gemeinsamkeiten zwischen der Tierbewegung und den Produzenten abzeichnen, doch sie führten bei McDonald's und seinen Lieferanten nicht zu weiteren Schritten.

In den folgenden anderthalb Jahren korrespondierten Henry und Horwitz' Nachfolger Shelby Yastrow miteinander und trafen sich auch; Henry schlug McDonald's verschiedene Maßnahmen vor, die das Leiden der für die Produkte verwendeten Tiere verringern sollten. Im Mai 1992 schrieb ihm Yastrow: »Wir haben alle Schritte ausgeführt, die wir angekündigt hatten«. Er sagte, McDonald's habe seine Lieferanten überprüft und die Zusicherung erhalten, daß »sie sich an die Gesetze, Verordnungen und Branchenrichtlinien bezüglich der humanen Behandlung von Tieren halten«. Doch das hatte nichts zu sagen, denn die »Gesetze, Verordnungen und Branchenrichtlinien« in praktisch allen [in Frage kommenden] Ländern erlaubten die inhumanste Einpferchung von Tieren in der Agrarindustrie. Yastrows Brief erwähnte auch »eine Vereinbarung« zwischen McDonald's und seinen Lieferanten, daß diese, »wenn die bestehenden Richtlinien die humane Behandlung von Tieren nicht genügend berücksichtigen, alle angemessenen weiteren Maßnahmen treffen, um zu gewährleisten, daß die Tiere, die für McDonald's-Produkte gezüchtet, transportiert und geschlachtet werden, human behandelt werden«. Das klang nicht schlecht, aber wer sollte entscheiden, ob die weiteren Maßnahmen »angemessen« waren? Offensichtlich die Lieferanten selbst. Auf jeden Fall wollte Henry, daß McDonald's sich öffentlich mehr engagierte. Wie bei Revlon sah sein Plan so aus, daß McDonald's einen Maßstab setzen würde, den er anderen Firmen, die Tiere aus der Agrarindustrie verwendeten, vorhalten und sie fragen konnte: »Möchten Sie als weniger an den Tieren interessiert dastehen als McDonald's?«

Henry schrieb an Mike Quinlan, den Generaldirektor von McDonald's, und forderte, die von Horwitz bei der Besprechung 1989 eingegangene Verpflichtung zu verwirklichen, die Bestandsaufnahme zur Grundlage konkreter Maßnahmen zur Verringerung des Tierleidens zu machen. Quinlan verwies die Sache an Horwitz zurück, der jetzt freier Mitarbeiter einer Chicagoer Anwaltsfirma war. Horwitz schrieb, McDonald's habe keinerlei Vereinbarungen mit Henry hinsichtlich des Wohlergehens von Nutztieren geschlossen, bot aber dennoch seine Mitarbeit an. Henry nahm das Angebot an und schlug folgende Maßnahmen von seiten McDonald's vor:

– Vorschriften für die Lieferanten, die mit minimalem Aufwand an Zeit und Geld eine humanere Behandlung und Schlachtung gewährleisten;

– Untersuchung von Alternativen zu den schlimmsten Formen der Einpferchung in der Agrarindustrie;

– Aufnahme eines fleischlosen Hamburgers in das Angebot; und

– Gründung eines Zentrums für das Wohlergehen von Tieren in der Agrarindustrie, um andernorts praktizierte alternative Systeme der Tierzucht und -haltung auf ihre Eignung hinsichtlich der Einführung in den Vereinigten Staaten zu prüfen.

Bis Februar 1993 hatten diese Vorschläge zu nichts geführt, und Henry teilte Yastrow brieflich seine Unzufriedenheit darüber mit, »daß nach drei Jahren Hin und Her nichts Vorzeigbares zustandegekommen ist«. Der Brief endete mit etwas Zuckerbrot und Peitsche:

Wir sind der Meinung, daß wir ein Problem vor uns haben, das rasch und leicht gelöst werden kann, wenn man es zügig anpackt. Aus unserer Sicht gibt es keine komplizierten Entscheidungen, über die man sich den Kopf zerbrechen müßte, nichts, was wochen- und monatelange oder gar jahrelange Diskussionen erfordern würde. Wir glauben auch, daß Sie vor einem Problem stehen, das sich, wenn auch weiterhin freundlich darüber hinweggesehen wird, rasch zu einem weltweiten und vielschichtigen Image-Alptraum für McDonald's auswachsen wird.[29]

Das führte im März zu einem Arbeitsfrühstück zwischen Henry und Yastrow, nach dem Yastrow schrieb: »Ich freue mich, daß ich Gelegenheit hatte, Sie kennenzulernen, und daß ich es noch erlebe, darüber zu berichten.« Bei der Zusammenkunft hatte Yastrow gesagt, er wolle versuchen, eine Koalition mit weiteren Schnellrestaurants zu organisieren, um einige von Henrys Vorschlägen zu unterstützen. In den folgenden Briefen hieß es »Lieber Henry/Lieber Shelby«, und der Ton war deutlich freundlicher, doch es geschah immer noch nichts. Im Juni wies Henry erneut unmißverständlich darauf hin. Yastrow antwortete, er bemühe sich immer noch um die Gründung der Koalition: »Wir werden im Rahmen einer Koalition oder gar nicht handeln – besonders angesichts Deiner ganzen Forderungen.«

Ein Jahr zuvor hatte Henry 65 McDonald's-Aktien gekauft. Jetzt war es an der Zeit, davon Gebrauch zu machen. Zusammen mit der Firma Franklin Research & Development, die Investoren mit sozialen Anliegen berät, stellte Henry einen Antrag, über den auf der Jahresversammlung 1994 der McDonald's-Aktionäre abgestimmt werden sollte. Der Antrag beschrieb in einer Präambel die Behandlung der von McDonald's verwendeten Tiere und forderte dann die Aktionäre auf, für eine Empfehlung an den Vorstand zu stimmen, folgende Grundsätze zu unterstützen und die Lieferanten aufzufordern, alle angemessenen Maßnahmen zu ihrer Einhaltung zu ergreifen:

1. Geringstmögliche Einschränkung – Die Tiere sollten so untergebracht, gefüttert und transportiert werden, daß im Rahmen der praktischen Möglichkeiten ihre physischen und verhaltensmäßigen Bedürfnisse möglichst wenig eingeschränkt werden.

2. Individuelle tierärztliche Betreuung – Die Tiere sollten, wenn erforderlich, auf sie abgestimmte tierärztliche Betreuung erhalten.

3. Humanes Schlachten – Die angewandten Methoden sollten einen raschen und humanen Tod herbeiführen.

Der Antrag war so formuliert, daß man schwer etwas dagegen vorbringen konnte. Wie könnte McDonald's ablehnen, daß die Tiere nötigenfalls individuelle tierärztliche Betreuung bekommen sollten? Doch Hähnchen und Legehennen in der Intensivhaltung werden überhaupt nicht tierärztlich betreut. Die Überwachung ist so oberflächlich, daß kranke Vögel gewöhnlich erst entdeckt werden, wenn sie gestorben sind. Individuelle tierärztliche Betreuung für alle Tiere würde einen radikalen Wandel bei den modernen Methoden der Tierproduktion bedeuten.

McDonald's war nicht darüber erfreut, daß Henrys Antrag den Aktionären vorgelegt würde. Gestützt auf ein langes juristisches Gutachten, wie es gesetzlich vorgeschrieben ist, teilte man der Securities and Exchange Commission mit, daß beabsichtigt sei, den Antrag nicht in die Materialien für die Jahresversammlung 1994 aufzunehmen. Henry kündigte Einspruch gegen diese Entscheidung an, wurde aber gerade in diesem Augenblick von Yastrow gefragt, was ihn veranlassen könnte, den Antrag zurückzuziehen. Im Februar 1994 kam eine Vereinbarung zustande. McDonald's sagte zu, ein Rundschreiben über die Grundsätze einer humanen Behandlung der Tiere an alle seine Fleisch- und Geflügel-Lieferanten zu schicken und einen Auszug des Schreibens im Jahresbericht abzudrucken.

Das Rundschreiben an die Lieferanten sollte folgendermaßen lauten:

MCDONALD'S UND DIE HUMANE BEHANDLUNG VON TIEREN

So wie McDonald's alle Anstrengungen unternimmt, sich das Vertrauen seiner Kunden zu erhalten, nehmen wir auch unsere Verpflichtung gegenüber den Bereichen ernst, in denen wir geschäftlich tätig sind. Unsere Bemühungen hinsichtlich Kindern und Jugendlichen sind bereits bekannt. Auch unser Engagement beim Umweltschutz ist gut dokumentiert. Doch da die McDonald's-Restaurants alle Nahrungsmittel von unabhängigen Lieferanten kaufen, ist das Engagement der Firma für die humane Behandlung von Tieren vielleicht weniger bekannt.

McDonald's hält die humane Behandlung der Tiere, von der Geburt an das ganze Leben über, für eine moralische Verpflichtung. Die Firma respektiert vollständig die Unabhängigkeit ihrer Lieferanten und fordert von ihnen, sich an die einschlägigen Gesetze, Verordnungen und Branchenrichtlinien bezüglich der humanen Behandlung von Tieren zu halten, wie sie vom American Meat Institute empfohlen werden. Zusätzlich sollten die Lieferanten von McDonald's, wo diese Richtlinien die humane Behandlung der Tiere nicht genügend berücksichtigen, alle angemessenen Maßnahmen ergreifen, um zu gewährleisten, daß die für McDonald's-Produkte gezüchteten, transportierten und geschlachteten Tiere human behandelt werden. Darüber hinaus verlangen wir von jedem Lieferanten jährlich eine vom Generaldirektor unterschriebene schriftliche Erklärung, daß die genannten Regeln eingehalten werden (oder wo und warum das nicht der Fall ist, und wann die Einhaltung zu erwarten ist).[30]

Henry akzeptierte die Vereinbarung und zog seinen Antrag zurück, nicht weil er glaubte, daß diese Erklärung zu dramatischen Veränderungen bei der Behandlung der von McDonald's verwendeten Tiere führen würde, sondern weil er glaubte, auch nicht mehr erreichen zu können, wenn er auf seinem Antrag bestand, den die großen Aktionäre sicher mit großer Mehrheit ablehnen würden. Der *Vegetarian Times* sagte er, die Erklärung »bedeutet nicht unbedingt sehr viel«, doch sie sei ein erster Schritt zu einem Branchenstandard: »Wenn sich McDonald's einen Millimeter bewegt, tun das alle anderen auch.«[31] In anderen Artikeln äußerte sich Henry jedoch optimistischer und nannte die Aktion von McDonald's »einen grundlegenden Durchbruch im Firmendenken«.[32]

Was immer Henry öffentlich sagte, er hatte seine Zweifel, ob sich bei der Behandlung der Tiere durch die Lieferanten von McDonald's wirklich etwas verändert hatte. In den nächsten drei Jahren versuchte er häufig, aber ohne viel Erfolg, das herauszufinden. Temple Grandin sagte ihm, sie habe um diese Zeit einen Unterschied bemerkt: Man habe ein Schlachthaus nur anzusehen brauchen, um zu wissen, ob es ein Lieferant von McDonald's war. Sie waren in besserem Zustand, und sie vermieden es, Tiere anzunehmen, die so geschwächt ankamen, daß sie nicht mehr stehen konnten und mit einem Seil vom Lastwagen heruntergezogen werden mußten. Doch das waren nur ganz geringfügige Verbesserungen. Über die Kampagne schrieb Henry 1996: »Die langfristigen Ergebnisse dieser Initiative sind unklar, da McDonald's immer noch keine wesentlichen Informationen an die Öffentlichkeit gelangen läßt. Weiter beobachten.«[33]

Die Öffentlichkeit brauchte nicht mehr lange zu beobachten. Als McDonald's gegen Helen Steel und Dave Morris, zwei Aktivisten von Greenpeace London, wegen Verleumdung durch ein Flugblatt mit dem Titel »Was ist bei McDonald's nicht in Ordnung?« klagte, hatten die beiden Gelegenheit, vor Gericht zu beweisen, daß ihre Behauptungen – unter anderem Grausamkeit gegen Tiere – wahr waren. Der Prozeß wurde zum längsten in der britischen Rechtsgeschichte, er dauerte 313 Tage, und 180 Zeugen wurden gehört. Eine Firma mit 32 Milliarden Dollar Jahresumsatz stand gegen zwei Aktivisten, die sich nicht einmal einen Anwalt leisten konnten. Im Zusammenhang mit dem Vorwurf der Grausamkeit wurde Dr. Fernando Gomez Gonzalez, der Verantwortliche bei McDonald's für die Fleischprodukte, sieben Tage lang als Zeuge gehört. In der Urteilsbegründung sagte Richter Bell:

[McDonald's] Beweis für eine Tierschutzpolitik, oder wenigstens deren schriftliche Niederlegung, war zum allermindesten seltsam ... Am siebenten und letzten Tag seiner Zeugenschaft sagte Dr. Gomez Gonzalez, er habe ›eine kurze Erklärung‹ gesehen, ›eine halbe Seite, über den

Tierschutz, das Konzept‹. Das stellte sich heraus als eine Erklärung von einer Seite mit der Überschrift ›McDonald's und die humane Behandlung von Tieren‹, die folgendermaßen lautet:
Richter Bell las dann die oben zitierte Erklärung vor und fuhr fort:
Diese Erklärung ist völlig allgemein gehalten. Sie klingt eher nach einer Presse-Erklärung als nach einer ernsthaften Absichtserklärung, und diese Deutung steht im Einklang damit, daß sie nicht einmal so bekannt war, daß sie Dr. Gomez Gonzalez während des überwiegenden Teils seiner Zeugenschaft gegenwärtig gewesen wäre, obwohl sie schon seit 1989 existieren könnte ... Nach meinem Urteil war die Politik [von McDonald's] ... in erster Linie für die Öffentlichkeit gedacht, für den Fall, daß jemand nachfragen sollte.[34]

Die Datierung des Richters war nicht richtig, und die Erklärung war möglicherweise mehr als eine bloße Abspeisung der Öffentlichkeit. Doch daß sie Gonzalez zunächst gar nicht gegenwärtig war, zeigt, wie wenig die Mitglieder der Geschäftsleitung auf das Wohlergehen der Tiere bedacht waren, deren Fleisch und Eier McDonald's servierte.

Der »McLibel-Prozeß« [libel = Verleumdung, d. Übers.] eröffnete ein neues Kapitel in Henrys Umgang mit McDonald's. Als das Urteil am 19. Juni 1997 schließlich verkündet wurde, erklärte sich die Firma zum Sieger, weil Richter Bell entschieden hatte, Steel und Morris hätten nicht für alle Punkte ihrer weitreichenden Kritik den Wahrheitsbeweis geleistet. Sie hätten zum Beispiel nicht gezeigt, daß McDonald's eine Rolle bei der Abholzung der tropischen Regenwälder spiele. Der Firma wurde ein mäßiger Schadenersatz zugesprochen, den sie aber nicht von Steel und Morris einzufordern versuchte. Sie machte sich nicht einmal die Mühe, die Erstattung der Prozeßkosten zu beantragen, sondern schrieb die 15 Millionen Dollar von der Steuer ab. Für das Erscheinungsbild von McDonald's in der Öffentlichkeit war der Prozeß eine Katastrophe. Der Gigant verlor in mehreren Streitpunkten, vor allem bezüglich der Grausamkeit, denn der Richter stellte fest:

– Das von McDonald's servierte Hühnerfleisch stammt von Tieren, die so wenig Bewegungsfreiheit haben, daß diese Haltungsform grausam ist, und die Firma ›ist für diese grausame Praxis schuldhaft verantwortlich‹.

– ›Einige der zur Herstellung der ... Speisen verwendeten Hühner sind noch bei vollem Bewußtsein, wenn ihnen die Kehle durchgeschnitten wird. Das ist eine grausame Verfahrensweise, für die der Kläger [McDonald's] schuldhaft verantwortlich ist.‹

– Der von McDonald's servierte Schinken steht in Zusammenhang mit einer Haltung von Sauen, bei der diese ›fast ihr ganzes Leben in trockenen Stallungen ... ohne Bewegungsfreiheit verbringen‹. Wieder wurde McDonald's ›für diese grausame Praxis schuldhaft verantwortlich‹ gemacht.

– Die von McDonald's servierten Eier stammen von Hennen, die ›ihr ganzes Leben in Batteriekäfigen verbringen‹, und ›McDonald's ist für diese grausame Praxis schuldhaft verantwortlich‹.

Nur drei Monate vor dem McLibel-Urteil hatte Yastrow Henry rundheraus erklärt: »Das Wohlergehen der Nutztiere steht nicht hoch auf der Dringlichkeitsliste von McDonald's«. Als Henry unmittelbar nach dem Urteil anrief, war Yastrows Interesse am Wohlergehen der Tiere so weit gestiegen, daß er am 3. Juli nach New York flog, um darüber zu sprechen. Vor dem Treffen rief mich Henry an, um mit mir zu beraten, wie er mit der Sache umgehen solle; er hatte erkannt, daß McDonald's jetzt wesentlich angreifbarer war als je zuvor, und wollte möglichst viel herausholen. Wir besprachen verschiedene mögliche Taktiken. An dem Samstag nach dem Urteil hatte es in der ganzen Welt Demonstrationen vor McDonald's-Restaurants gegeben. Sollte man sofort, gestützt auf die Grausamkeitsfeststellungen des Urteils, eine internationale Kampagne beginnen? Oder nur, wenn die Gespräche zwischen Yastrow und Henry zu nichts führten? Yastrow hatte gesagt, wenn erst einmal eine öffentliche Kampagne im Gange wäre, würde es McDonald's schwerer fallen, etwas zu ändern, weil das dann als ein Nachgeben gegenüber den Protesten erscheinen würde. Das konnte ein Trick sein, um Aktionen erst einmal zu unterbinden, bis die Sache nicht mehr so heiß war; es konnte aber auch stimmen. Henry beschloß, mit Protesten abzuwarten.

Auf Yastrows Vorschlag trafen sich die beiden zum Frühstück im Peacock Alley des Waldorf-Astoria. Yastrow sagte Henry, er sei nicht für die Klage gegen Steel und Morris gewesen, sei aber überstimmt worden. Jetzt stand er ein halbes Jahr vor seiner Pensionierung und wollte, bevor er ging, noch etwas für den Tierschutz tun. Doch die endgültige Entscheidung würde von der Reaktion der anderen in der Unternehmensführung von McDonald's abhängen. Henry zeigte ihm eine Anzeige, die er und Mark Graham entworfen – aber noch nicht aufgegeben – hatten und die sich gegen einen der Konkurrenten von McDonald's richtete, gegen KFC (früher Kentucky Fried Chicken). Sie zeigte eine Toilette mit einem KFC-Becher anstelle der Schüssel und der Überschrift: »Genügen die KFC-Maßstäbe den ihrigen?« Der Text zitierte einen staatlichen Mikrobiologen, der schon in einer Anzeige Henrys gegen Perdue angeführt worden war: »Das Endprodukt ist nichts anderes, als würde man einen Vogel ... in die Toilette stecken und dann essen.« Yastrow sah sie sich an und sagte: »Vermutlich haben Sie auch Anzeigen gegen uns auf Lager?« Henry bestätigte das. Yastrow gab zu, daß seine früheren Versuche, etwas hinsichtlich der Behandlung der Tiere zu unternehmen, nicht wirklich engagiert gewesen seien, und zeigte Henry – gerade so, als wollte er beweisen, daß es ihm diesmal ernst sei – eine firmeninterne Notiz, in der er sich rühmte, Henrys Drohungen ohne große Gegenleistungen abgewehrt zu haben. Am Ende des Frühstücks kam es zu einem kleinen Machtkampf darüber, wer die enorme Rechnung bezahlen sollte. Yastrow berief sich darauf, daß er doch eine Menge mehr verdiene, doch Henry gelang es schneller, Blickkontakt mit dem Kellner herzustellen, und gewann. Als wichtigstes Ergebnis der Zusammenkunft sagte Yastrow zu, mit Temple Grandin über einige praktisch durchführbare Veränderungen zu sprechen.

Nach dem Treffen hegte Henry Hoffnung, blieb aber mißtrauisch: War Yastrows neue Offenheit bloß ein neuer Trick? Während Henry in engem Kontakt mit McDonald's blieb, gründeten er und ich nach dem Vorbild der Draize- und der LD50-Koalitionen eine Internationale Koalition für die Nutztiere. Bis September hatten sich ihr einige große Tierschutzorganisationen angeschlossen, so die World Society for the Protection of Animals, die Humane Society of the United States, die American Society for the Prevention of Cruelty to Animals, Compassion in World Farming und die American Humane Association. Zur gleichen Zeit schien sich McDonald's zu bewegen. Temple Grandin wurde beauftragt, den Tierschutz bei den Lieferanten zu überprüfen, und Yastrow sagte Henry, man würde eine Vollzeit-Stelle für einen Tierschutzbeauftragten schaffen. Er würde dem für Umweltfragen zuständigen Direktor bei McDonald's, Bob Langert, berichten, der wiederum dem Chefeinkäufer, und dieser war unmittelbar dem Geschäftsführer unterstellt. Es würde sich also, so Yastrow, um eine hohe Position handeln. Die vierte Ebene von oben bei McDonald's war in der Tat ziemlich viel.

Die nächste Zusammenkunft war für Oktober 1997 vorgesehen, wenn ich den Osten der USA besuchen wollte. Langert hatte Henry gesagt, er würde mit dem neuen Tierschutzbeauftragten nach New York kommen. Henry arrangierte für uns vier ein Arbeitsfrühstück.

Als ich in New York ankam, besprachen Henry und ich, was wir bei der Zusammenkunft erreichen wollten. Wir machten uns Sorgen, daß McDonald's möglicherweise einfach nur Zeit gewinnen wollte, bis das McLibel-Urteil so lange zurückliegen würde, daß sich niemand mehr darüber aufregte. Die Einstellung eines Tierschutzbeauftragten an sich half noch keinem einzigen Tier etwas, und für eine so große Firma wie McDonald's waren die Kosten für eine solche Stelle so gut wie nichts. Wir mußten McDonald's erklären, daß wir recht bald einige konkrete Schritte zur Verringerung der Schmerzen und Leiden der verwendeten Tiere sehen wollten. Wir besprachen, was wir verlangen könnten. Die Reaktion auf Temple Grandins Kritik an den Verhältnissen bei den Lieferanten würde ein Prüfstein sein. Doch wir wollten weitergehende Veränderungen. Was konnte McDonald's zum Beispiel hinsichtlich der Schweinehaltung tun? Vor unserer Zusammenkunft traten wir mit der Firma Osborne Industries in Kansas in Verbindung, die Schweinehaltungssysteme herstellte, die den Tieren Bewegungsfreiheit auf einer großen Stallfläche gewährten. Säue einzeln einzusperren, war eine recht grobe – und grausame – Maßnahme dagegen, daß dominante Tiere mehr als den für sie vorgesehenen Futteranteil fressen. Bei Osborne fand man eine viel differenziertere Lösung. Die Säue kommen nur eine nach der anderen an eine Fütterungsanlage heran. Sie tragen ein elektronisch ablesbares Halsband. Wenn ein dominantes Tier ein zweites Mal kommt, wird das Futter gesperrt. Die Firma sagte uns, das System werde in den Vereinigten Staaten bereits kommerziell genutzt. Wir konnten also den Leuten von McDonald's sagen, wenn es der Firma mit der Abschaffung der von Richter Bell festgestellten Grausamkeit ernst sei, könne sie darauf sehen, daß ihre Lieferanten bei Neuanschaffungen dieses System verwenden.

Die Besprechung fand in einem Café im Nordwesten New Yorks statt und hatte keinen guten Anfang. Der Tierschutzbeauftragte war zu unserer Überraschung niemand anderes als Fernando Gomez Gonzalez, der als Zeuge im McLibel-Prozeß jede Grausamkeit bei der Aufzucht der von McDonald's verwendeten Tiere entschieden bestritten hatte. Daß er erst einmal sein Frühstück mit Schinken bestellte, war wohl kaum als eine freundliche Geste uns gegenüber gedacht. Doch wir vergeudeten keine Zeit mit Freundlichkeiten oder Unfreundlichkeiten. Wir sagten Langert und Gonzalez, sie müßten sich rasch mit den im Prozeß festgestellten Grausamkeiten befassen, denn einige große Tierrechtsorganisationen würden sonst sofort eine Kampagne gegen McDonald's beginnen. (Das entsprach völlig der Wahrheit: Da die McDonald's-Restaurants in jeder größeren Stadt leicht erreichbar sind, sind sie ein ideales Ziel für nationale wie internationale Kampagnen.) Wir schlugen praktische Möglichkeiten dazu vor, von der Gasbetäubung von Hühnern bis zum Osborne-Schweinehaltungssystem.

Es folgte eine lebhafte Diskussion, an deren Ende Langert uns sagte, er könne jetzt keine spezifischen Verpflichtungen zusagen, doch bis Ende des Jahres würde McDonald's einen Aktionsplan aufgestellt haben, der folgende Punkte einschließen würde:

– Entwicklung eines Tierschutz-Kontrollsystems durch Temple Grandin, das in das Nahrungsmittel-Kontrollsystem von McDonald's eingebaut würde;

– Einführung einiger der einfacheren und praktischen Maßnahmen zur Verbesserung der Behandlung der Tiere, und zwar sofort oder spätestens 1998;

– Zusammenstellung komplizierterer Aufgaben, die McDonald's als langfristige Zielsetzungen ansah;

– Verfahrensbestimmungen gegenüber den Lieferanten zur Gewährleistung dieser Veränderungen.

Langert schloß sich unserer Sichtweise an, daß der wirkliche Prüfstein der Ernsthaftigkeit bei McDonald's darin bestehe, ob wesentliche Verbesserungen bei der Behandlung der Tiere erreicht würden. Doch zugleich sagte er: »Wir haben große Pläne, aber wir können nicht so schnell vorgehen, wie Sie möchten. Warten Sie bis nächstes Jahr und sehen Sie dann, was wir getan haben.«

Nach der Besprechung rätselten Henry und ich über die gegensätzlichen Botschaften, die uns McDonald's anscheinend gesandt hatte. Gonzalez' Ernennung zum Tierschutzbeauftragten war erstaunlich. Von allen Mitarbeitern hatte er am exponiertesten den status quo verteidigt. War seine Ernennung eine kalkulierte Ohrfeige für die Tierbewegung? Aber warum hätte sich dann Langert die Mühe machen sollen, mit ihm nach New York zu kommen und sich so große Mühe zu geben, uns davon zu überzeugen, daß es McDonald's mit der besseren Behandlung der Tiere ernst sei?

Wäre McDonald's völlig unnachgiebig gewesen, so hätten wir, gestützt auf die Millionen von Mitgliedern der Organisationen, die unserer Internationalen Koalition für die Nutztiere beigetreten waren, mit der Planung einer Kampagne begonnen. Doch da die Firma einen Aktionsplan angekündigt hatte, blieb uns kaum etwas anderes übrig als bis 1998 abzuwarten, was sie unternehmen würde. Eine sofortige Kampagne hätte die

Reaktion nahegelegt, die Firma habe sich gesprächsbereit gezeigt, doch wir hätten ihr nicht die nötige Zeit gelassen, um die Behandlung von Millionen von Tieren zu ändern.

Henry erlebte es nicht mehr, doch seine Bemühungen gegenüber McDonald's führten schließlich zu wichtigen Ergebnissen. McDonald's beauftragte Temple Grandin, ein Prüfsystem zu entwickeln, das sicherstellen sollte, daß Schlachthäuser, von denen McDonald's Rind-, Schweine- und Hühnerfleisch kaufte, Mindestanforderungen an den Tierschutz erfüllten. Lieferanten, die bei der ersten Prüfung durchfielen, wurden vor die Wahl gestellt, die Situation innerhalb von dreißig Tagen zu verbessern oder McDonald's als Kunden zu verlieren. Temple Grandin sagte später, in den 25 Jahren, die sie bereits auf diesem Gebiet arbeitete, habe sie keine solchen beindruckenden Verbesserungen gesehen. McDonald's nahm auch andere Vorschläge Henrys auf und entwickelte ein System von Leistungsanreizen für eine weniger rohe Behandlung von Hühnern, wenn sie für den Transport zum Schlachthof eingesammelt werden, und begann, Alternativen zur Einpferchung von Säuen zu untersuchen, was auch die finanzielle Unterstützung der Erforschung alternativer Haltungssysteme einschloß. Am bedeutendsten war allerdings eine Ankündigung, die Langert im Jahr 2000 machte: Ab 2001 würde McDonald's von allen seinen amerikanischen Eierlieferanten verlangen, daß sie die für jedes Huhn vorgesehene Fläche um 50 Prozent erhöhen, was einer Erhöhung von den im Branchendurchschnitt üblichen circa 320 Quadratzentimetern pro Tier auf mindestens 460 Quadratzentimeter entsprach. Darüber hinaus würde McDonald's keine Eier von Hühnern kaufen, deren Legefähigkeit durch eine Zwangsmauser verlängert wurde, eine Praxis, die eine bis zu zweiwöchige Hungerphase für die Tiere einschließt, und es sollten Anstrengungen unternommen werden, die Einstellung des schmerzhaften Schnabelkürzens zu erreichen, ein Verfahren, das unter Streß stehende und auf zu engem Raum gehaltene Tiere daran hindern soll, sich gegenseitig zu Tode zu picken. Langert sagte, man plane, in diesen Fragen eine führende Rolle zu übernehmen. Und obwohl die von McDonald's geforderten Mindestmaße lediglich einem Standard entsprechen, dessen Aufgabe die Europäische Union beschlossen hat, weil er den Bedürfnissen der Hühner nicht gerecht wird, übernahm McDonald's damit im amerikanischen Kontext tatsächlich eine führende Rolle. Da die 13 000 Mc-Donald's-Restaurants jährlich nahezu zwei Milliarden Eier – das sind 2,5 Prozent der amerikanischen Eierproduktion – kaufen, birgt dieser Vorstoß die Möglichkeit in sich, die gesamte eierproduzierende Industrie zu verändern. Mit derselben Strategie, die Henry zwanzig Jahre zuvor von Revlon zu Avon führte, haben jetzt Animal Rights International und PETA gemeinsam ihre Aufmerksamkeit der zweitgrößten Kette von Schnellrestaurants, Burger King, zugewandt. Wenn Burger King sich nicht bereit erklärt, dem Beispiel von McDonald's zu folgen, wird sich die Firma damit dem Vorwurf aussetzen, den Tierschutz weniger ernstzunehmen als der größere Rivale. Und darum ist der Vorstoß von McDonald's für die in der amerikanischen Agrarindustrie lebenden Tiere der bedeutendste Schritt nach vorne seit den Anfängen der modernen Tierbewegung, zu deren Entstehen Henry so viel beigetragen hat.

Für die siebte Generation

Ich glaube, eine Art, die Dinge zu sehen, kommt darin zum Ausdruck, daß es von den amerikanischen Ureinwohnern heißt, es gehe ihnen nicht darum, was in der heutigen oder der nächsten Generation passiert, sondern in der siebten.
Henry Spira

Als Henry Material gegen Frank Perdue sammelte, fand er es beeindruckend, wie viele verschiedene Gründe sich gegen die industrielle Tierhaltung anführen ließen: »Nicht nur schlecht für die Tiere, sondern auch für die Umwelt, für die Ernährung von Milliarden Menschen, für das Wasser, für die Luft, für die nicht erneuerbaren Ressourcen.« Wenn er die Menschen, die sich jeweils über eines dieser Probleme Sorgen machten, zusammenführen könnte, würde die Opposition gegen die industrielle Landwirtschaft wesentlich stärker.

Anfang 1993 begann Henry mit einer Anzeigenserie, die im Unterschied zu allen vorherigen kein spezifischeres Angriffsziel hatte als das Fleisch überhaupt. Unter der Überschrift »Eine Welt des Elends steckt in jedem Mundvoll Fleisch« beginnt die erste Anzeige damit, daß die »liebste Speise in den Überflußgesellschaften« als »erwiesener Killer« bezeichnet wird, mit dem Krebs, Herzkrankheiten und Diabetes zusammenhängen. Weiter heißt es:

> Es bringt Menschen auch noch auf andere Weise um. Das Getreide zur Mästung der Tiere für unsere Mahlzeiten wird oft den Völkern der Dritten Welt entzogen; es macht Diktatoren reich, während große Bevölkerungsteile hungern.
>
> Die Fleischproduktion zerstört die Umwelt, verschwendet die abnehmenden Wasservorräte, belastet unsere Flüsse und Seen mit toxischen Tierabfällen und trägt zur Zerstörung der Regenwälder bei.

Es folgen zwei Absätze über das Leiden der eingepferchten Tiere, und am Schluß heißt es: »Lassen Sie es ganz sein, oder schränken Sie es ein. Sie schaffen damit ein bißchen Elend aus der Welt.«

Die »Welt des Elends«-Anzeigen waren gut geschrieben, aber sie waren nicht gerade Blickfänger. Mit Mark Graham zusammen entwarf Henry dann etwas viel Auffallenderes: Über der Abbildung einer schönen Katze, die gerade in einem Fleischwolf verschwindet, aus dem schon Hackfleisch quillt, steht: »Fünf gute Gründe, Ihren Hund oder Ihre Katze zu essen.« Einer davon lautet:

> **Sie tun etwas gegen die Grausamkeit.**
> Bis zu dem Moment, in dem Ihr felltragender Freund im Kochtopf verschwindet, hat er ein luxuriöses und glückliches Leben gehabt. Nicht so die sieben Milliarden Nutztiere, die jedes Jahr in den Vereinigten Staaten konsumiert werden! Ihr Leben ist ein einziger Alptraum. Die Millionen, die vor Streß und Erschöpfung sterben, sind nicht mehr als routinemäßige Geschäftskosten.

Drei der anderen »guten Gründe« greifen das Fleisch aus Gründen der Gesundheit, der Umwelt und der Ausbeutung von Arbeitskräften an, und der letzte besagt: »Sie tragen dazu bei, das Problem der Übervölkerung mit Hunden und Katzen zu lösen« und weist auf die Notwendigkeit hin, ernstlich etwas gegen die unerwünschte Vermehrung von Katzen und Hunden zu unternehmen. Im letzten Absatz spricht Henry die Gedanken an, die ihn mehr als zwanzig Jahre zuvor zur Tierbewegung geführt hatten:

> Endlich sollten wir es nicht dulden, daß etwas so Unvernünftiges wie persönliche Zuneigung zwischen uns und diesem schmackhaften Pudelauflauf steht. Die einen Tiere gern haben und liebkosen und das Leiden anderer, die genau denselben Schmerz empfinden, ignorieren – das ist wirklich unvernünftig. Wir sind von unseren ersten Mahlzeiten an so programmiert, daß wir manche Tiere liebkosen und andere essen. Doch das muß nicht so sein. Eine fleischlose Ernährung nützt Ihrer Gesundheit, der Umwelt und dem Leben der Nutztiere. Und das Beste: Bei ihrer neuen gewaltlosen Ernährung können Sie mit Ihrem vierbeinigen Freund auch weiterhin schmusen und senden gleichzeitig den Moguln des Elends aus der Fleischindustrie eine machtvolle Botschaft.

Das war eine der Anzeigen, die die *New York Times* glatt ablehnte: die Abbildung der Katze, die im Fleischwolf verschwindet, würde die Leser verletzen. Henry legte eine andere Version vor, bei der kein Hackfleisch aus dem Fleischwolf quoll, wurde aber immer noch aufgefordert, »mit etwas zu kommen, das ein bißchen weniger abstoßend ist«. Henry ersetzte also die Katze und den Fleischwolf durch ein Hündchen als »Hot dog« in einem Brötchen, mit einer Ketchupflasche im Hintergrund. So erschien die Anzeige am 7. November 1996 in der *New York Times*.

Es gab ein merkwürdiges Nachspiel. Im Februar 1997 schickte jemand Henry ein Exemplar von *Weekly World News*, einer Supermarktzeitung, die einen Artikel mit dem Titel »Heißester neuer japanischer Schnellimbiß – geräuchertes Hündchen auf Brötchen« enthielt und darunter die Abbildung, die Mark Graham für Henrys Anzeige entworfen hatte. Der Artikel beschrieb die »Empörung« der Tierfreunde der ganzen Welt über diese schreckliche neue japanische Speisen-Extravaganz, von der in den letzten drei Wochen 4000 Stück verkauft worden sein sollten. Der Reporter zitierte die »berühmte Tierrechtsaktivistin Martha Serensen aus Sydney in Australien« dahingehend, daß sie Brechreiz verspüre, wenn sie daran denke. Niemand in Sydney oder anderswo hatte je etwas von einer Martha Serensen gehört. Der gesamte Artikel schien der Phantasie des Reporters entsprungen zu sein, der sich offenbar von Henrys Abbildung, die dann ohne Genehmigung reproduziert wurde, hatte anregen lassen.

Henrys Ziel bestand darin, bei Fleisch dasselbe zu erreichen, was mit Tabak bereits geschehen ist: es aus einem anerkannten Bestandteil des Lebens zur Zielscheibe sozialer Ächtung zu machen. Doch dazu genügte es nicht, die Amerikaner oder selbst die ganze Bevölkerung der reichen Nationen anzusprechen. Die Amerikaner verringern ihren Fleischverbrauch, doch in den Ländern, in denen der Fleischkonsum traditionell gering war, wird mit dem steigenden Wohlstand mehr Fleisch gegessen. Eine Fortsetzung der gegenwärtigen Steigerung des Fleischverbrauchs zum Beispiel in China würde eine entsprechende Ausbreitung der industriellen Tierproduktion und eine gewaltige Vermehrung in der »Welt des Elends« bedeuten. Diese globale Situation führte Henry zu der Frage, wie er Einfluß auf die Entwicklung der Ernährung in Ländern wie China, Indien oder Indonesien nehmen könnte: »Viele Leute haben die Zukunft schwarz in schwarz gemalt, niemand hat sich mit praktischen Dingen beschäftigt, die gerade in diesem Moment getan werden können, damit es in der Zukunft Lebensqualität gibt.«

Im Januar 1996 besprach Henry mit Alan Goldberg, dem Leiter des Zentrums für Alternativen zum Tierversuch, wie die weltberühmte Kompetenz der Johns Hopkins University auf dem Gebiet der öffentlichen Gesundheit auf das größte Problem in diesem Bereich gelenkt werden könnte: die Gesundheits- und Umweltaspekte einer Ernährung mit einem großen Anteil von Tierprodukten. Goldberg sprach wiederum mit Dr.

Robert Lawrence, dem Prodekan der Fakultät für Hygiene und öffentliche Gesundheit, der eine Besprechung mit Henry und einigen weiteren Mitgliedern der Fakultät ansetzte. In Lawrence fand Henry einen aufgeschlossenen Fachmann für öffentliche Gesundheit, dem der Zusammenhang zwischen der westlichen Ernährung und den grassierenden Herz-Kreislauf-Erkrankungen und Tumoren des Verdauungstrakts wohlbekannt war. Sie waren sich einig, daß etwas für einen ökologisch nachhaltigen Lebensstil getan werden müsse. Henry schlug vor, von den Zusammenhängen zwischen industrieller Landwirtschaft, öffentlicher Gesundheit, menschlicher Ernährung und Umwelt auszugehen, das würde Fachleute aus vielen Gebieten interessieren und Veränderungen von der Staats- bis zur Verbraucherebene herbeiführen. Wenn die Johns Hopkins University kleine Konferenzen mit genau abgegrenzter Zielsetzung organisieren würde, wobei sie auf ihre in der ganzen Welt tätigen Absolventen auf dem Gebiet der öffentlichen Gesundheit zurückgreifen könnte, so könnte dies das Denken nicht nur in Amerika, sondern in der ganzen Welt beeinflussen.

Lawrence und seine Kollegen fanden den Gedanken gut. Gegen Ende Februar besuchte Lawrence Henry in New York, um weiter darüber zu sprechen. Einige Wochen später schrieb er Henry, er sei für die Gründung eines »Zentrums für eine lebenswerte Zukunft«, und skizzierte einige Gedanken zu dessen möglichen Aufgaben. Und so beschrieb Lawrence, was dann geschah:

> Ich faxte Henry am Dienstag gegen Mittag den Brief. Die Kopie lag noch im Postausgang, wo sie vom Universitätspostdienst abgeholt werden sollte, da klingelte am Mittwoch um 9.30 Uhr das Telefon. Es war ein Spender in New York, der sagte: ›Henry hat mir Ihren Brief vom Dienstag gezeigt, und jetzt muß ich mit demjenigen sprechen, der 50 000 Dollar entgegennehmen kann, die Ihnen helfen sollen, das Zentrum für eine lebenswerte Zukunft auf die Beine zu stellen.‹ Ich hatte Henry nicht einmal um Geld gebeten![35]

Das Zentrum für eine lebenswerte Zukunft veranstaltete seine erste Konferenz im November 1997 unter dem Titel »Gleichberechtigung, Gesundheit und Weltressourcen: Ernährung und soziale Gerechtigkeit«. Zu den Sprechern gehörten ein ehemaliger kanadischer Minister, ein Aktivist aus North Carolina, der Kampagnen gegen die Umweltbelastung durch die industrielle Landwirtschaft in seiner Heimatgegend veranstaltet, ferner Wissenschaftler und Hochschullehrer aus den Gebieten öffentliche Gesundheit, Ernährung, Landwirtschaft, Umwelttechnik, Tierschutz und

Ethik. Unter den Wissenschaftlern befanden sich zwei Nobelpreisträger: F. Sherwood Rowland, der den Preis für die Identifizierung von Treibgasen als Ursache der Schädigung der Ozonschicht erhalten hatte, und Henry W. Kendall, der die als Quarks bekannten Elementarteilchen nachgewiesen und sich dann Umweltfragen zugewandt hatte. Nach drei Tagen mit Vorträgen und Diskussionen gab das Zentrum eine »gemeinsame Erklärung« heraus, die vereinte Bemühungen um mehr Gerechtigkeit in der Verfügbarkeit von Nahrung forderte und die übliche amerikanische Ernährung als ungesund, ökologisch nicht nachhaltig und auf grausamer Behandlung von Tieren beruhend verurteilte.

Henry hoffte, daß das Zentrum für eine lebenswerte Zukunft keine »Denkfabrik«, sondern eine »Tatfabrik« werden würde. Es kann den Menschen in anderen Ländern nicht vorschreiben, was sie tun sollen, aber es kann sie zum Nachdenken darüber anregen, wohin ihre Handlungsweise führt. Es wird fünf Jahre dauern, bis man weiß, ob das Zentrum etwas bewirkt. Am Ende muß es einen Wandel geben, weil die Welt keine Bevölkerung von 10 Milliarden mit einer Kost ernähren kann, die so massiv auf Tierprodukten beruht, wie es im Westen der Fall ist. Je eher der Wandel kommt, desto weniger schmerzhaft wird er sein.

6 Den Kieselstein ein Stückchen weiterrollen

> Es geht nicht um die theoretische Frage, ob das Leben einen Sinn hat. Es geht um die praktische Frage, welchen Sinn wir ihm geben.
> *Margit Spira 1954 in einem Brief an ihren Sohn*

Im Vorwort zu diesem Buch erwähnte ich zwei weitverbreitete Vorstellungen: daß es nicht in der Macht des einzelnen steht, die Welt zu verändern, und daß das Leben im Grunde keinen Sinn hat. Wir haben gesehen, wie Henrys Entschlossenheit, etwas gegen das Milliarden von Tieren Jahr für Jahr auferlegte Leiden zu tun, die Welt verändert hat. Weil seine Ausdauer mit intelligentem Nachdenken darüber verbunden war, wie sich etwas verändern ließe, wird jetzt jedes Jahr Millionen von Tieren die Qual des Draize-Tests, der Todeskampf im LD50-Test, das Hochziehen an der Kette vor dem Schlachten und das Brandzeichen im Gesicht erspart. Er leistete das nicht allein, aber von ihm ging die Inspiration aus, er war der Stratege und der Koordinator der Kampagnen, die das erreichten. Jetzt ist die Darstellung seiner Geschichte in der Gegenwart angekommen, und wir können auf diese Kampagnen zurückblicken und einige entscheidende Gesichtspunkte für andere herausarbeiten, die Henrys Methoden anwenden möchten. Das ist das Ziel des ersten Teils dieses Schlußkapitels. Im zweiten Teil möchte ich auf die zweite im Vorwort erwähnte Vorstellung zurückkommen und fragen, was für einen Sinn Henry in seinem Leben finden konnte.

Zehn Arten, etwas zu erreichen

> Die gesamte Dynamik der von Henry geschaffenen Bewegung ruht auf seinen Schultern. Wenn Henry morgen ausfällt, wird es eine interessante Frage sein, wieviel bleibt, wieviel im Keim erstickt wird, wieviel verloren geht, weil kein Mechanismus bereitsteht, damit jemand anderes in diese Rolle schlüpft. Solange ich mit Henry sprach, ist er nie mit der Frage zurechtgekommen, wer in seine Fußstapfen treten und den Kampf in seinem Stil fortsetzen könnte.[1]

So äußerte sich Barnaby Feder, der für das *New York Times Magazine* ein Porträt über Henry schrieb. Doch Henry sah die Frage der Fortsetzung seiner Arbeit nicht so, daß er sich hätte darum bemühen sollen, jemanden für die Nachfolge aufzubauen. In vielen Interviews und in eigenen Artikeln hat Henry beschrieben, mit welchen Methoden er etwas zu erreichen versucht hat. Wichtig sind seine Methoden und nicht, wer sie anwendet. Im folgenden sollen solche Kernpunkte skizziert werden, damit andere weiterkämpfen können, so wie er es getan hat, sei es für die Tiere oder für die Unterdrückten und Ausgebeuteten überhaupt.[2]

1. Versuche, das aktuelle öffentliche Bewußtsein zu erkennen, und wohin es morgen geleitet werden könnte. Bleib vor allem in Kontakt mit der Wirklichkeit.

Zu viele Aktivisten verkehren nur mit anderen Aktivisten und stellen sich vor, alle anderen würden denken wie sie. Sie beginnen an ihre eigene Propaganda zu glauben und verlieren das Gefühl dafür, was der Durchschnittsmensch auf der Straße wohl denkt. Sie wissen nicht mehr, was erreichbar ist und was Phantasie, die aus ihrer eigenen starken Überzeugung von der Notwendigkeit eines Wandels entspringt. Henry nahm das in der Sozialistischen Arbeiterpartei wahr, deren Mitglieder so an das marxistisch-trotzkistische Denksystem gewöhnt waren, daß sie es alle hinnahmen, den Kontakt mit der wirklichen Welt zu verlieren, in der sie eine Revolution machen wollten. Henry sagte es so: »Man braucht ständig einen Fehlorientierungsdetektor.«

Henry ergriff jede Gelegenheit, mit Menschen außerhalb der Tierbewegung zu sprechen. Er fing oft ein Gespräch mit seinen Platznachbarn im Bus oder Zug über ein Thema an, das ihn gerade interessierte, und hörte sich die Antworten darauf an. Wie reagieren sie? Können sie sich in das Opfer hineinversetzen? Sind sie empört? Was genau steht für sie im Vordergrund?

2. Wähle ein Ziel auf der Grundlage seiner Angreifbarkeit in der öffentlichen Meinung aus, der Intensität des Leidens und den Möglichkeiten für eine Veränderung.

Die Auswahl des Ziels ist entscheidend. Henry wußte, daß er eine wirksame Kampagne durchführen konnte, wenn er sich sicher war – wie er über das Gesetz des Staates New York sagte, das den Laboratorien erlaubte, Hunde und Katzen aus den Tierheimen zu holen –, daß es »einfach dem gesunden Menschenverstand widerspricht, daß der Durchschnittsmensch auf der Straße sagen würde: ›Natürlich, genau so muß man es machen.‹«

Bekanntlich hat man ein gutes Angriffsziel, wenn man den Gegner allein durch die Formulierung des Problems schon in die Defensive bringt. Bei der Museumskampagne zum Beispiel konnte Henry die Menschen öffentlich fragen: »Möchten Sie, daß Ihre Steuergelder dafür ausgegeben werden, Katzen zu verstümmeln, um das Sexualverhalten verkrüppelter Tiere dieser Art zu untersuchen?«, und schon befand sich das Museum in einer höchst unangenehmen Lage. Die Kosmetiktests waren ein anderes gutes Angriffsziel, weil man nur zu fragen brauchte: »Ist ein weiteres Haarwaschmittel es wert, Kaninchen zu blenden?«, um die Vertreter von Revlon in die Defensive zu drängen.

In Kontakt mit der Wirklichkeit zu bleiben, ist eine Vorbedingung für die Wahl des richtigen Angriffsziels: Wer nicht weiß, was die Leute zur Zeit denken, weiß nicht, was sie akzeptabel finden und was sie auf die Barrikaden treibt.

Die anderen Aspekte von Punkt 2 betreffen eine Abwägung des Nutzens, den die Kampagne erzielen kann, und der Wahrscheinlichkeit des Erfolgs. Als Henry die Katzenexperimente am Amerikanischen Naturgeschichtlichen Museum als sein erstes Angriffsziel wählte, wußte er, daß er bestenfalls für etwa 60 Katzen pro Jahr etwas erreichen konnte – eine winzige Zahl im Vergleich zu vielen anderen möglichen Angriffszielen. Doch die Möglichkeit, eine Veränderung herbeizuführen, war wegen der Art der Experimente und des Standorts und der Verwundbarkeit des Museums großartig. 1976 brauchte die Tierbewegung unbedingt einen Erfolg, und sei er noch so klein, der ihre Anhänger und Anhängerinnen ermutigte, an die Möglichkeit von Veränderungen zu glauben, und ihnen in der übrigen Welt zu einer gewissen Glaubwürdigkeit verhalf. Nachdem dieser Sieg errungen war, begann Henry bei der Zielauswahl mehr Gewicht auf die Menge des Leidens zu legen; doch das wurde nie zum allein ausschlaggebenden Gesichtspunkt. Wenn man x mit [der Erfolgswahrscheinlichkeit] y multipliziert, aber $y = 0$, dann ist das Ergebnis gleich null, auch wenn x noch so groß ist. Also sollte kein Ziel gewählt werden, ohne sowohl die Menge des Leidens als auch die Möglichkeiten einer Veränderung zu betrachten.

3. Setze dir erreichbare Ziele. Bewirke sinnvolle Veränderungen eine nach der anderen. Eine Hebung des Bewußtseins genügt nicht.

Als sich Henry für die Bekämpfung von Tierversuchen zu interessieren begann, hatte die Antivivisektionsbewegung kein anderes Ziel als deren völlige Abschaffung, und dazu keine andere Strategie als die »Hebung des Bewußtseins« – sie verschickte Literatur mit Abbildungen und Beschreibungen der Schrecken der Vivisektion. Das war die Strategie einer Bewegung, die sich hauptsächlich im Gespräch mit sich selbst befand. Sie hatte keine Vorstellung, wie man an Hebel zur Veränderung herankommen könnte, ja nicht einmal, wo sich diese befinden könnten. Sie schien sich ihres eigenen Erscheinungsbildes als eines Haufens Verschrobener nicht bewußt zu sein und wußte nicht, wie sie das Thema Vivisektion zu einem Thema machen könnte, das auch die Medien interessieren würde. Henrys Erfahrungen in der Bürgerrechtsbewegung sagten ihm, daß sich so keine Erfolge erzielen ließen.

Als eines der ersten Dinge lernte ich in früheren Bewegungen, daß niemals etwas eine Sache des alles oder nichts ist. Es geht nicht an einem Tag, es ist ein langer Prozeß. Man darf die Welt – auch die Menschen und die Institutionen – nicht als statisch ansehen, sie verändert sich ständig, und die Veränderungen geschehen Schritt für Schritt. Es ist ein Wachstum, fast eine organische Entwicklung. Man könnte etwa sagen, daß ein paar Schwarze, die an einer Imbißbar einen Platz fordern, nun wirklich nicht gerade viel in Bewegung setzen, denn die meisten haben ja nicht mal das Geld, um sich etwas an einer Imbißbar zu kaufen. Aber es setzte doch etwas in Bewegung, es war ein erster Schritt. Wenn dieser erste Schritt einmal gemacht ist und derselbe Schritt an mehreren Orten gemacht wird, betrifft es schon paar Imbißstuben, und das schafft schon eine ganze Struktur, und es ist einer der Schritte, die den geringsten Widerstand hervorrufen. Da kann man gewinnen, und es gibt dem schwarzen Kampf Auftrieb, und es führt ganz klar zum nächsten Schritt und zum übernächsten. Ich meine, daß noch keine Bewegung gewonnen hat, die gleich alles oder nichts haben wollte.[3]

Manche Aktivisten meinen, daß die Hinnahme eines Kompromisses, also zum Beispiel weniger als die völlige Abschaffung der Vivisektion, die Aussichten auf einen vollständigeren Sieg verringert. Henry meint: »Ich möchte die Verwendung von Tieren so gründlich abschaffen wie irgend jemand, aber ich sage, tun wir, was wir heute tun können, und morgen dann mehr.«[4] Deshalb war er bereit, den Übergang vom LD50-Test auf Tests mit einer ungefähren letalen Dosis zu unterstützen, die zwar immer noch Tiere verwenden, aber wesentlich weniger.

Ziele sollen nicht nur danach ausgewählt werden, ob sie erreichbar sind, sondern auch danach, daß sie einen Schneeballeffekt haben sollten. Der Erfolg einer Kampagne sollte ein Sprungbrett zu noch größeren Zielen und bedeutenderen Siegen sein. Die Kampagne gegen Revlon ist ein Beispiel: Weil sie der Erforschung von Alternativen zu Ansehen verhalf, gingen ihre wichtigsten Auswirkungen über Revlon, ja über die gesamte Kosmetikindustrie hinaus.

Bewußtsein für etwas zu schaffen, ist zwar wichtig, wenn man etwas verändern will, doch Henry setzte es sich normalerweise nicht direkt zum Ziel.

(Seine Anzeigen gegen Fleisch sind eine Ausnahme.) Das Bewußtsein folgt auf eine erfolgreiche Kampagne, und diese hat erreichbare Ziele.

4. *Sorge für glaubwürdige Quellen der Information und Dokumentation. Keine bloßen Annahmen. Täusche nie die Medien oder die Öffentlichkeit. Bleibe glaubwürdig, übertreibe nicht und spiele das Thema nicht hoch.*

Bevor Henry eine neue Kampagne begann, sammelte er mehrere Monate lang Informationen. Die Gesetzgebung zur Informationsfreiheit hat außerordentlich viel geholfen, doch viele Informationen sind schon öffentlich zugänglich. Experimentatoren berichten über ihre Versuche in wissenschaftlichen Zeitschriften, die in größeren Bibliotheken zugänglich sind, und auch wertvolle Daten über Firmen können öffentlich zugänglich sein. Henry gab sich nie damit zufrieden, einfach die Mitteilungsblätter von Tierrechtsgruppen oder anderen Gegnern der betreffenden Institution oder Firma zu zitieren. Er ging immer auf die eigentlichen Quellen zurück, am besten eine Veröffentlichung der angegriffenen Seite selbst oder auch ein staatliches Dokument. Zeitungen wie die *New York Times* haben Henrys Anzeigen mit sehr spezifischen Vorwürfen gegen Leute wie Frank Perdue gebracht, weil alles genauestens überprüft war.

Manche Organisationen, die Experimente anprangern, verschweigen geflissentlich bestimmte Einzelheiten, die die Experimente als weniger schockierend erscheinen lassen würden. Zum Beispiel wird nicht immer erwähnt, daß die Tiere narkotisiert wurden. Doch auf diese Weise verliert man auf die Dauer seine Glaubwürdigkeit. Henrys Glaubwürdigkeit war außerordentlich hoch, sowohl innerhalb der Tierbewegung als auch bei ihren Gegnern, weil er sie als sein wichtigstes Kapital betrachtete. Die Glaubwürdigkeit darf deshalb nie einem kurzlebigen Gewinn geopfert werden, und sei er noch so verführerisch.

5. *Teile die Welt nicht in Heilige und Sünder ein.*

Wenn Henry jemanden – einen Wissenschaftler, einen Manager, einen Abgeordneten, einen Beamten – dazu bringen wollte, etwas anders zu machen, versetzte er sich in ihn hinein:

[Man muß sich fragen:] Wenn ich dieser Mensch wäre, was würde mich dazu bringen, mein Verhalten ändern zu wollen? Wenn man den anderen sagt, sie seien ein Haufen sadistischer Unmenschen, dann fragen sie sich nicht: ›Also, was könnte ich anders machen, damit diese Leute zufrieden sind?‹ So läuft es nicht in der wirklichen Welt.

Einem Gegner gegenüber persönliche Feindschaft zu zeigen, kann dazu gut sein, sich abzureagieren, aber es überzeugt und gewinnt niemanden. Als Henry die wissenschaftlichen Mitarbeiter von Firmen wie Procter & Gamble dazu bringen wollte, tierfreie Alternativen zu entwickeln, sah er ihre Situation ähnlich wie die von Leuten, die Fleisch essen:

> Wie kann man das Verhalten dieser Leute am besten ändern? Indem man ihnen sagt, sie hätten nie eine bewußte Entscheidung gefällt, diesen Tieren etwas anzutun. Im Grunde ist man doch von Kind auf so programmiert worden: ›Sei nett zu Mieze und Wauwau, und iß schön dein Fleisch.‹ Und ich glaube, manche dieser Forscher sind auch so belehrt worden, so programmiert worden. Jetzt willst du sie umprogrammieren, und das schafft man nicht damit, daß man ihnen sagt, wir sind Heilige, und ihr seid Sünder, und mit genug Prügel werdet ihr es schon noch lernen.

Susan Fowler, zur Zeit der Revlon-Kampagne Redakteurin der Branchenzeitschrift *Lab Animal*, sagte es so:

> In Henrys Kampagne findet sich nichts von der Art: ›Also, das ist Revlon, und kein Mensch bei Revlon wird sich für das interessieren, was wir machen, das sind alles Feinde.‹ Vielmehr ... sieht er sich danach um – und wartet sozusagen darauf, glaube ich –, daß jemand aus der Gruppe heraustritt und sagt: ›Gut, ich verstehe, was Sie sagen wollen.‹[5]

Ohne diese Haltung hätte die Gelegenheit zur Änderung des Verhaltens von Revlon leicht versäumt werden können, als Roger Shelley auf Henry zuging, um zu hören, was er von Revlon wollte.

Die Welt nicht in Heilige und Sünder einzuteilen, ist nicht bloß eine gute Taktik, es ist auch Henrys Überzeugung. »Menschen können sich ändern«, sagt er. »Ich habe früher Tiere gegessen und mich dabei nie als Kannibale gefühlt.«[6]

> *6. Suche das Gespräch und die Zusammenarbeit zur Lösung von Problemen. Positioniere die Sachverhalte als Probleme mit Lösungen. Und das geschieht am besten dadurch, daß man realistische Alternativen ins Gespräch bringt.*

Weil Henry seine Gegner nicht für schlecht hielt, hatte er keine vorgefaßte Meinung darüber, ob sie mit ihm zur Verringerung des Tierleidens zusammenarbeiten würden oder nicht. Daher eröffnete er jede Kampagne mit einem höflichen Brief an die als Ziel ausgewählte Organisation – sei es nun das Amerikanische Naturgeschichtliche Museum, Amnesty International, Revlon, Frank Perdue oder ein Schlachthof – und lud sie ein, mit ihm seine Anliegen zu besprechen. Manchmal wurden solche Einladungen ignoriert, manchmal erhielten sie eine ebenso höfliche Antwort von jemandem, der in Öffentlichkeitsarbeit geschult war und überhaupt nicht die Absicht hatte, etwas zu unternehmen, und manchmal führten sie unmittelbar, ohne jede öffentliche Kampagne, zu der angestrebten Veränderung. Henrys Vorschlag, sich zusammenzusetzen, um das Problem zu besprechen, noch bevor irgendeine öffentliche Kampagne beginnt, zeigt, daß er nicht einfach aus Spaß oder um seiner Organisation Geld zu beschaffen, Staub aufwirbelte.

Henry dachte ziemlich viel darüber nach, wie die Person oder Organisation, an die er herantrat, ihre Ziele ohne das ganze oder einen großen Teil des aktuell von ihr verursachten Leidens erreichen konnte. Das klassische Beispiel einer phantasievollen Lösung war Henrys Vorschlag an Revlon und andere Kosmetikhersteller, Forschungen zur Ersetzung des Draize-Augen-Tests zu finanzieren. Bevor seine Kampagne an die Öffentlichkeit ging, hatte Henry mehr als ein Jahr lang die Kooperation mit Revlon statt der Konfrontation gesucht. Als dann die Kampagne doch an die Öffentlichkeit ging, nahm Revlon seinen Vorschlag an und stellte gemeinsam mit anderen Firmen fest, daß mit sehr geringen Kosten – gemessen an den Einnahmen – eine genauere und billigere Form der Produkt-Sicherheitsprüfung entwickelt werden konnte, die überhaupt keine Tiere brauchte.

Eine realistische Lösung anbieten zu können bedeutet, das Positive betonen zu können, statt eine rein negative Kampagne führen zu müssen. In Interviews und Flugblättern über den Draize-Test betonte Henry stets, daß In-vitro-Testverfahren Aussicht auf raschere, billigere, zuverlässigere und elegantere Arten der Sicherheitsprüfung neuer Produkte böten.

Wenn man sich genug bemüht, läßt sich immer eine positive Seite finden, auch wenn diese nicht immer jedem auf der anderen Seite gefallen mag. Henry konnte nichts vorschlagen, was dem Katzenforscher Lester Aronson zugesagt hätte, der jahrzehntelang Tiere verstümmelt hatte und zu nahe vor dem Ende seines Arbeitslebens stand, um noch etwas anderes zu versuchen. Doch er konnte seine Experimente nicht ohne die Unterstützung des Amerikanischen Naturgeschichtlichen Museums und der National Institutes of Health (NIH) fortsetzen. Deren Interessen waren nicht dieselben wie die Aronsons. Henry versuchte seine Gegner zu spalten, indem er argumentierte, die sinnlose Grausamkeit der Katzenforschung würde feinfühlige junge Menschen von den Biowissenschaften fernhalten. Die Schließung von Aronsons Labor wäre eine Gelegenheit, die Forschungsgelder des Museums in kreative und das Leben achtende Richtungen zu lenken, die Menschen für einen Beruf im Bereich der Biologie interessieren könnten. Das Problem bestand darin, das Museum und die NIH davon zu überzeugen, daß das wirklich ein besseres Resultat sei. Dazu mußte Henry ihnen Probleme schaffen. Für das Museum fanden sie sich in der Aussicht auf ein dauerndes schlechtes Erscheinungsbild in der Öffentlichkeit und der Gefährdung seiner öffentlichen Mittel, für die NIH im Druck von seiten des Kongresses, der sich auf ihren Gesamthaushalt auswirken konnte. Bei solchen negativen Aussichten gewann die zunächst verschmähte positive Lösung, das Labor zu schließen und andere Forschungen zu finanzieren, mehr Anziehungskraft.

Im Hinblick auf das Angebot einer positiven Lösung war der Unterschied zwischen den Kampagnen gegen die Katzenexperimente und gegen die Draize-Tests nur einer des Grades. Wenn meine Zahnpastatube verstopft ist, dann hängt die Frage, ob ich doch noch etwas herausbekomme, davon ab, wie stark sie verstopft ist und wie stark ich drücke. Und ob eine Institution oder Firma eine Alternative annimmt, hängt davon ab, wie negativ sie diese Alternative sieht und wie stark sie unter Druck steht. Je realistischer die Alternative ist, desto weniger Druck ist nötig, damit sie akzeptiert wird.

7. Sei zur Konfrontation bereit, wenn dein Gegner unbeweglich bleibt. Bereite, wenn die akzeptierten Wege nichts bringen, eine Kampagne vor, um ein zunehmendes Bewußtsein der Öffentlichkeit zu schaffen und deinen Gegner in die Defensive zu drängen.

Punkt 6 hat damit zu tun, den Weg für die Zahnpasta freizumachen, Punkt 7 mit der Erhöhung des Druckes, wenn das nicht gelingt. Eine Kampagne zur Gewinnung der Aufmerksamkeit der Öffentlichkeit kann verschiedene Formen annehmen. Im Fall des Amerikanischen Naturgeschichtlichen Museums begann sie mit einem Artikel in einer örtlichen Zeitung, dann kamen Streikposten und Demonstrationen, und zuletzt gelangte sie in die nationalen Medien und in Fachzeitschriften wie *Science*. Die Revlon-Kampagne trat mit einer dramatischen ganzseitigen Anzeige in der *New York Times* an die Öffentlichkeit, die wiederum größere Publizität erzeugte. Dann kamen Demonstrationen vor den Revlon-Büros. Die Kampagnen gegen Perdue und gegen die Gesichts-Brandzeichen bei Rindern stützten sich wesentlich stärker auf Anzeigen und die Medien. Anzeigen kosten Geld, und dazu siehe Punkt 8.

8. Vermeide Bürokratisierung.

Wer immer sich schon einmal über lange Gremiensitzungen geärgert hat, die Zeit und Kraft kosten, wird mit Henrys Wunsch einig gehen, etwas zu tun, statt die Zeit über organisatorischen Verwicklungen zu vergeuden. Noch schlimmer ist, daß bürokratische Strukturen nur allzuoft die Kräfte auf den Ausbau der Organisation lenken, statt Erfolge für die Sache anzustreben. Und wenn die Organisation wächst, braucht sie Mitarbeiter und Räume. Es entsteht eine Situation, in der Menschen, die etwas für die Tiere erreichen möchten (oder für Straßenkinder, oder für die Regenwälder, oder wofür auch immer), 80 Prozent ihrer Zeit auf die Beschaffung von Geld verwenden, nur um die Organisation in Gang zu halten. Die meiste restliche Zeit wird gebraucht, um dafür zu sorgen, daß alle in der Organisation miteinander auskommen, sich anerkannt fühlen und nicht enttäuscht sind, wenn sie eine erhoffte verantwortungsvollere Position oder ein Büro mit mehr Fenstern nicht erhalten.

Henry konnte solche Hindernisse vermeiden, indem er im wesentlichen für sich allein arbeitete. Das ist nicht unbedingt für jeden der richtige Stil, aber bei Henry hat er sich bewährt. Animal Rights International hat keine Mitglieder. Es gibt eine lange Liste von Beratern, und der Lenkungsausschuß besteht aus engen Freunden, auf die sich Henry ohne großen Zirkus verlassen konnte. Henry brauchte nicht viel Geld, aber doch einiges. Er hatte das Glück, zwei Menschen zu finden, die ihn regelmäßig unterstützten, weil es sie befriedigte, daß ihr Geld etwas bewirkt.

Wenn Henry mehr Gewicht brauchte, stellte er eine Koalition zusammen – wie im Fall des Metcalf-Hatch Act, gegen den Draize- und den LD50-Test und schließlich, um McDonald's dazu zu bringen, eine führende Rolle bei der Verbesserung der Lebensbedingungen von Nutztieren zu übernehmen. Seit seinem frühen Erfolg gegenüber dem Amerikanischen Naturgeschichtlichen Museum traten andere Organisationen seinen Koalitionen gerne bei. Auf ihren Höhepunkten umfaßten diese Koalitionen Hunderte von Organisationen mit Millionen von Mitgliedern. Auch hier reduzierte Henry den notwendigen Aufwand auf ein Minimum. Die Organisationen konnten auf jeder Ebene mitwirken, die sie wünschten. Einige veranstalteten mit ihren Sympathisanten Demonstrationen, andere nicht. Die einen bezahlten ganzseitige Anzeigen, die anderen forderten zu Leserzuschriften auf, die Millionen von Lesern und Leserinnen erreichten, ohne daß es einen Pfennig kostete. Keine Organisation konnte jedoch das Vorgehen der Koalition diktieren. Henry beriet sich ausgiebig, doch am Ende traf er seine eigenen Entscheidungen und vermied so zeitraubende und manchmal konfliktträchtige Wahlen und Ausschußsitzungen. Natürlich stand es den Organisationen frei, bei wichtigen Meinungsverschiedenheiten auszutreten; doch wenn die Koalition Fortschritte machte, nahmen die Organisationen im allgemeinen die Meinungsverschiedenheiten hin, um zu einer erfolgreichen Gruppe zu gehören.

9. Setze nicht voraus, daß nur die Gesetzgebung oder legale Aktionen das Problem lösen können.

Henry hat in seinen Kampagnen auf dem Weg über Abgeordnete Druck auf staatliche Behörden ausgeübt und Publizität gewonnen. Doch die einzige Kampagne, bei der er sein Ziel durch die Gesetzgebung erreichte, war die gegen den Metcalf-Hatch Act. Da hier ein schlechtes Gesetz das Angriffsziel war, hatte er gar keine andere Wahl. Ansonsten hielt sich Henry von konventionellen politischen Abläufen und Gerichten fern: »Kein Gesetzentwurf, keine juristische Konstruktion wird für sich allein die Tiere retten.« Zweifellos gibt es andere Situationen oder Probleme, bei denen die Gesetzgebung etwas bewirkt. Doch im wesentlichen verstand Henry die Gesetze als Bewahrung des status quo. Sie werden nur geändert, um Störungen zu minimieren. Sich wirklich auf die politischen Abläufe einzulassen, birgt die Gefahr, daß der eigentliche Kampf in dem aufgeht, was Henry »politisches Geschwätz« nannte. Es wird viel geredet, aber nichts geschieht. Politische Lobbyarbeit oder Taktieren auf Gesetzesebene treten an die Stelle des Handelns.

10. Frage dich: Wird es funktionieren?

Alle vorherigen Punkte laufen auf diesen letzten zu. Ehe man eine Kampagne beginnt oder eine bereits begonnene fortsetzt, soll man überlegen, ob sie funktionieren wird. Wenn man nicht realistisch Rechenschaft darüber ablegen kann, wie sich mit den bestehenden Plänen die Ziele erreichen lassen, muß man seine Pläne ändern. In Kontakt bleiben mit dem Denken der Öffentlichkeit, ein Angriffsziel auswählen, sich ein erreichbares Ziel setzen, sich genau informieren, die Glaubwürdigkeit bewahren, Alternativen vorschlagen, bereit sein, mit der anderen Seite zu reden oder ihr entgegenzutreten, wenn sie nicht reden will – das alles zielt auf die Schaffung einer Kampagne, die ein praktikables Mittel ist, um etwas zu erreichen. Die entscheidende Frage heißt immer: Wird es funktionieren?

Ein sinnvolles Leben

Die Behauptung, daß das Leben im Grunde sinnlos sei, drückt eine Haltung aus und ist keine Tatsachenfeststellung. Daher – und anders als bei der Vorstellung, der einzelne könne die Welt nicht verändern – läßt sie sich nicht einfach durch den Hinweis auf Tatsachen im Zusammenhang mit Henrys Leben widerlegen. Doch wenn wir, wenn das Ende des Lebens in Sicht ist, befriedigt und erfüllt zurückschauen können, weil wir glauben, in unserem Leben etwas Wertvolles und gleichzeitig Interessantes getan zu haben, dann genügt das vielleicht, um zu zeigen, daß wir eine Möglichkeit gefunden haben, das Leben sinnvoll zu machen. Und das war Henrys Erfahrung.

Am besten kann ich beschreiben, wie Henry sein Leben sinnvoll gefunden hat, indem ich erkläre, wie dieses Buch entstanden ist. Ich erinnere mich nicht genau, wann ich Henry zum ersten Mal sagte, ich möchte ein Buch über ihn schreiben, doch den Plan dazu hatte ich schon viele Jahre. An einem sonnigen Oktobertag des Jahres 1992 gingen wir in den Central Park, fanden einen Rasen mit Blick auf die Wolkenkratzer des mittleren Manhattan und machten es uns bequem. Ich zog ein Tonbandgerät heraus und stellte Henry eine oder zwei Stunden lang Fragen über sein Leben. Ich ließ ihm das Band, das er abschreiben lassen wollte. Dann kehrte ich nach Melbourne zurück und versank sofort in anderen Arbeiten. Henry muß es ähnlich gegangen sein, denn lange kam keine Abschrift des Interviews an. Angesichts meiner anderen Verpflichtungen war ich erleichtert, daß mich Henry nicht zu der versprochenen Biographie drängte, sondern sie anscheinend auf seiner eigenen Dringlichkeitsliste wieder weiter hinten plaziert hatte.

Die Abschrift traf schließlich 1994 ein, doch ich war noch zu sehr mit anderem beschäftigt, um etwas mit ihr anzufangen. 1995 wurde ich von den australischen Grünen in meinem Heimatstaat Victoria als Spitzenkandidat für den Bundes-Senat aufgestellt. Als ich Henry in diesem Jahr sah, mußte er über seine Sterblichkeit nachgedacht haben – er war damals 67 –, denn er fragte mich, ob ich das Buch noch schreiben wolle, und wenn ja, wie er in seinem Testament über die Papiere verfügen solle, die, systematisch geordnet und aufgestellt, alle Räume seiner Wohnung vom Boden bis an die Decke füllten. Ich sagte, grundsätzlich sei ich noch immer interessiert, doch wenn ich in den Senat gewählt würde, könnte ich während der sechsjährigen Amtszeit nicht daran arbeiten. Würde ich aber nicht gewählt, so gäbe es gute Aussichten, daß ich ziemlich bald Zeit für das Buch finden würde.

Die Wahl fand im März 1996 statt, und ich wurde nicht gewählt. Gewiß um mir selbst zu bestätigen, daß dieses enttäuschende Ergebnis auch seine positive Seite habe, plante ich unter Einbeziehung von Vortragseinladungen nach Europa im Mai und einem Protestmarsch für die Tiere in

Washington Ende Juni eine Überseereise. Am 21. April schickte ich Henry ein Fax, in dem ich ihm schrieb, weil ich nicht gewählt worden sei, »beginne ich darüber nachzudenken, was ich mit dem Rest meines Lebens anfangen soll. Das Buch über Dich ist eine Möglichkeit, irgendwann in den nächsten zwei oder drei Jahren.« Ich fragte ihn, ob ich im Juni, vor der Sache in Washington, ein paar Tage mit ihm verbringen könne, damit wir darüber sprechen könnten.

An diesem Abend war eine Mitteilung auf meinem Anrufbeantworter. Es war unverkennbar Henrys Stimme. Er sagte, er wolle mit mir sprechen und würde bald wieder anrufen, aber es war etwas Besorgniserregendes in seiner Stimme. Ich wollte ihn eben anrufen, da klingelte das Telefon.

»Peter?«

»Henry, wie geht's?« fragte ich.

»Miserabel, muß ich sagen.«

»Warum, was ist los?«

»Ich habe ein Adeno-Karzinom dritten Grades an der Speiseröhre.«

»Was bedeutet das, in normaler Sprache?«

»Ich möchte es so sagen: Wenn du dir einen Krebs aussuchen könntest, würdest du dich für den nicht entscheiden.«

Ich sagte irgend etwas Unzulängliches. Dann sagte Henry, er würde sich sehr freuen, wenn ich das Buch schriebe, aber er sei nicht sicher, ob er Ende Juni noch da wäre.

Sechs Tage später war ich in New York. Die nächsten fünf Tage schlief ich auf dem Sofabett in Henrys Wohnung, und wir verbrachten unsere ganze wache Zeit miteinander. Henry hatte stark abgenommen, und es fehlte ihm die gewohnte Energie. Ich mußte ihn sehr bedrängen, mir von seiner Krankheit zu erzählen, aber schließlich erfuhr ich, daß er sich seit Jahren nach dem Essen gelegentlich übergeben mußte. 1995 war es schlimmer geworden. Im September war eine Barium-Untersuchung durchgeführt worden, und man stellte eine verdächtige Verengung der Speiseröhre fest. Henry hatte sich nie viel um seine Gesundheit gekümmert, und eine Zeitlang schob er es vor sich her, etwas zu unternehmen. Doch im Februar mußte er schließlich einsehen, daß es so nicht weiterging. Am 4. März wurde er in das New York University Medical Center aufgenommen und operiert. Man fand einen Tumor in der Speiseröhre. Große Teile der Speiseröhre und angrenzende Teile des Magens wurden entfernt. Nach zehn Tagen konnte Henry nach Hause gehen. Jetzt, sieben Wochen nach der Operation, war er immer noch schwach und hatte Mühe, irgendwelches Essen zu behalten. Die Aussichten waren sogar noch schlechter: Der Krebs war aktiv, laut Pathologiebericht hatte er sich schon in einige Lymphknoten ausgebreitet. Seine Lebenserwartung betrug nur noch Monate. Sein Arzt hatte ihm Bestrahlung und Chemotherapie empfohlen, doch er konnte ihm keinerlei Statistik über die Erfolgsaussichten zeigen. Henry beschaffte sich selbst die Literatur und fand, daß es keine Anhaltspunkte dafür gab, daß Bestrahlung und Chemotherapie bei seiner Krebsart eine nennenswerte Wirkung auf die Lebenserwartung hatten. Eines aber wußte er, nämlich daß er sich dabei sehr schlecht fühlen würde. Er lehnte die Empfehlung seines Arztes ab. Und das war nicht die einzige Empfehlung, die Henry verwarf. Seine Freunde und Bekannten schlugen ihm eine erstaunliche Zahl von unorthodoxen Maßnahmen gegen Krebs vor, von bestimmten Diäten bis zur Entfernung aller seiner Zahnfüllungen. Er probierte keine einzige aus. Stattdessen sah er sich nach einem Arzt um, der ihm sterben helfen würde, wenn es ihm zuviel wurde. Und bis dahin gab es Arbeit.

Während ich in New York war, arbeiteten Henry und ich hart, um dieses Buch möglich zu machen. Vor meiner Abreise aus Melbourne hatte ich gedacht, daß es, wenn Henry nicht mehr lange da sein würde, vernünftig sei, ein paar Interviews auf Videoband aufzunehmen. Ich wußte nicht genau, was ich damit anfangen wollte, aber ich wollte, daß soviel wie möglich von dem Henry, den ich kannte, der Nachwelt erhalten bliebe – nicht nur die Worte, die er sagte, sondern auch wie er sie sagte. So rief Henry auf meine Anregung hin Julie Akeret an, eine freie Filmemacherin, die einmal einen Kurzfilm über mich mit dem Titel *In Defense of Animals* gedreht hatte. Julie kam mit einem Kameramann, den sie kannte, und trotz Henrys schlechter Verfassung nahmen wir mehrere Stunden Interview auf, die den Grundstock zu diesem Buch und viele darin vorkommende Zitate lieferten.[7]

Henry gab mir die Adressen vieler Menschen, die in seinem Leben wichtig gewesen waren. Ich rief einige aus seiner Wohnung an. Viele – darunter seine Schwester Renée, die nur eine Stunde entfernt auf Long Island wohnte – hatten mit Henry länger keinen Kontakt gehabt und hatten keine Ahnung, wie krank er war. Henry hatte nicht versucht, es zu verbergen, aber er hatte auch keine Lust gehabt, herumzutelefonieren und zu sagen: »Also, ich habe Krebs und lebe wahrscheinlich nur noch ein oder zwei Monate.«

Das Bemerkenswerteste an Henry in dieser Zeit war das Fehlen jedes Anzeichens von Depression. Das Leben sei gut gewesen, sagte er, er habe getan, was er tun wollte, und es sehr genossen. Warum sollte er deprimiert sein? Was ihn an dem Krebs wirklich beunruhigte war, daß er einen langsamen, schleppenden Tod sterben würde. Er sah sich nach einem Arzt um, der ihm helfen würde, lieber früher als später zu sterben, und zu Hause und nicht in einem Krankenhaus, wo er die Kontrolle über sein eigenes Leben zu verlieren fürchtete. Während meines Besuchs bei ihm ging er zu einem Arzt und kam mit einer Flasche Pillen zurück, die ihm der Arzt gegeben hatte – offiziell zur Schmerzlinderung. Zusammen schlugen wir in einem Arzneimittelverzeichnis nach, das Henry hatte. In der Flasche war etwa die vierfache tödliche Dosis. Henrys Erleichterung war spürbar. Nachdem er diese Sorge los war, schien er bemerkenswert unbelastet durch die Tatsache, daß er erwartete, bald zu sterben.

Henry starb nicht so bald, wie seine Ärzte vorausgesagt hatten. Als ich im Juni auf dem Rückweg von Europa und unterwegs zum Protestmarsch für die Tiere wieder nach New York kam, war er deutlich kräftiger als Ende April. Er arrangierte für mich Interviews mit vielen Leuten, die in diesem Buch zitiert werden, darunter Berta Green Langston, Dolores McCullough, Roger Shelley, Myron Mehlman, Susan Fowler, Elinor Molbegott und Mark Graham. Er ging sogar nach Washington und sprach bei dem Protestmarsch, obwohl er immer sehr skeptisch gegenüber Aktivitäten ohne ein spezielles Ziel gewesen war. Zur Zeit der Drucklegung der englischen Ausgabe dieses Buches, im März 1998, war Henry immer noch sehr lebendig und arbeitete hart an der Problematik der Nutztiere und zielte dabei auf Schnellrestaurantketten wie McDonald's, KFC und Burger King. Er beobachtete auch die Entwicklung des Zentrums für eine lebenswerte Zukunft. Ich kann mich der Frage nicht entziehen, ob nicht seine starke Überzeugung, daß die größten Erfolge für die Tiere noch in der Zukunft liegen, ihn wesentlich länger am Leben gehalten hat, als aufgrund seiner Erkrankung berechtigterweise zu erwarten war.

Ein Zeichen eines guten Lebens ist, daß man den Tod annehmen kann und damit zufrieden ist, was man aus seinem Leben gemacht hat. In Henrys Leben fehlten viele Dinge, die die meisten von uns als wesentlich für ein gutes Leben ansehen. Er hat nie geheiratet oder eine langdauernde Lebensgemeinschaft geführt. Er hat keine Kinder. Sein Vater und eine seiner Schwestern haben Suizid begangen, und seine Mutter war einen großen Teil ihres Lebens geisteskrank. Seine Beziehung zur einzigen Überlebenden seiner engsten Familie, seiner Schwester Renée, war nicht eng. Seine Wohnung im mietkontrollierten Wohnungsbau war geräumig und befand sich in guter Lage, war aber spartanisch eingerichtet. Er ging nicht ins Kino, Konzert oder Theater oder in teure Restaurants. Er machte zwanzig Jahre keinen Urlaub. Doch im Alter von 68 Jahren konnte er seinem bevorstehenden Tod ins Auge sehen, ohne Wesentliches an der Art, wie er gelebt hatte, zu bereuen. Was gleicht das Fehlen von so vielem aus, das für die meisten Menschen das Wesentliche an einem guten Leben ist? In unserem Interview von 1992 versuchte ich die Quelle von Henrys Zufriedenheit aufzuspüren:

Peter: Also, wenn du zurückschaust auf das, was du die letzten zwanzig oder dreißig Jahre gemacht hast, wie empfindest du es? Was für ein Leben ist es gewesen?
Henry: Also, ich meine, einerseits hat es mir wirklich Freude gemacht. Und ich glaube, wenn ich wählen könnte, was ich gemacht haben möchte, dann wäre es genau das. Und wenn ich zurückschaue, glaube ich, es war die Mühe, die Anstrengung wert, und ich glaube, daß ich die Dinge vorangebracht habe, so gut ich konnte.
Peter: Manche würden vielleicht sagen, du hast eine Menge Zeit und Kraft geopfert und wenig für dich selbst getan.
Henry: Ich habe nie das Gefühl gehabt, für andere Opfer zu bringen. Ich hatte einfach das Gefühl, ich mache, was ich wirklich machen will, und was ich am meisten will. Und ich fühle mich am lebendigsten, wenn ich das mache.
Peter: Ist das eine Sache des persönlichen Temperaments? Wo liegt das Geheimnis, warum es dir Freude macht?
Henry: Ich weiß nicht, warum es mir gefällt, aber ich glaube, man kann sehr viel mehr zustandebringen, wenn man sich dabei richtig gut fühlt, wenn man morgens aufsteht und nur darauf brennt, da weiterzumachen, wo man gestern abend aufgehört hat – und das ist nicht für andere, sondern weil es getan werden sollte, weil es das Richtige ist.
Peter: Wenn nun jemand sagen würde, daß es dir einfach Spaß macht, wenn du anderen was reinwürgen kannst – wie Frank Perdue?
Henry: Ich glaube, ich habe anderen nie was reingewürgt, bloß um ihnen was reinzuwürgen. Ich meine, wir versuchen, miteinander zu sprechen. Ich glaube, die wirkliche Freude kommt daher, eine Kampagne zu entwerfen und voranzutreiben. Und das soll so schnell wie möglich gehen. Und der schnellste Weg ist die Zusammenarbeit. Nur wenn man in eine Kampfposition gedrängt wird, versucht man in dieser Richtung, was man kann.
Peter: Du würdest nicht sagen, daß es dir etwas ausmacht, wenn du dich in einer solchen Position befindest, oder?
Henry: Nein, ich glaube, wenn man mal drin ist, dann gibt es einem irgendwie etwas. Aber im Grunde genommen muß man erst mal hineingezwungen werden. Ich glaube, ich kann ganz gut auf beide Arten

arbeiten; aber was wirklich Spaß macht, das ist die Ausarbeitung einer Kampagne, von der ich weiß, daß sie absolut sicher funktionieren wird, und dann zu sehen, daß sie funktioniert.

Die wirkliche Befriedigung, sagte mir Henry bei einer anderen Gelegenheit, liege »nicht darin, daß man jemanden dazu gebracht hat, sich wie der letzte Dreck zu fühlen«, sondern das »kreative Hochgefühl« stelle sich ein, wenn sich alle Teile des Puzzles zusammengefügt haben, das gebe ihm das Gefühl, »daß der Blitz eingeschlagen hat«.

Die Vorstellung, daß man an einer Arbeit Freude haben sollte, wie ernst die Sache, an der man arbeitet, auch sei, hatte Henry schon lange. Zu den radikalen Denkern und Denkerinnen, die er in seiner Jugend gelesen hatte, gehörte die amerikanische Anarchistin Emma Goldman. Sie tanzte gern, ein Zeitvertreib, den ihre puritanischeren Anarchistenfreunde als frivol ansahen. Emma Goldman antwortete: «Wenn ich nicht tanzen kann, will ich eure Revolution nicht.« Und so etwas hatte Henry stets angesprochen:

> [Goldman] meint, du mußt das, was du machst, gerne tun, um etwas zu erreichen. Du mußt das machen, was du unbedingt machen möchtest, nicht weil du meinst, du mußt, sondern weil es das ist, worum es in deinem Leben geht. Du fühlst dich gut, wenn du es machst ... Ich fühle mich am besten, wenn ich etwas mache, das etwas bewirkt. Wenn ich gehe, möchte ich zurückschauen und sagen: ›Ich habe die Welt zu einem besseren Ort für andere gemacht.‹ Aber nicht aus Pflichtgefühl, sondern weil ich es einfach tun möchte ... Ich fühle mich am besten, wenn ich es gut mache.

Die weiter verbreitete Vorstellung, man genieße das Leben am meisten, wenn man viel Geld verdient und es ausgibt, weist Henry zurück: »Als ich auf See arbeitete, hatte ich so viel Geld, daß ich nicht wußte, wo ich es lassen sollte. Ich war an einigen der besten Plätze ... es war eine ganz interessante Erfahrung, aber ich wollte diesen Lebensstil nicht. Er gab mir keinen Kick.«

Henry betonte zwar, er habe sein Leben so geführt, weil er sich gut fühlte bei dem, was er tat, und nicht, weil ihn ein Pflichtgefühl empfinden ließ, daß es das Rechte sei; doch es besteht kein Zweifel, daß ihn auch das starke Empfinden antrieb, etwas Lohnendes zu tun:

> Ich glaube, im Grund möchte man das Gefühl haben, daß das eigene Leben mehr war als bloß Güter zu verbrauchen und Müll zu erzeugen. Ich glaube, man möchte zurückschauen und sagen, man habe sein Be-

stes getan, um die Welt für andere zu einem besseren Ort zu machen. Du kannst es so sehen: Welche Motivation könnte stärker sein als alles zu tun, was man nur kann, um Schmerzen und Leiden zu verringern?

Andere empfinden vielleicht die gleiche Motivation, aber wenigen gelingt es, sie ein ganzes Leben lang aufrechtzuerhalten. In einem Zeitschrifteninterview aus dem Jahr 1995 wurde Henry gefragt, ob er angesichts der Größe der von ihm angepackten Probleme auch einmal müde werde, es wieder zu versuchen. Er antwortete:

Entscheidend ist eine langfristige Perspektive. Wenn ich auf die vergangenen 20 Jahre zurückblicke, sehe ich Fortschritte, zu denen wir beigetragen haben. Und wenn eine bestimmte Initiative sehr unbefriedigend verläuft, schaue ich immer auf das große Bild, während ich die Hindernisse aus dem Weg räume. Und nichts verleiht mehr Energie, als wenn man etwas erreicht.[8]

Bei meinem Besuch 1996, als Henry und ich glaubten, sein Leben sei so gut wie vorüber, bat ich ihn um eine Bilanz, was er erreicht zu haben glaube. Er sagte:

Ich habe den Gedanken vertreten, daß aktiver Einsatz für etwas ergebnisorientiert sein muß, daß man Siege erzielen kann, daß man auch das Rathaus angreifen kann, und daß man etwas bewirken kann, wenn man nicht herumgestoßen werden möchte und nicht möchte, daß andere herumgestoßen werden ... So ähnlich hat mich auch der Mann von der *New York Times* gefragt, was auf meinem Grabstein stehen solle. Ich sagte: ›Er hat den Kieselstein ein Stückchen weitergerollt.‹ Ich versuche die Dinge ein bißchen voranzubringen.[9]

Ich fragte, ob er zufrieden sei, das erreicht zu haben.

Manches hätte ich vielleicht anders machen können, aber im ganzen habe ich das Beste gegeben, was ich konnte ... Wenn ich auf mein Leben zurückschaue, so war es befriedigend. Ich habe eine Menge Sachen gemacht, die ich machen wollte. Das hat mir unheimlich Spaß gemacht, und wenn ich nochmal anfangen könnte, würde ich es wieder ganz ähnlich machen.

Anmerkungen

1 Die Anfänge

1 Aus einem langen Brief Margit Spiras an Henry Spira vom 5. März 1954. Von dort stammen auch alle weiteren entsprechenden Zitate in diesem Kapitel.
2 Von Henrys Cousine Renée Landau stammt die Geschichte, daß Maurice einem Betrüger zum Opfer fiel.
3 Nachum Meyers, Brief an den Verfasser vom 10. September 1996.
4 Ebd.
5 Gaston Firmin-Guyon, Video-Aufzeichnung eines Interviews mit Julie Akeret, New York 1996.
6 Henry Gitano [Pseudonym für Henry Spira], »Bosses I Have Known«, *The Militant*, 4. November 1957.
7 Auto Worker [d. i. Henry Spira], »Bosses I Have Known«, *The Militant*, 5. August 1957.
8 Henry Gitano, »National Guard Opens Plant to Scabs in Indian Strike«, *The Militant*, 17. Oktober 1955.
9 Henry Gitano, »Bus Boycott Solid in Florida; Six-Month Alabama Fight Firm«, *The Militant*, 11. Juni 1956.
10 Henry Gitano, »The Walkers of Tallahassee«, *The Militant*, 3. Dezember 1956; erschien auch unter dem Titel »›I'll Work, but I Won't Ride‹: Chronicle of the South's ›New Negro‹«, *Los Angeles Tribune*, 12. Dezember 1956.
11 Henry Gitano, »March on Washington Showed Determination to Win Equal Rights«, *The Militant*, 27. Mai 1957.
12 Henry Gitano, »The American Way of Life in Mississippi«, *The Gazette and Daily* (York, PA), 28. Juni 1963.
13 Henry Gitano, »Ain't Gonna Let Nobody Turn Me Around«, *The Independent and the Californian* (New York), Januar 1964.
14 Ebd.
15 Henry Gitano, »The Battle of St. Augustine«, *The Militant*, 27. Juli 1964.
16 Ebd.
17 *New York Post*, 20. Mai 1958.
18 Henry Gitano, »What the FBI Shows the Public on Guided Tours in Washington«, *The Militant*, 12. Januar 1959.
19 FBI-Memorandum vom 17. Dezember 1958, von Henry Spira 1976 gemäß dem Informationsfreiheits-Gesetz erlangt.
20 Ebd.
21 *Columbia*, Bd. 39, Nr. 5 (Mai 1959), S. 9–11, 46.
22 *Congressional Record*, 5. Mai 1959, Anhang, S. A3743–3745; siehe auch American Legion, *Firing Line*, Bd. 8, Nr. 6 (15. März 1959).
23 Berta Langston (früher Berta Green), Video-Aufzeichnung eines Interviews mit dem Verfasser, New York, Dezember 1996.
24 Henry Gitano, »I Saw Cuba Where the People are Running the Show!«, *Young Socialist*, April 1960.

25 Henry Gitano, »First Year of the Cuban Revolution«, *International Socialist Review*, Frühjahr 1960, S. 38–42.
26 Langston, Interview vom Dezember 1996. Ferner heißt es in einem Artikel in *Problems of the Fourth International* (ohne Datum), Henry habe »die Sache ins Rollen gebracht«, nämlich daß die Linke von den Vorgängen in Kuba Notiz nahm.
27 Siehe z. B. Henry Gitano, »Case History of Guantanamo«, *International Socialist Review*, Winter 1963, S. 9–12, 22.
28 Berta Langston, Video-Aufzeichnung eines Interviews mit dem Verfasser, New York, 30. April 1996.
29 Robert McG. Thomas Jr., »Myra T. Weiss, 80; Radical Who Ran Quixotic Campaigns«, *New York Times*, 20. September 1997, S. A11.
30 Langston, Interview vom 30. April 1996.
31 Henry Spira, »Rebel Voices in the NMU«, in: Burton Hall (Hg.), *Autocracy and Insurgency in Organized Labor*, Transaction Books, New Brunswick, NJ 1972, S. 47–48. Einzelheiten über die Entlohnung der Seeleute finden sich in verschiedenen Nummern von *The Call for Union Democracy*, z. B. Juli 1969.
32 A. H. Raskin, aus *Atlantic*, November 1964, zitiert in »How the Curran Machine Operates«, *The Call for Union Democracy*, März 1967.
33 Henry Spira, »Fighting to Win«, in: Peter Singer (Hg.), *In Defence of Animals*, Oxford 1985, S. 195; dt. »Kämpfen, um zu gewinnen«, in: *Verteidigt die Tiere*, Wien 1986, S. 293–314.
34 *New York Times*, 21. Mai 1966, zitiert in *The Call for Union Democracy*, März 1967, und in Spira, »Rebel Voices in the NMU«, S. 48.
35 S. Lincoln Steffens, *The Dying Boss*, worauf Henry Bezug nimmt in einem anonymen Brief »Open House at the NMU but Not for Seamen«, *Village Voice*, 4. Juni 1964.
36 Ebd., anonym.
37 »Jobs That Never Hit the Board«, *The Call for Union Democracy*, Juli 1970.
38 »Curran Ignores an ACLU Request«, *The Militant*, März 1967, S. 1; dort wird zitiert ein Brief der American Civil Liberties Union (ACLU) von John Pemberton Jr., geschäftsführendem Direktor von ACLU, und Aryeh Neier, geschäftsführendem Direktor der New York Civil Liberties Union, vom 3. Oktober 1966.
39 Firmin-Guyon, Interview.
40 »Seamen Threatened on Ship in New York Union Fight«, *The Sun* (Baltimore), 6. September 1969.
41 Mary Wilbert, Interview mit dem Verfasser vom 30. April 1996.
42 James Wechsler, »In a Notebook«, *New York Post*, 21. November 1969, abgedruckt in *The Call for Union Democracy*, Januar 1970.
43 »Notice to All Members of the National Maritime Union and to All Unlicensed Seamen«, *The Pilot*, Januar–Februar 1971, S. 47.
44 Alejandre Care, »Haaren«, Kommentar, *Like It Is 2*, Juni 1969.
45 Schülerkommentar in *The Liberator* (Zeitung der Haaren High School), 14. November 1975.

46 Dolores McCullough, Video-Aufzeichnung eines Interviews mit dem Verfasser, Mai 1996.
47 Ebd.

2 Tierbefreiung

1 Irwin Silber, »... Fan the Flames«, *National Guardian*, 18. April 1973, S. 9.
2 Peter Singer, »Animal Liberation«, *New York Review of Books*, 5. April 1973.
3 Spira, »Fighting to win«, S. 195–196.
4 Peter Singer, *Animal Liberation*, New York 1975; dt.: Animal Liberation. Die Befreiung der Tiere, 2. überarb. Ausg., Reinbek 1996.
5 Spira, »Fighting to win«, S. 196.
6 Ebd.
7 Ebd., S. 197.
8 Ebd., S. 196–197.
9 Ebd., S. 196.
10 Kevin Morissey, »Henry Spira: An Animal Activist Who Gets Things Done«, *Animal Crackers* (Mitteilungsblatt der Society for the Prevention of Cruelty to Animals of Illinois), Bd. 5, Nr. 3 (Herbst 1979), S. 5.
11 Spira, »Fighting to win«, S. 197–198.
12 John F. Burns, »American Museum Pinched for Funds«, *New York Times*, 16. Februar 1976, S. 23.
13 Henry Spira, »Animals Suffer for Science«, *Our Town*, 23. Juli 1976.
14 Roger Simon, »Cutting Up Cats to Study Sex – What Fun!«, *Chicago Sun-Times*, 25. Juli 1976, zitiert in James Jasper & Dorothy Nelkin, *The Animal Rights Crusade*, New York 1992, S. 28.
15 Ann Brown, Denkschrift an Tom Nicholson, 8. September 1976.
16 Thomas Nicholson, »Report of the Director«, in: American Museum of Natural History, *108th Annual Report, July 1976 Through June 1977*, New York 1977.
17 Zitiert in Spira, »Animals Suffer for Science«.
18 Zitiert in Spira, »Fighting to win«, S. 199.
19 Storm Whaley (Associate Director for Communications, NIH), Brief an Henry Spira vom 22. August 1977.
20 Nathaniel Sheppard Jr., »U.S. Agency Will Review Tests on Cats at American Museum«, *New York Times*, 28. Juli 1976.
21 Diana Loercher, »Anti-vivisection Battle Shifts to New York Museum«, *Christian Science Monitor*, 20. September 1976.
22 Nicholas Wade, »Animal Rights: NIH Cat Sex Study Brings Grief to New York Museum«, *Science*, 8. Oktober 1976.
23 Ebd.
24 Nicholas Wade, Video-Aufzeichnung eines Interviews mit John Swindells, Dezember 1996.
25 Wade, »Animal Rights«.
26 Ebd.
27 Lester Aronson, Brief an William Prokasy vom 14. März 1977.

216 Anmerkungen Kap. 2 & 3

28 Ebd.
29 Wade, Interview vom Dezember 1996.
30 Lester Aronson, Brief an Donald Clark vom 3. Februar 1977.
31 *New York Times*, 3. Mai 1977.
32 Donald Clark, Brief an Lester Aronson vom 6. Mai 1977.
33 Whaley, Brief an Henry Spira vom 22. August 1977.
34 »Antivivisectionists Escalate Activities«, *National Society for Medical Research Bulletin*, Bd. 28, Nr. 10 (Oktober 1977), S. 1.
35 Nicholson »Report of the Director«.
36 Wade, »Animal Rights«.
37 Elinor Molbegott, Video-Aufzeichnung eines Interviews mit dem Verfasser, New York, Juni 1996.
38 Zitiert in Henry Spira, »Museum Victory for Animal Rights«, *Our Town*, 26. Februar 1978.
39 Ebd.

3 Der Traum von der Schönheit und der Alptraum der Kaninchen

1 Henry Spira, »Amnesty International Scandal«, *Our Town*, 28. Oktober 1977.
2 David Hawk, »A.I. Responds«, *Our Town*, 11. November 1977.
3 *National Society for Medical Research Bulletin*, August 1977 und September 1978.
4 Ein Beispiel ist Henry Spiras Artikel »Metcalf-Hatch Repeal Means Lab Accountability«, *Our Town*, 29. April 1979.
5 Michael Connor, »Henry Spira Advocates Animal Rights in Albany«, *Sunday Record*, 6. Mai 1979, S. A9.
6 »Law on Strays May Die«, *Times Record*, 8. Mai 1979.
7 Henry Spira, *Strategies for Activists: From the Campaign Files of Henry Spira* (Animal Rights International, New York, privat verbreitet 1996), S. 152.
8 Henry Spira, Brief an Mitglieder der Koaliton zur Abschaffung von Metcalf-Hatch vom 25. Juni 1979.
9 *Guardian*, 8. Februar 1978, zitiert in Richard Ryder, *Victims of Science*, 2. Aufl., London 1983, S. 151.
10 David Paterson & Richard Ryder (Hg.), *Animal Rights: A Symposium*, Fontwell, Sussex 1979.
11 Henry Spira, »Fighting for Animal Rights: Issues and Strategies«, in: Harlan B. Miller & William H. Williams (Hg.), *Ethics and Animals*, Clifton, NJ 1983, S. 373–377. Gary Francione verwendete 17 Jahre später einen Teil dieses Frederick-Douglass-Zitats als Titel eines Buches (*Rain Without Thunder*, Philadelphia 1996), in dem er Henry einen »Fürsorge«- statt »Tierrechte«-Standpunkt vorwarf. Siehe auch Kap. 4.
12 Henry Spira, »Toward Animal Rights«, *Agenda*, Nr. 2 (März 1980).
13 Peter Singer, *Animal Liberation*, S. 50–51, dt. *Animal Liberation. Die Befreiung der Tiere*, 2. überarb. Aufl., Reinbek 1996, S. 101–102. Das Zitat ist etwas redigiert und gibt die noch nicht endgültige Form des Materials aus der Vorlesung wieder.
14 David Smyth, *Alternatives to Animal Experiments*, London 1978.

15 Ebd., S. 68.
16 C. S. Weil & R. A. Scala, »Study of Intra- and Inter-laboratory Variability in the Results of Rabbit Eye and Skin Irritation Test«, *Toxicology and Applied Pharmacology*, Bd. 19 (1971), S. 276–360.
17 Lynne Harriton, »Conversation with Henry Spira: Draize Test Activist«, *Lab Animal*, Bd. 10, Nr. 1 (Januar–Februar 1981), S. 16.
18 Spira, »Fighting to win«, S. 202.
19 Zitiert in »Animals in Testing«, *Chemical Week*, 5. Dezember 1984, S. 38.
20 »Cosmetics: Kiss and Sell«, *Time*, 11. Dezember 1978, S. 86–88.
21 Barnaby Feder, Video-Aufzeichnung eines Interviews mit John Swindells, Chicago, Dezember 1996.
22 Henry Spira, »An Open Letter to Revlon«, *Our Town*, 8. Juni 1980.
23 »Revlon Chief to Propose Biggest Annual Dividend Increase«, *Women's Wear Daily*, 4. Mai 1979.
24 Henry Spira, Brief an Michael Bergerac vom 23. Juli 1979.
25 Henry Spira, »Abolishing the Draize Rabbit Blinding Test«, 23. August 1979, privat verbreitet von Animal Rights International.
26 Spira, *Strategies for Activists*, S. 165.
27 Andrew Rowan, Video-Aufzeichnung eines Interviews mit John Swindells, Boston, Dezember 1996.
28 Jane Gregory, »We're Being Beastly to Animals«, *Chicago Sun-Times*, 27. November 1979; Jane Gregory, »Science and Research: Doing unto Animals«, *Los Angeles Times*, 9. Dezember 1979.
29 Feder, Interview vom Dezember 1996.
30 Nach »Cosmetics Firms Feel Heat over the Draize Test«, *Chemical Week*, 10. September 1989, S. 18–19, gab die [Anti-Draize-Test-]Koalition 78 000 Dollar für Zeitungsanzeigen aus.
31 »Revlon: Formal Statement« (ohne Datum); diese Verlautbarung ist praktisch identisch mit einem internen Memorandum Frank Johnsons vom 17. April 1980 an die Führungskräfte verschiedener Ebenen.
32 »The Need for Animal Testing«, *Chemical Week*, 10. September 1980, S. 5; siehe auch James Gorman, »Burden of the Beasts«, *Discover*, Februar 1981, S. 24, sowie Constance Holden, »New Focus on Replacing Animals in the Lab«, *Science*, Bd. 215 (1. Januar 1982), S. 37.
33 *Congressional Record*, 30. September 1980, S14128.
34 »Draize Test Campaign Update«, *International Journal for the Study of Animal Problems*, Bd. 1, Nr. 4 (1980), S. 213.
35 Harriton, »Conversation with Henry Spira«, S. 21.
36 Susan Fowler, Video-Aufzeichnung eines Interviews mit dem Verfasser, New York, Dezember 1996.
37 Roger Shelley, Video-Aufzeichnung eines Interviews mit dem Verfasser, New York, Juni 1996.
38 Ebd.
39 Michael Marten, »Revlon Campaign Hots Up«, *The Beast*, Nr. 7 (Herbst 1980), S. 1.

40 »Cosmetics Firms Feel Heat over the Draize Test«, S. 18–19.
41 Michael Marten, »Anti-Revlon Campaign Goes International«, *The Beast*, Nr. 8 (Winter 1980–81), S. 6; Michael Marten, »Revlon Buckle: Avon Calling?«, *The Beast*, Nr. 9 (Frühjahr 1981), S. 4.
42 Shelley, Interview vom Juni 1996.
43 Henry Spira, Brief an Roger Shelley vom 5. November 1980.
44 Feder, Interview vom Dezember 1996.
45 Shelley, Interview vom Juni 1996.
46 Spira, »Fighting to win«, S. 203.
47 »Remarks of M. C. Bergerac, Chairman and Chief Executive, Revlon, Inc. at the Revlon-Rockefeller University Press Conference, the Plaza Hotel, 23. Dezember 1980«, wurde dort als Typoskript verteilt; Shelley, Interview vom Juni 1996.
48 »Eyes New Tests for Makeup«, *Daily News* (New York), 24. Dezember 1980.
49 »Remarks of M. C. Bergerac«.
50 Shelley, Interview vom Juni 1996.
51 Coalition to Stop Draize Rabbit Blinding Tests, »News Release: Revlon-Rockefeller: More Than a Cosmetic Venture«, 23. Dezember 1980.
52 Zitiert in »Revlon's Eyeful«, *Financial Times* (London), 31. Dezember 1980.
53 Henry Spira, Brief an David W. Mitchell vom 27. Februar 1981.
54 Henry Spira, Brief an Richard Gelb vom 21. August 1981.
55 Bristol-Myers, »News: For Immediate Release«, 16. November 1981.
56 Consumer Product Safety Commission, »Log of Meeting«, 11. Mai 1981, sowie Carlos Perez, Brief an Henry Spira vom 8. Januar 1982, zitiert in FDC Reports, *The Rose Sheet*, Bd. 3, Nr. 5 (1. Februar 1982). Der vollständige Text des Briefes wurde von Senator Durenberger verlesen: *Congressional Record*, Bd. 128, Nr. 12 (11. Februar 1982). Siehe auch Coalition to Stop Draize Rabbit Blinding Tests, »Coordinator's 1981 Report to the Coalition«, S. 3.
57 Zitiert von Senator Durenberger, *Congressional Record: The Senate*, Bd. 128, Nr. 109 (11. August 1982); »Anesthetics for Draize Follow-Up«, *International Journal for the Study of Animal Problems*, Bd. 2, Nr. 4 (1981), S. 174.
58 Henry Spira, Entwurf eines Briefes an Alan Goldberg vom 14. April 1982.
59 Zitiert in Teresa Carpenter, *Missing Beauty*, New York 1988, S. 51.
60 William Douglas, *In Touch*, Bd. 1, Nr. 1 (Mai 1982), S. 1–2.
61 Die Angaben über Douglas' Tat stammen aus Carpenter, *Missing Beauty*, und von Henry Spira.

4 Konflikte und Fortschritte

1 Zur Bestimmung der LD50-Dosis destillierten Wassers (469 ml pro kg Körpergewicht) siehe E. M. Boyd & I. L. Godi, »Acute Oral Toxicity of Distilled Water in Albino Rats«, *Industrial Medicine and Surgery*, Bd. 36, S. 609–613, zitiert in Andrew Rowan, *Of Mice, Models, and Men*, Albany 1984, S. 204.
2 G. Zbinden, »A Look at the World from Inside the Toxicologist's Cage«, *European Journal of Clinical Pharmacology*, Bd. 9, S. 333, zitiert in Rowan, *Of Mice, Models, and Men*, S. 207.

3 Henry Spira, »Coordinator's 1981 Report to the Coalition«, Januar 1982.
4 Helaine Lerner und Barbara Clapp, Video-Aufzeichnungen von Interviews mit dem Verfasser, Juli 1996.
5 Michael Marten, »International Coalition to Abolish LD-50«, *The Beast*, Nr. 10 (Sommer 1981), S. 10; »Animal Welfare's Tribute to Henry Spira«, *Animal Welfare*, Juni–August 1981, S. 14.
6 »U.S. Drugs Firms May End Lethal Dose Test«, *New Scientist*, 14. Oktober 1982, S. 19.
7 »Smith Kline Beckman Demonstration Called Off«, *The Unicorn* (Reading, PA), Bd. 2, Nr. 13 (November 1982), S. 1.
8 »Smith Kline & French Laboratories Supports Animal Use Reduction«, *In Touch*, Bd. 1, Nr. 2 (November 1982), S. 1; »Animals in Testing«, *Chemical Week*, 5. Dezember 1984, S. 36, 38. Ich danke Sue Leary (früher bei der Pennsylvania Animal Rights Coalition) für Briefkopien und andere Informationen.
9 Pharmaceutical Manufacturers Association, »News Release: PMA Board Acts on LD-50 Test«, Washington, D.C., 21. Oktober 1982.
10 »NSMR Adopts Policy on LD50 Testing«, *National Society for Medical Research Bulletin*, Bd. 33, Nr. 10 (Dezember 1982), S. 1; FDC Reports, *The Rose Sheet*, Bd. 4, Nr. 22 (30. Mai 1983), S. 5; Leonard Rack & Henry Spira, »Animal Rights and Modern Toxicology«, *Toxicology and Industrial Health*, Bd. 5, Nr. 1 (1989), S. 138.
11 David Rall, Brief an Henry Spira vom 3. März 1983.
12 Marjorie Sun, »Lots of Talk About LD50«, *Science*, Bd. 222 (9. Dezember 1983), S. 1106.
13 »Committee Wants Lethal Test Abolished«, *New Scientist*, 4. August 1983.
14 Nancy Heneson, »American Agencies Denounce LD50 Test«, *New Scientist*, 17. November 1983, S. 475; »FDA Establishing Animal Testing Task Force to Perform Agency-Wide Policy Review«, *The Rose Sheet*, Bd. 4, Nr. 45 (14. November 1983), S. 5.
15 Sun, »Lots of Talk About LD50«, S. 1106.
16 Consumer Product Safety Commission, »Animal Testing Policy«, *Federal Register*, Bd. 49, Nr. 105 (30. Mai 1984), S. 22522–22523; Food and Drug Administration, »Talk Paper: Animals Used for Research«, 5. September 1984.
17 United States Environmental Protection Agency, »EPA Announces Revised Testing in Acute Toxicity Testing«, *News Release*, 29. August 1984.
18 Spira, »Fighting to win«, S. 203–204.
19 Henry Spira, Brief an Owen B. Butler vom 13. Oktober 1982.
20 Marion Steinmann, »Taking Animals Out of the Laboratory«, *Moonbeams* (Cincinnati, OH), September 1983, S. 8.
21 Siehe Alex Pacheco mit Anna Francione, »The Silver Spring Monkeys«, in: Singer (Hg.), *In Defence of Animals*, S. 135–147.
22 Siehe Lori Gruen, Peter Singer & David Hine, *Animal Liberation: A Graphic Guide*, London 1987, S. 9–23.
23 *New York Times*, 15. Juni 1984.
24 Sharon Begley, »Liberation in the Labs«, *Newsweek*, 27. August 1984, S. 66.

220 Anmerkungen Kap. 4

25 Jim Mason, »Animal Rights: Out of the Closet, into the Mainstream«, *Animals' Agenda*, Bd. 5, Nr. 1 (Januar–Februar 1985), S. 1, 8–9.
26 *The Sciences*, März–April 1983, zitiert in Coalition to Abolish the LD50, »Coordinator's Report '83«, S. 1.
27 »Unnecessary Animal Research on Wane, Researchers Say«, *American Medical News*, 25. Mai 1984; Drug Research Reports, *The Blue Sheet*, Bd. 27, Nr. 23 (6. Juni 1984); »Looking for Alternatives to Animal Tests«, *Chemical Week*, 23. Mai 1984, S. 35.
28 William Powell (Senior Executive Vice President, Colgate-Palmolive), Brief an Henry Spira vom 28. Mai 1984; »Unnecessary …« und Drug Research Reports, *The Blue Sheet*; Colgate-Palmolive, *1986 First Quarter and Annual Meeting Report*, S. 11.
29 Bristol-Myers Company, *Second Quarter Report, 1982*, S. 5; John F. Corbett (Chairman, Corporate Toxicology Committee, Bristol-Myers Company), Brief an Henry Spira vom 28. August 1984.
30 Bristol-Myers, New York, Mitteilungsblatt, Oktober 1984.
31 »Cosmetic Industry Halts Use of LD50«, *CTFA News Release*, 11. Juni 1985.
32 Rack & Spira, »Animal Rights and Modern Toxicology«, S. 139.
33 »Letters«, *Animals' Agenda*, April 1986, S. 35.
34 Animal Rights International, »News Release«, 13. Oktober 1987; Barnaby Feder, »Beyond White Rats and Rabbits«, *New York Times*, 28. Februar 1988, Abt. 3, S. 8; Patricia Gallagher, »Variety Spices P&G Meeting«, *Cincinnati Enquirer*, 14. Oktober 1987.
35 Ingrid Newkirk, Brief an die Berater der Koalition zur Abschaffung des LD50 vom 10. November 1987.
36 Siehe S. 84 f.
37 »No Support from Spira for End to Product Test on Animals«, *International Society for Animal Rights Report*, November–Dezember 1987. Nachdem Henry mit einer Klage gegen die Unterstellung gedroht hatte, er unterstütze die Beendigung der Produktprüfung an Tieren nicht, erklärte sich Helen Jones bereit, sein einschlägiges Mitteilungsblatt vollständig abzudrucken (Henry Spira, Brief an Helen Jones vom 26. Januar 1988; Helen Jones, Brief an Henry Spira vom 8. Februar 1988).
38 *Animals' Agenda*, November–Dezember 1997, S. 22.
39 »Animal Research«, Procter & Gamble Fact Sheet, 1997; »Remarks by Mr. John E. Pepper on Animal Research«, Typoskript für die Jahres-Aktionärsversammlung von Procter & Gamble am 14. Oktober 1987; Katherine Stitzel, Brief an den Verfasser vom 5. März 1998; *Animal People* (Clinton, WA), November 1997, S. 13.
40 Barnaby Feder, »Pressuring Perdue«, *New York Times Magazine*, 26. November 1989, S. 34.
41 Ian Harvey, »Animal Rights: Them or Us?«, *Toronto Sun*, 1. November 1987.
42 Feder, »Pressuring Perdue«, S. 60.
43 Barnaby Feder, »Noxell Replaces Rabbits in Tests of Cosmetics«, *New York Times*, 10. Januar 1989.

44 Constance Holden, »Cosmetics Firms Drop Draize Test«, *Science*, Bd. 245 (14. Juli 1989), S. 125.
45 »Pulling Rabbits Out of the Lab«, *Chemical Week*, 9. August 1989, S. 20; siehe auch Feder, »Beyond White Rats and Rabbits«.
46 Es handelte sich um Perceptions Press (zu Perceptions International gehörend), siehe dazu S. 154f.
47 »Effective Boycott?«, *Animal Rights Reporter*, Bd. 1, Nr. 5 (März 1989).
48 Alston Chase, Interview mit Jim Preston für das Magazin *Life* am 13. Juni 1989, das Interview wurde nicht veröffentlicht.
49 Deborah Rudacille, »CAAT Marks Anniversary with Scientific Program, Ceremony«, *Newsletter of the School of Hygiene and Public Health, Johns Hopkins University*, Bd. 10, Nr. 1 (Sommer 1992), S. 8.
50 Henry Spira, Brief an Kathy Guillermo, PETA, vom 14. Januar 1992; siehe auch Henry Spira, Brief an Irwin Bloom, Doris Duke Foundation, vom 6. November 1991.
51 »A Deceptive Victory over L'Oréal?«, *Vegetarian Times*, August 1994, S. 17.
52 »Final Report of the EC/HO [European Commission/Home Office] Study«, *Frame News*, Mai 1996, S. 5, über eine Untersuchung in *Toxicology in Vitro*, Bd. 9 (1995), S. 871–929.
53 Paul Cotton, »Animals and Science Benefit from ›Replace, Reduce, Refine‹ Effort«, *Journal of the American Medical Association*, Bd. 270, Nr. 24 (22.–29. Dezember 1993), S. 2905–2907.
54 »Interview: Henry Spira«, *Newsletter of the Foundation for Biomedical Research*, Bd. 10, Nr. 1 (Januar–Februar 1993), S. 4–5.

5 Das vergessene Tierproblem

1 Henry Spira, »Less Meat, Less Misery: Reforming Factory Farms«, *Forum for Applied Research and Public Policy*, Bd. 11, Nr. 1 (Frühjahr 1996), S. 39.
2 »LD50 Meeting Draws 40 of the Movement Leaders«, *Animals' Agenda*, Bd. 5, Nr. 2 (März–April 1985), S. 18.
3 William Severini Kowinski, »One Man's Beef«, *Daily News Magazine* (New York), 14. April 1985, S. 12.
4 *New York Times*, 18. Mai 1977, S. C13.
5 Henry Spira, Brief an Frank Perdue vom 28. April 1987.
6 *New York Times*, 20. Oktober 1989, S. A17.
7 Elaine Barnes (Executive Assistant to the Chairman, Perdue Farms, Inc.), Brief an Henry Spira vom 20. Dezember 1989.
8 Phil McCombs, »Cheap Ads Skewer Perdue«, *Washington Post*, 27. Dezember 1991; siehe auch Jill Brandt, »Animal Rights Group Protests Perdue's UM Board Seat«, *Prince George's Sentinel*, 19. Dezember 1991, sowie Alan Farnham, »Skewering Perdue«, *Fortune*, 24. Februar 1992, S. 111.
9 Mark Graham, Video-Aufzeichnung eines Interviews mit dem Verfasser, New York, Mai 1996.
10 *Washington Times*, 9. September 1992, S. A5, weiterhin 16., 23., 30. September

Anmerkungen Kap. 5

und 15. Oktober 1992; ferner erschien die Anzeige in *City Paper* (Baltimore), 11. September 1992; *Columbia Journalism Review*, September–Oktober 1992; *New York Press*, 23. September 1992; *City Paper* (Washington, D.C.) 2. Oktober 1992; *The Flyer* (Studentenzeitung der Salisbury State University, die Verbindungen zu Perdue hatte) 29. September, 6. und 13. Oktober 1992.

11 *Catholic Review*, 23. September 1992, S. A10.
12 *Her New York*, 14. Oktober 1993 sowie *New York Observer*, 28. März 1994, S. 7.
13 Henry Spira, »Forum«, *Animals' Agenda*, Bd. 9, Nr. 7 (September 1989).
14 David Hershkovits, »Animal Liberation Strikes NYU«, *Soho Weekly News*, 22. März 1979.
15 »An Open Letter«, *Animals' Agenda*, Bd. 5, Nr. 3 (Mai 1985), S. 3. Auf unsere Einladung hin unterzeichneten den Brief noch drei weitere prominente Aktivisten: Michael W. Fox, Holly Jensen und Patty Mark.
16 Kieran Crowley, »Bomb Suspect Gets No Cut in Bail«, *New York Post*, 15. November 1988.
17 Leslie Pardue, »Who Is Fran Trutt?«, *Fairfield County Advocate*, 21. November 1988; siehe auch Crowley, »Bomb Suspect Gets No Cut in Bail«.
18 Pardue, »Who Is Fran Trutt?«.
19 John Capsis, »Police, U.S. Surgical Implicated in Bomb Plot«, *Westport News*, 11. Januar 1989.
20 John Capsis, »Trutt: Mead Gave Me $ 1200 to Buy the Bomb«, *Westport News*, 18. Januar 1989; Leitartikel »Clarifying U.S. Surgical Case«, *Westport News*, 19. Januar 1989.
21 John Capsis, »'Trust Mead', Trutt Told by Second Operative«, *Westport News*, 25. Januar 1989; Denise Buffa, »Second Informant Revealed in U.S. Surgical Bomb Plot«, *The Advocate*, 27. Januar 1989; Merritt Clifton, »Hello Mary Lou, Goodbye Trutt«, *Animals' Agenda*, Bd. 9, Nr. 4 (April 1989), S. 28.
22 Spira, »Forum«.
23 Barclay Palmer, »Trutt OKs Plea Agreement«, *The Advocate*, 17. April 1990.
24 Andrew Rowan, »Action and Reaction«, *Animal Policy Report*, Bd. 7, Nr. 2 (August 1993), S. 1.
25 *Washington Times*, 25. September 1991.
26 Temple Grandin, »Shackling, Hoisting Live Animals is Cruel«, *Meat and Poultry*, September 1987, S. 142.
27 Siehe die Autobiographie von Temple Grandin, *Emergence: Labeled Autistic*, Tunbridge Wells 1986; Oliver Sacks, *An Anthropologist on Mars*, New York 1995. Sacks' Essay über Grandin erschien zuerst in *The New Yorker*, 27. Dezember 1993, S. 106–125.
28 Henry Spira, Brief an Bruce Ingersoll, *Wall Street Journal*, 17. August 1994; »Memo of Conversation«, USDA Inspector General's Office, 10. August 1994, erlangt gemäß dem Informationsfreiheits-Gesetz.
29 Henry Spira, Brief an Shelby Yastrow vom 6. Februar 1993.
30 Shelby Yastrow, Brief an Simon Billenness (Franklin Research & Development), 16. Februar 1994; eine gekürzte Fassung erschien im Jahresbericht 1993 von McDonald's.

31 Karin Horgan, »Big Mac Takes a Big Step«, *Vegetarian Times*, Juli 1994, S. 17.
32 »Big Step for the Big Mac«, *Investing for a Better World*, 15. April 1994; Spira, »Less Meat, Less Misery«, S. 42.
33 Henry Spira, »McDonald's and the Push for Standards«, in ders., *Strategies for Activists*.
34 *McDonald's Corporation and McDonald's Restaurants Limited v. Steel and Morris*, zitiert nach der Internetseite über den »McLibel«-Prozeß (www.mcspotlight.org).
35 Robert Lawrence, Video-Aufzeichnung eines Interviews mit John Swindells, Baltimore, November 1996.

6 Den Kieselstein ein Stückchen weiterrollen

1 Barnaby Feder, Video-Aufzeichnung eines Interviews mit John Swindells, Chicago, November 1996.
2 Die nachfolgenden 10 Punkte stützen sich auf Spira, »Fighting for Animal Rights«, S. 373–377, und Spira, *Strategies for Activists*, insbesondere S. 3.
3 »Singer Speaks with Spira«, *Animal Liberation*, Januar–März 1989, S. 5.
4 Ebd., S. 6.
5 Susan Fowler, Video-Aufzeichnung eines Interviews mit dem Verfasser, New York, Dezember 1996.
6 »Singer Speaks with Spira«, S. 5.
7 Mit viel Unterstützung vor allem von John Swindells als Koproduzent und Regisseur, entstand schließlich das Dokumentar-Video *Henry: One Man's Way*, das am 22. August 1997 vom australischen SBS-TV gesendet wurde. Das Video kann in den USA bezogen werden von Bullfrog Films, Oley, PA (+1-800-543-3674).
8 Joan Zacharias, »The Satya Interview: Making a Difference: An Interview with Henry Spira«, *Satya*, Juli 1995, S. 9.
9 Henry spricht von der folgenden Stelle bei Feder, »Pressuring Perdue«, S. 72: »Auf die Frage, wie seine Grabinschrift lauten sollte, denkt er nach und meint dann: ›Er hat den Kieselstein ein Stückchen weitergerollt.‹«

Über den Autor

Peter Singer wurde 1946 in Melbourne, Australien, geboren und studierte Philosophie an der University of Melbourne und an der University of Oxford, England. Von 1971 bis 1973 war er Radcliffe Lecturer an der University of Oxford, anschließend Dozent bzw. Professor an der New York University, der University of Colorado in Boulder, der University in Irvine und an der australischen La Trobe University. Von 1977 bis 1998 war Singer Professor für Philosophie an der Monash University in Melbourne und leitete ab 1983 abwechselnd mit Helga Kuhse das Centre for Human Bioethics. Seit 1998 ist er DeCamp Professor für Bioethik am Centre for Human Values der Princeton University.

International bekannt wurde Peter Singer durch sein Buch *Animal Liberation*. Er ist Verfasser des Übersichtsartikels »Ethics« in der neuesten Ausgabe der Encyclopedia Britannica.

1992 wurde Singer zum Gründungspräsidenten der International Association of Bioethics gewählt. Viele Jahre war er außerdem Präsident von Animal Liberation (Victoria) und ist zur Zeit Präsident der Australian and New Zealand Federation of Animal Societies. Er ist Mitbegründer und Präsident des Great Ape Project. 1996 war er Kandidat der Grünen bei den Senatswahlen in Australien. Peter Singer ist verheiratet und hat drei Töchter.

In deutscher Sprache sind von Peter Singer weiterhin erschienen:

Praktische Ethik, Reclam, Stuttgart 1984 (2., rev. Auflage 1994).

Muß dieses Kind am Leben bleiben? Das Problem schwerstgeschädigter Neugeborener, (mit Helga Kuhse), Harald Fischer, Erlangen 1993.

Animal Liberation. Die Befreiung der Tiere, Rowohlt, Reinbek 1996.

Wie sollen wir leben? Ethik in einer egoistischen Zeit, Harald Fischer, Erlangen 1996.

Leben und Tod. Der Zusammenbruch der traditionellen Ethik, Harald Fischer, Erlangen 1998.

Er ist Herausgeber von:

Verteidigt die Tiere. Überlegungen für eine neue Menschlichkeit, Paul Neff, Wien 1986.

Menschenrechte für die Großen Menschenaffen. Das »Great Ape Project«, (mit Paola Cavalieri), Goldmann, München 1994.